A New History of Medieval Europe

［美］马修·加布里埃莱　［美］戴维·M. 佩里｜著　文俊｜译

光明的

the BRIGHT AGES

Matthew Gabriele ｜ David M. Perry

中世纪新史

九州出版社
JIUZHOUPRESS

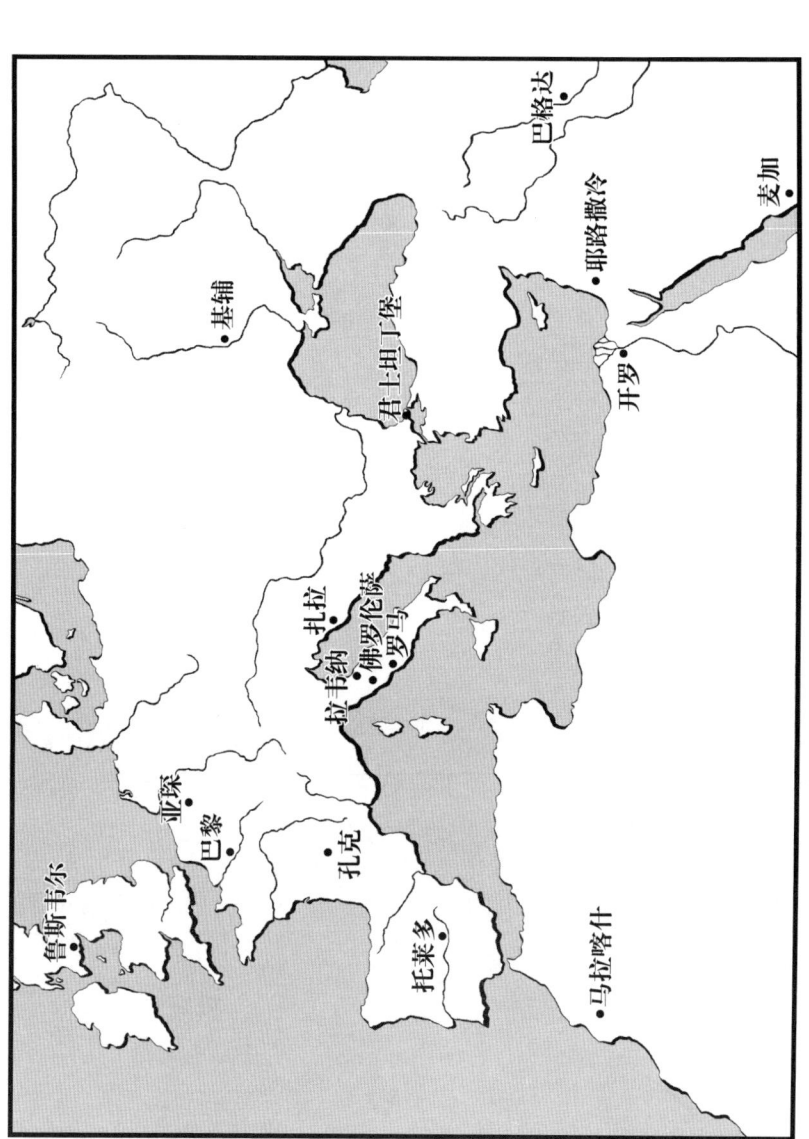

地图 中世纪的主要城市

（本书地图系原书所附地图）

目 录

导　论	光明时代	1
第一章	亚得里亚海上闪光的繁星	11
第二章	新罗马闪闪发光的瓷砖	25
第三章	耶路撒冷的黎明	43
第四章	金鸡和罗马城墙	57
第五章	北地的阳光	71
第六章	高耸的象牙	85
第七章	伏尔加河上燃烧的船	99
第八章	法兰西的金袍女孩	113
第九章	天上的耶路撒冷的璀璨明珠	127
第十章	三教之城里阳光斑驳的高塔	137
第十一章	尼罗河反射的圣光	151
第十二章	长着雄鹿角的漂亮白雌鹿	165
第十三章	火中的城市	179
第十四章	彩色玻璃和焚烧书籍的气味	193
第十五章	东部草原上的皑皑白雪	207
第十六章	烛火平静，星辰陨落	221

第十七章　八角穹顶上的星星　　　　　　233
尾　声　黑暗时代　　　　　　　　　　　243

致　谢　　　　　　　　　　　　　　　　255
延伸阅读　　　　　　　　　　　　　　　257
出版后记　　　　　　　　　　　　　　　281

导　论

光明时代

我们的叙述始于意大利东海岸，那是在约公元 430 年的一个晴朗的日子，一群工匠走进一座小小的礼拜堂，把内顶变成了天蓝色。我们认为，这些在拉韦纳城中劳作的匠人受命于一位名叫加拉·普拉西狄亚的女性，她是罗马帝国皇帝的妹妹，也是西哥特人的王后，最后成了西罗马帝国的摄政。她是虔诚的基督徒，在耶路撒冷、罗马、拉韦纳兴建或修复了许多教堂。她下令装修这座小礼拜堂，或许是想用它安置圣物，或许是打算将它当作自己的陵墓，又或许是用它来安葬她那死于婴儿期的儿子。我们有一些猜测，却无法证实。我们所能看到的是这座建筑，曾经在这里，工匠们将浸染了天青石色的不规则方形小玻璃片一块块嵌进新抹的灰浆，把建筑的内顶变为最浓郁的天蓝色。他们又用浸染了金色的小玻璃片做成星星，填满这片内顶天空。在蓝色的墙壁上，工匠们把白色、黄色、橘色的玻璃片混在一起，拼成了伊甸园的花丛。马赛克镶嵌画技艺历史悠久，不过这个蓝色天空和金色星辰的世界中所描绘的人物，来自一个特定的时间和空间的组合——一段复杂但并非剧变的过渡时期，在这段时期，权力的平衡、文化的规范、关于人类存在的最深层意义的理念，都将转变。

直到今天，每一片马赛克玻璃在阳光或烛光的映照下，从不同的角度看过去，都闪耀着光辉，又将光辉相互反射，或映入观众眼中。近1600年过去了，这处空间仍然像真正的星空那样闪烁。

在建筑内部的一面墙上，好牧人形象的耶稣端坐在羊群中。其他画作中的好牧人形象是让基督将一只羊扛在肩上，突出表现了基督的粗朴人性。但在这幅画中，羊站在一边，看着耶稣，用鼻子蹭着他的手。画中的耶稣身穿漂亮的金色长袍——工匠（们）这么做，可能是试图强调他的神性，寻求一种真实，而非寻求古典时代晚期有更多人性的艺术。在另一面墙上，一位男性圣徒直面一座灼热的铁烤架。他或许是圣劳伦斯，如今是厨师的守护圣徒，不过因其殉道经历而闻名——他被活活烧死，却足够平静，死前还要求行刑的百夫长将他翻一个面，因为他的另一面已烤得恰到好处。他或许又是圣文森特，在伊比利亚半岛（加拉正是在那里度过了做西哥特王后的时光）家喻户晓，他眼睁睁看着异教徒烧掉了自己的书，之后被处以火刑。无论如何，墙上描绘的这些故事——以及在5世纪的地中海地区广为流传的故事——是虚构的，由时代、文化、地域等多种因素交织而成，既展现了延续性，又体现出重大的变革。

为这段历史标定起点和终点是专断的，它们会框定本书所要讲述的故事。我们的叙述将摆脱"黑暗时代"的迷思，这一关于中世纪世界的认识延续了数百年，为中世纪世界蒙上一层阴影，让它只是得到模糊的理解，固定不变，与我们心目中对现代世界的期许完全相反。因此，让我们暂时忘掉那些老生常谈的古代与中世纪之间的转折点吧，例如325年的尼西亚公会议、410年罗马的劫掠，或者476年"末代"罗马皇帝罗慕路斯·奥古斯图鲁斯的废黜。如果我们从文化的角度，认定中世纪存在，而且有起点和终点，那就不必从衰落、黑暗或死亡讲起，而尽可以从这个闪着光芒的、神圣而宁静的空间开始。当然，我们这样做，不是要抹除过去的暴力，代之以天真的怀旧之情，而是要开辟还未注定的路径。转换视角后，那些在其他叙事中惯常被边缘化的人物就进入了视线焦点。另辟蹊径，可以让我们发现其他的可能。

将近1000年后的1321年，我们可以在这同一个地区、同一个城市、同一座建筑中结束中世纪的历史。在这里，我们能够再次确证延续性，标示变革，跟随中世纪诗人但丁·阿利吉耶里的脚步，徜徉在拉韦纳的诸教堂中，从同样的马赛克镶嵌画里汲取灵感——他曾写下包罗宇宙万物的宏大想象。但丁被家乡佛罗伦萨放逐，在拉韦纳王公的宫廷中了结余生。他去过威尼斯，见过修建于12世纪早期的工业化造船厂，他将它写入《地狱篇》。除了造船厂，我们还在《地狱篇》里看到了教宗和佛罗伦萨人，他们都承受着永恒的折磨。但丁痛恨教宗制和佛罗伦萨中世纪民主制下的派系政治，并咒骂它们。但在拉韦纳，他似乎被加拉·普拉西狄亚陵墓的宁静，被隔壁圣维塔莱教堂里查士丁尼和狄奥多拉马赛克镶嵌画的壮丽所打动。正是在拉韦纳，或许就在这座近1000年前建造的教堂的闪烁星空下，他有了灵感，完成了《神曲》最后一部分——《天堂篇》。

但丁的著作是中世纪，也是任何时代中最伟大的艺术作品之一。他牢牢立足于当时的政治和文化的转折点，从全世界和1000年来意大利的艺术、文化、宗教积淀中汲取灵感。《神曲》沉溺于死亡和黑暗，也捕捉美好和光明；但丁从地狱、炼狱最终上升到天堂，看到了作为纯粹光明的上帝，以此完结。或许，置身于这座教堂中的虔诚观众，在注视着马赛克镶嵌画所展现的星空时，会想象出同样的历程，将他们的思绪投向那光明的天堂。光明时代的开启和终结，由对沐浴光明的希望来界定。

当然，中世纪的美并不都是神圣的，至少并不仅仅与神相关。加拉·普拉西狄亚陵墓附近的拜占庭皇帝群像也属于中世纪，这不仅是因为中世纪千千万万个意大利诸城居民或穿过亚得里亚海来到这座帝国城市的游客，都曾将目光投向它们，也因为它们嵌入了多层含义。它们是地中海世界和中世纪世界的象征，这两个世界一直是流动的，有开放的边界，到处都可以看到人口流动和文化融合。

我们既用眼睛看，也用耳朵听。我们听到，海员的行话中混杂着多种语言，欧洲、亚洲、北非都有说多语言的共同特点。在一些市场上，犹太人说拉丁语，基督徒说希腊语，每一个人都会说阿拉伯语。椰子、生姜、鹦鹉随威尼斯商船运达，最终被运往中世纪英格兰的港口。一直住在不列颠的北非人拥有深色皮肤，地中海沿岸爱讲关于猥琐神父、浪荡女人、容易上当的丈夫的故事的法国农民，也有深色皮肤。

中世纪既然有个开头，就必须有个结尾，否则就谈不上"中世纪"了。因此，我们选择14世纪的但丁作为一个可能的结尾。但丁之后的意大利人文主义者明确摒弃中世纪，认为他们生活在一个新时代，一个重生的时代，也就是所谓的文艺复兴时代。我们也可以把中世纪的终点划定在14世纪晚些时候，瘟疫席卷亚洲、欧洲、北非、中东之时。或者，我们可以说，中世纪结束于15世纪，当时奥斯曼土耳其人征服整个地中海东部，创造了一个新帝国，这个帝国从印度洋一度延伸至维也纳城下，将与信仰基督教的法兰西人结盟，与同样信仰基督教的威尼斯人作战。有人甚至认为，中世纪只有在18世纪末法国大革命废除君主制时方告终结。

但这些时刻最终都令人不满意。若仔细观察，我们就会发现，包括但丁的这些意大利人正是之前几个世纪的产物，其自身就很有"中世纪"特质。瘟疫之所以能传播到欧洲，就是借助了欧洲和亚洲多个世纪以来的联系。奥斯曼土耳其人崛起于草原和城市之间数代人的交流互动。这个民族充分沉浸在关于宗教经典和亚里士多德学说的争论阐释（它们从波斯到伊比利亚来回传播）所营造的智识文化之中，这个民族携带着奢侈品和病菌，穿越各个地区。法国大革命之所以会发生，只因为中世纪的人常常小范围试验代议民主制，并且有长期反抗威权的历史。这些民族、瘟疫、艺术、政府、战争，都属于中世纪世界。

如果找不到令人满意的结尾，如果一切历史时刻都与之前发生的事密切相关，那么我们为何要想象出一个中世纪呢？确实，历史并没有起点或终点。能够明确的是，14世纪和15世纪的意大利人懊丧于他们那个丑陋时代的政治混乱和战争，决心将怀旧之情连接到古代罗马和希腊的世界，利用遥远的过去，斩断他们与过去千年历史的联系。此后，在整个18世纪和19世纪，欧洲帝国主义强权及其知识分子（通常他们自己就是中世纪研究的先驱或学者！）试图为其创造的新世界秩序寻找历史依据，以辩解和说明为何白人——本质上是现代概念，但植根于中世纪——有权统治世界。他们发现，中世纪的原始民族国家（proto-nations）很有用，可以指向他们的现代国家的起源，可以指明中世纪与希腊和罗马的联系，以及中世纪政体的独立性和独特的传统。这些现代思想家用虚构的"欧洲"和"西方文明"概念，像一根线一样把现代世界串在一起。他们看向外面的世界，看到了野蛮。他们看向中世纪和古典欧洲的历史，想象着那些跟他们一样的白人面孔在回望着他们。但他们完全搞错了。

今天，中世纪成了某种悖论。当人们想把某个现实中的问题——极端暴力、应对新冠肺炎疫情的失败，甚至是取得驾驶执照的漫长过程（牵涉了许多官僚主义弊病）——踢回到过去时，都可以称其为"中世纪的"。然而，当白人至上主义者要为白人寻找起源故事时，他们也会看向中世纪，抓住那些金灿灿的精美手工艺品、宏伟的城堡和大教堂，以提出一种简化的、以种族为基础的纯粹父权军国主义，为他们的偏执背书。这段历史既好又坏，既清晰又晦暗。关于"黑暗时代"的迷思在大众文化中存活得相当好，留出了想象的空间，人们希望它是什么样的，它就能变成什么样。如果不能看透这层黑暗，人们的想象就会失控疯狂，将注意力集中在一些目之所及的小事上，并夸大其重要性。这就为那些看起来清楚又有用的迷思留下了空间，对那些心怀危险意图的人很有利。

我们叙述的历史要比这混乱得多。

光明时代有大教堂穹顶上染色玻璃的美丽和光辉，有建造这些教堂的人民的血与汗，有教会的黄金圣物，有虔诚信徒的奉献和善行，也有为信仰之争而打的战争以及以恐惧和不宽容为名被烧焦的异端分子。光明时代揭示了但丁之前约1000年间在欧洲相互交织的文化的渗透特质。光明时代从欧洲向外看，并不局限于欧洲。光明时代的人知道——正如中世纪的人自身那样——一个更加广阔的、球形的世界。

光明时代的人说不同的语言，归属不同的宗教传统——或同一传统的不同变体。例如，世上有多个基督教（Christianity，大写 C）教会，只有一个天主教（catholic，小写 c，意为"普世"）教会。不过在欧洲和地中海各地，也有穆斯林、犹太人、多神教徒。这些人中的每一个体，在各方面都和普通人类一样热爱、渴望、憎恨，并相互友善。他们也经常记录自己的生活，搞艺术，或留下物质遗存，在 1000 年后被发掘出来，让我们至今仍能利用。

光明时代的科学家们仰望天空，测量星辰，建造大学，为欧洲在全球科学革命中的贡献打下基础，同时并未放弃对神的信仰。那时也有人像现在一样，限制争论，告发思想犯罪，压抑自由，消灭异己。光明时代站在历史的关键位置和节点上，因为它蕴含着人性固有的所有可能性。但时至今日，这些闪光之处往往隐藏在许多糟糕的历史叙述中，隐藏在大众对"黑暗时代"的顽固成见中，这些叙述和成见经常是研究中世纪的历史学者所造成和强化的。我们有时在中世纪的怪诞中狂欢，忘记了讲解我们与它的联系。然而同时，我们又会固执地坚持这些联系，忘记了现实已随时间的流逝而改变。

我们都是研究中世纪欧洲的历史学者，常年钻研原始资料，产出自己的研究成果。或许更重要的是，已经有数百名学者挣脱了"黑暗时代"那套老旧叙述，他们的著作揭示了这段历史的更复杂、更有趣的景象，让我们从中受益。我们的同事和导师帮我们把欧洲放在关于贸易、宗教、人口流动、疾病的更加广阔的全球体系中观察。我们了解了中世纪关于宽容的观念，还有等级和种族差异等观念的形成。我们看到了不可思议的美，还有其他令人震惊的无知。中世纪史的学者们构建出封建主义体系，又将它摧毁，代之以姻亲和等级制的复杂网络的理念，这一网络随着重大观念和各地方特殊传统而流变。我们现在对中世纪的性、暴力、性别、美、读物、仇恨、宽容、政治、经济，以及其他一切人类活动、人类本身及其创造物都有更多的了解。中世纪史的学者们串通一气，创造了"黑暗时代"这一概念，甚至今日还将中世纪历史用于服务那些令人讨厌的意识形态，但他们也愿意承认错误，正努力拆除这套学说。

在21世纪第三个10年的当下，中世纪似乎不断闯入现代社会，但常常体现在大众文化中的关于中世纪的刻板印象，在我们历史学者看来却难以辨别。部分原因在于，人们对中世纪的兴趣受到激增的中世纪幻想文学，例如《权力的游戏》、历史频道的《维京人》，或电子游戏《十字军之王》和《刺客信条》系列的激发。但有时候，这种兴趣也受到当下的事件或掌权者的评论的激发，例如政客使用"中世纪的"来描述一道墙，或用"西方文明"来指代白人民族主义。有时候，极右翼势力会正面运用中世纪的标志，它们被描画在弗吉尼亚游行者的盾牌上，飘扬在冲击美国国会人群的旗帜上，或分散在新西兰屠杀犯的长篇大论中。左翼有时候也喜欢用这类词汇，把一道墙或者一些特别恐怖的暴行称作"中世纪的"。在这些情况下，这一形容词被用作贬义词——代表"落后"，代表我们早已超越的、被现代社会甩在后面的东西。看来，"黑暗时代"仍将长期存留在人们的话语中。

这一切揭示出，政治左翼和右翼都对历史的大致特征有一致认识。他们都会援引"黑暗时代"，来声称某事是"中世纪的"——右翼表达对某些失去的事物的怀念,左翼则表达对某种应该被遗忘的过去的鄙视。学生们来上中世纪历史课,找寻着黑暗和粗粝,部分是因为电视剧和电影在描绘性、强奸、折磨情节时,为了辩解,而宣称其展示的是"真实的"中世纪。这些影视剧在描绘宽容、美好、爱时,却从不如此主张。但中世纪以及光明时代,包含上述所有内容——光明与黑暗,人性与恐怖(不过,唉,龙并没有很多)。

这是一本重新讲述欧洲中世纪历史的书。我们将以跟随加拉·普拉西狄亚的旅程、诡计、胜利、悲剧开始,简单地重绘 5 世纪的历史。我们的叙述前提只有一个:罗马并未倾覆。

有些事在继续,有些事也在变化。权力的重心转移到伟大的城市君士坦丁堡,随后是伊斯兰多个新帝国的城市中心。耶路撒冷始终停留在中世纪早期的人的想象中,但其历史并不像后来的史书中所叙述的那样,总是充满争斗,始终惊心动魄。在遥远的北方,当一头大象踏过德意志的土地时,人们会对时间的本质产生幻想和忧虑。城市从未消失,但确实在缩小,不论人口还是重要性都不及以往,因为人们在寻求稳定的过程中发现了政治、经济、文化生活的新组织方式。这种稳定来源于对上帝和信仰的新思考,它就像一束火花,将激发出学术和文化生活的繁盛。但这束火花也将点燃人们眼中的仇恨之火,吞噬一切被认为在真理之外的异类。此后,历史的车轮继续滚滚向前。城市逐渐扩大,教堂的尖塔耸向天空。各地区之间的联系尽管从未断绝,却在几个世纪中不断消耗、衰弱,带来新的理念和病菌,也创造出适宜的情境,让中世纪意大利的一位诗人得以追随一位已故罗马皇后的脚步。欢迎来到《光明时代》。

第一章

亚得里亚海上闪光的繁星

让我们回到皇后加拉·普拉西狄亚在拉韦纳的小礼拜堂。这座礼拜堂兴建于 5 世纪，现代人认为这是一座陵墓，但她从未埋骨于此。尽管现在人们开始关注这位皇后，不过在这段时期的历史记载中她却常常被忽略。这些记载常常围绕着男人、流血、战斗展开，只有当她成为儿子的摄政、手握大权时才会提到她。但如果我们重新审视这位女性和这个空间，就能看到一个完全不一样的欧洲中世纪——其中罗马并未倾覆——的"开端"。

这座陵墓所包围的一方小小的天地，代表了罗马帝国转入确实与之前不同的新的基督教时代后，罗马的信仰、艺术、政治、技艺的传承。这座陵墓的捐资人足迹跨越整个地中海世界：她生于君士坦丁堡，幼年时期搬到意大利，此后迁居法兰西、西班牙，再回到意大利，去往君士坦丁堡，最后又回到意大利。在拉韦纳，她以年幼的儿子的名义，于 423 年掌管了整个西罗马帝国。如此，她同过去 5 个世纪以来罗马的任何一位统治者并无区别，无论男女（当然，女性始终在罗马的派系、权力、王座争夺中占有一席之地）。到 450 年她去世时，罗马帝国正处于危机和转变的关头，但这种危机与帝国从前所遭遇的种种危机相比，无论从性质还是严重程度上看,都没有什么区别。罗马帝国始终存在派系斗争,始终面临外部威胁。它一直是绵延数千英里[①]、可以渗透的帝国,这里产生了美,流露了柔情,同时也展现了近乎无限的暴力。

加拉·普拉西狄亚陵墓中的星星,为何能在这一方宁静、祥和的空间中闪耀着如此灿烂的光芒?答案就藏在5世纪工匠的天才技艺之中。在陵墓最高的穹顶上,密密匝匝地挤满金色的星星;而在稍低的地方,装饰着像花朵一样的星星,它们悬浮在青金石蓝玻璃嵌成的天空中。从观众的视角看,这些漂亮的红色、金色和白色图案就像万花筒;一些深色的条纹给这片静止的马赛克玻璃赋予了动感。发亮的雪花石膏墙壁加强了光线——无论是阳光还是闪烁的烛光——让这些金色的星星看上去好像是自身散发光芒。地板故意做了抬升,使观众更加靠近天花板,强化了神秘的感觉。地中海世界的古代圣殿——包括多神教和犹太教——长久以来依靠控制光线、描绘天空的手段,将大地和天堂聚合于观众的视线和脑海中。这种传统延续到了加拉所生活的基督教时代。对虔诚的信徒而言,这种并列布局能让天空与大地相交,让观众感到二者似乎都是真实存在的,且触手可及。

这时候的罗马和罗马帝国是什么样的呢?至少从14世纪,或许甚至可以说从加拉·普拉西狄亚的时代起,人们就以5世纪头10年的一系列政治、社会、宗教混乱来论证罗马帝国的衰亡。的确,410年,哥特将军、部落首领阿拉里克率领大军洗劫了罗马,这支军队中的许多人的血统都能追溯到近期进入罗马帝国疆域的日耳曼人身上。的确,476年,军队领袖奥多亚克废黜了时任西

[①] 1英里约为1.6千米。(本书脚注为译者注,下文不再一一说明。)

罗马帝国皇帝的罗慕路斯·奥古斯图鲁斯，但他自己并不想当皇帝。这样看来，西罗马帝国似乎在那时就终结了。

合起来看，这两个事件通常被视为一个时代的终点和另一个时代的起点。著名主教希波的奥古斯丁与加拉·普拉西狄亚是同时代人，不过奥古斯丁要稍早一些。他用巨著《上帝之城》的整个第一卷来解释罗马城在410年遭受的暴行。他认为，有两点是确凿无疑的：这绝对不是基督徒的错，历史确实发生了决定性的变化。在现代，这种叙事在18世纪的爱德华·吉本的《罗马帝国衰亡史》中再次出现（最有名的一次），后来又被反复提起（当然，有一些细微的变化），直到今天。这些重要的历史时刻，就是所谓"罗马的衰亡"以及"黑暗时代"的起点。

但现实要比这更复杂一些。

476年，奥多亚克确实废黜了一位罗马皇帝，但他做此事时，他的身份是君士坦丁堡另一位罗马皇帝的扈从；因而从某种意义上说，此举将东、西两个罗马帝国再次合为一体，归于小亚细亚的单一统治者治下。这一先例被后人所因循。在接下来数个世纪，西欧统治者想方设法寻找自身同地中海东部那个仍然存在的罗马帝国的联系，以主张自己有政治合法性。在接下来的1000年中，任何一个时期的欧洲或地中海的任何统治者，都要拿出自己与罗马帝国的可信联系，并且都要追溯到奥古斯都，以证明自己的统治合法性。通常情况下，不止一位统治者主张自己有"罗马性"，而且他们的主张都同样可信，即使他们与罗马的联系的具体性质可能大相径庭。更重要的是，即便中世纪的人认为自己并不受一位罗马皇帝任何有意义的统治，他们也会发现自己卷入了罗马帝国遗产所塑造的文化和社会规范（尤其是通过基督教）之中。

此外，罗马作为一座城市，在本地区的精英阶层心目中始终占据重要地位，即便彼时权力中心已经转移到拉韦纳和君士坦丁堡。在某种程度上，这是一种意识形态的联系，因怀旧情绪和政治合法性的需要而被加强，一直追溯到传说中的罗马建城者罗慕路斯和雷穆斯。但罗马城的重要性也是现世存在的。在这一时期，罗马仍然是社会和文化创造的中心，尤其是罗马贵族女性在城市的治理和权力架构中扮演了关键角色。这一点，把我们拉回到加拉·普拉西狄亚和她那辉煌的星空穹顶上。

从425年到437年，加拉帮助年幼的儿子瓦伦提尼安三世（425—455年在位）统治西罗马帝国，直到他年满18岁时正式登上皇位。她的统治中心在拉韦纳，这座城在402年才成为西罗马帝国的首都。当时，加拉同父异母的哥哥、罗马皇帝霍诺留斯一世（393—423年在位）将首都从米兰迁到这里。之所以迁都于此，是因为这里靠近亚得里亚海岸，便于前往地中海东部，能够强化帝国各位统治者之间的联系，同时，城市周边的沼泽地有助于抵挡外敌入侵。加拉在这里统治时，似乎建造了一片宏伟而神圣的建筑群，但只有这座小小的十字形礼拜堂留存至今。人们口耳相传，将它称为加拉的陵墓，但没有证据表明她葬于此地。不过，即便她在意大利东海岸这座城市统治着罗马帝国，她也从未失去以罗马城为首、罗马城一直延续的信念。

大约在450年，当加拉的生命走向尽头时，她写信给君士坦丁堡的侄子和侄女，皇帝狄奥多西二世（408—450年在位）和他的姐姐普尔喀丽亚。加拉俨然严厉的姑母，质问他们为何忽视了信仰，要求他们一起行动起来，因为（她认为）地中海东部的基督教会已摇摇欲坠。另一方面，她表示，她和她的儿子瓦伦提尼安三世受到罗马主教即教宗利奥一世（440—461年在位）的善待。利奥在加拉一行"抵达罗马古城时"亲自迎接，并告诉她，地中海东部的教会纷争已经威胁到了帝国对基督教的支持，而这一支持是从君士坦丁时代延续至今的。她必须做点什么了。因此，她写了一封信——这封信的关键在于主张了她的地位，她在信中自称是"最虔诚、富足、永恒的奥古斯塔（Augusta）和母亲"，以罗马的秩序和古老，来对比时髦的君士坦丁堡的种种混乱。

问题的解决方案是听从罗马主教（利奥）的号令，因为（第一任罗马主教）圣彼得"第一次给首主教增了光，值得领受天堂的钥匙"。加拉在信中有些许责备皇帝侄子，"我们应当尽一切努力维持罗马的荣耀，因为这座伟大的城市是大地的女主人；我们还应极其小心地行事，以免我们的家族在过去所守护的一切，在今天遭受侵害"。换句话说，即便在5世纪中期，距罗马被哥特人"劫掠"已过去数十年，加拉依然自如地宣称罗马是基督教信仰的中心。罗马是帝国的中心。东罗马帝国应当对西方的前辈更加恭顺。

加拉·普拉西狄亚在约450年来到罗马。这并非她第一次到访。在她60年的人生中，她来过很多次，包括约410年那次，当时西哥特人围困了罗马城，进城洗劫后离去，后来再次进城，可能又劫掠了一番，然后将加拉投入监牢。

与加拉同时代的基督徒对罗马的遭遇有不同看法。教父哲罗姆认为，这是十分恶劣的事件。他在罗马帝国巴勒斯坦行省的耶路撒冷附近，向住在意大利的通信者写信，声称410年的事件——他从1000多英里外的有利位置看——是一场灾难,他说:"罗马帝国的首都被一场可怕的大火吞没,全世界的罗马人都变成了流亡者。"

而其他人却更加乐观。奥古斯丁在《上帝之城》中指出,这不是罗马第一次遭遇内部或外部的暴力侵害。当然,奥古斯丁有自己的议题。他想为基督教开罪,因为多神教徒指责基督教信仰是410年暴力事件的罪魁祸首。他注意到,从罗马城的漫长历史看,这次劫掠称不上什么不同寻常的灾难——当然也不是帝国灭亡的灾变。奥古斯丁(和之后他著名的学生奥罗修斯)写道,"云集的众神"在异教时代保卫着罗马,却让罗马城频繁遭受烈火和战争。世人之城总是充斥着摩擦与争端,而罗马——既非城市也非帝国——并非例外。

历史学家们从自身的环境出发来看问题,哲罗姆和奥古斯丁也一样。在上述例子中,我们需要了解他们所处的时代环境,以看清真正可能发生的情况——或者更进一步,看清其背后的意义。在当时的人看来,哲罗姆自称为修士,他避世而居,更专注于灵魂的事务。他对罗马灾难的评论出自一封回信,来信人询问他是否应当嫁出自己的女儿。他之所以这样描绘罗马的困境,是想要吓唬他的朋友(来信人),让那人把女儿送去做修女,以免遭遇性暴力(这与哲罗姆的禁欲主义理想相关联)。奥古斯丁是主教,在中世纪,这一职务兼具治理和牧灵双重属性。因此,他的目光更长远,将这一事件置于以永恒为终点的神圣历史的宏大范围中看待。与此同时,他还要确保自己的信众,也就是同时代的罗马人,不会陷入恐慌。当然,以上论述并不意味着要简单粗暴地忽略教父们的作品,而是要超越他们的字句及其背后的神学目的,来评价帝国的崛起与衰落。我们还可以考虑一下别的证据。

那我们从哥特人说起吧。410年洗劫罗马的这些人究竟是什么人？关于大规模"蛮族"入侵的历史叙事不知从何而来，与其他许多将崩溃归结于外来暴力的叙事一样，需要被温和地放到关于人口迁移、调和、变革的更为复杂的历程中考察。"日耳曼人"——一个不太严谨的词，用来指代通过语言、宗教、文化相似性连接在一起的许多不同的族群——和其他来自欧洲北部、东部以及亚洲西北部、中部的族群，在数个世纪的时间里越过罗马帝国边境，进进出出。有时候他们为劫掠而来，有时候又作为盟军同罗马人并肩作战；通常，他们是与罗马通商的贸易伙伴；此外，特别是自4世纪头10年的末期起，他们又是寻求庇护的难民。4世纪70年代，一场大饥荒暴发，一大群哥特人进入欧洲东部，其中大部分进入罗马帝国的色雷斯行省即巴尔干地区。罗马帝国官员本应救助这些难民，却强迫他们进入难民营，让他们挨饿至死。在某些极端情况下，哥特人不得不把儿女卖为奴隶，换来给狗吃的食物，只为了不至于饿死（根据历史学家阿米亚努斯·马塞林努斯的叙述）。如果这些故事是真的，难怪哥特人一抓住机会就反抗罗马帝国了。

人们很容易关注在这之后的残酷战争（这可以理解），包括378年著名的哈德良堡战役，哥特人在这次战役中出乎意料地取胜，甚至杀掉了罗马皇帝瓦伦斯。但随后到来的和平也同样重要。哥特人同瓦伦斯的继任者狄奥多西一世签订了协议，在欧洲东南部大规模定居，并在此后一两代人的时间里实际上变成了罗马人，甚至加入了罗马帝国各地的军团。但罗马帝国内部的权力斗争再一次干扰，使哥特人——如今我们称之为"西"哥特人——在阿拉里克的领导下踏入意大利的战场，反抗西罗马帝国。

军事斗争和外交利用、愚行、结盟、背叛、极限援救、偏狭的顽固，引发了三次围城战，最终导致西哥特人在410年占领和洗劫了罗马，这个过程成了传奇的素材。阿拉里克与罗马将军斯提利科（其人自己就是拥有一半汪达尔血统的日耳曼人）交战，后者统领其他日耳曼人军队，组成罗马大军的主力。后来，阿拉里克同斯提利科结盟。再后来，皇帝霍诺留斯一世处决了斯提利科和他的儿子，还有他许多部下的家人。剩下的罗马士兵逃到阿拉里克军中，使他的军队迅速壮大，无人能挡。即便如此，当这位西哥特将军包围罗马时，他仍在努力寻求和平。

当阿拉里克向罗马城进军时，他并不认为自己会取得胜利；相反，他或许真的害怕自己获胜。他并非一定想要把战争推向这个结局。阿拉里克，一名哥特将军，统领着一支主要由罗马化的日耳曼人组成的军队，他很可能觉得他与历史上其他罗马将军一样，要面对那个强大的禁忌（此禁忌甚至在困扰罗马历史的许多内战中仍然存在），即决不能率军攻入这座神圣之城。换句话说，他将自己视为罗马人。罗马会延续下去，因而他想要恢复同伟大帝国的联盟——不过他要做主导的那一方。

然而战争却持续了下去，阿拉里克最终洗劫了罗马。哥特人在加拉·普拉西狄亚的住所找到了她，在整个战争期间，她一直住在那里，在保卫罗马的过程中发挥了关键作用。加拉是打破皇帝霍诺留斯和将军斯提利科同盟的楔子，正是她指控斯提利科的妻子、她自己的亲戚塞雷娜与哥特人密谋（很可能是冤枉的），并导致其被绞死。加拉在她自己的历史中，从头到尾都是主动的行动者，她本身就是一支不可忽视的力量。

加拉逃过了 410 年的第一次洗劫。不久后，阿拉里克因病去世，新的哥特领袖阿陶尔夫（411—415 年在位）似乎返回了罗马，将加拉·普拉西狄亚作为战俘关了起来（关于整件事的经过，我们的史料有点模糊不清，但加拉最终落入阿陶尔夫手中，是毫无疑问的）。不过，阿陶尔夫很快就离开了意大利，向法兰西南部进发，随后翻越比利牛斯山前往伊比利亚。后来我们知道，在 414 年，加拉和阿陶尔夫结婚了。她在婚礼上穿着丝绸衣，他把从罗马拿走的战利品作为新婚礼物送给了她。

因为加拉·普拉西狄亚同有权势的男性的关系，人们很容易将她仅仅视为权力游戏中的一件物品。我们无法得知，加拉嫁给阿陶尔夫是否出于自愿，但带有外交目的的婚姻在罗马贵族中很常见，无论男女。考虑到加拉在罗马皇帝与西哥特人的战争过程中扳倒斯提利科的作用，我们可以合理地假设，她此举或许是同哥哥合作，想要一劳永逸地平息哥特战争。的确，我们所知道的是，他们的婚姻并不是罗马帝国毁灭的标志，而是表示哥特人渴望成为罗马人，罗马人也愿意嫁给日耳曼"入侵者"，从而将一个通过征服获得的政权同罗马帝国的统治遗产结合在一起。

约达尼斯，一位拥有哥特血统的君士坦丁堡官员（日耳曼人在罗马帝国工作很常见），在 550 年写了一部哥特人的历史，其中谈到了这次婚姻："阿陶尔夫被加拉·普拉西狄亚的高贵、美貌、贞洁迷住了，因此，他在艾米利亚地区一个城镇的朱利安广场举行合法婚礼，娶她为妻。当蛮族得知二人结合的消息时，他们更加恐惧了，因为罗马帝国和哥特人现在结成了一体。"约达尼斯断言罗马人和哥特人凭这一次婚姻就联合起来，似乎是过于急躁了，因为意大利半岛在接下来的几个世纪里仍然战乱纷纷。但这恰恰表明，约达尼斯及其东罗马帝国的同僚们并不认为，日耳曼人的迁徙是罗马崩溃的证据。一群群人在罗马帝国来来去去，寻求职位和地位，他们通常保留了自身认同的某些要素，但这又不妨碍他们成为罗马人的同等的意识。

无论如何，加拉的婚姻生活并没有延续很长时间。她和丈夫搬到西班牙，开始建立一个新的罗马附属国，还有了一个儿子狄奥多西——哥特国王的儿子取了一个合适的罗马皇族的名字。然而，这个婴儿还不到一岁就因病夭折了，他被放入一具小银棺，埋葬在巴塞罗那城墙外的一座教堂里。第二年，阿陶尔夫在浴缸中被一名恼怒的仆人谋杀。阿陶尔夫的兄弟西格里克为甩开加拉这个权力竞争者，命令她从巴塞罗那离开西班牙。但还没等到加拉动身，西格里克被另一名西哥特人瓦利亚谋杀了。瓦利亚同罗马媾和，条件之一就是让加拉回归意大利。她后来确实回到了意大利，并于417年嫁给西罗马帝国的大将军康斯坦提乌斯。他们很快就有了孩子——女儿霍诺丽亚和儿子瓦伦提尼安。421年，康斯坦提乌斯被加拉的哥哥霍诺留斯擢升为共治皇帝，好运似乎又一次降临到她身上。

但这次好运没持续多久。这一年的晚些时候，康斯坦提乌斯三世因病去世。

加拉的丈夫死后，霍诺留斯皇帝就将大权收归己有，对妹妹的权势则越来越疑心，最终强迫她带着孩子逃离意大利。加拉往东走，在君士坦丁堡避难，度过了几年。不过好运很快再次降临，加拉于425年胜利返回拉韦纳，她的哥哥霍诺留斯已经死了，她的侄子和庇护者——东罗马帝国皇帝狄奥多西二世——的军队替她击败了政敌。当时，她的儿子瓦伦提尼安才6岁，在罗马元老院被推为西罗马帝国的奥古斯都,这主要归功于加拉同罗马将军弗拉维斯·埃提乌斯(他很受帝国的日耳曼人欢迎)达成了协议,任命埃提乌斯为西罗马帝国的大元帅(magister militum)。之后,加拉就在拉韦纳定居,在往后的12年以摄政身份统治着西罗马帝国。

自始至终,加拉都展现了在东、西罗马帝国驾驭复杂的政治局势的才能。国王、皇帝、将军、兄弟、表亲都倒下了,而加拉·普拉西狄亚一直屹立不倒,最终看着自己的儿子平稳登上皇位,成为罗马皇帝瓦伦提尼安三世。我们可以说,在5世纪早期,加拉本身就代表了罗马帝国的延续性。她的才能不仅仅体现在政治领域;有记载表明,她亲自参与设计了教堂的马赛克壁画;她留下的为数不多的信件显示,她的神学修养深厚,有自信也有足够的知识储备,能够同主教、修士、皇帝探讨耶稣的神性和人性,以及圣母马利亚的角色问题。

约450年,当加拉快60岁时,她和儿子来到罗马,见到了教宗利奥。这次旅行不过是例行公事,平平无奇,但加拉生了病,在450年晚些时候逝于罗马。她被安葬在罗马的圣彼得大教堂。临死前,她还完成了另一件事,把未能长大成人的儿子狄奥多西——多年前在西班牙夭折的孩子——迁葬于圣彼得大教堂。至于这个孩子的尸骨是怎么被运到罗马的,就无从得知了。是加拉派人去把小银棺接回来的吗?抑或是她一直为儿子的夭折而悲伤,多年来无论走到哪里都带着小银棺?或许,她下令在拉韦纳修筑那座小礼拜堂,不是为安置自己或任何圣徒的遗物,而是希望用那蓝色的穹顶来庇护和慰藉她死去的孩子。也许是在罗马生病后,她才改变了主意。

加拉的一生展现了一个依然活着又无疑正经历变迁的罗马帝国的故事。在这个复杂的故事中,新宗教、新族群与尚存的观念和风俗相融合,为即将到来的新时代打造了舞台。一种新的皇权形式出现了,各种类型的统治者通过与各个基督教团体和宗教领袖保持密切联系,来主张其合法性,这种形式变成了整个地中海世界和高卢(高卢即将成为法兰克人的王国,最终演变为今天的法国)大部分地区的规范。新来的族群急切地寻求与罗马皇室和精英家族结盟,并采用罗马的传统。基督教在传播的过程中,基于罗马的官僚统治规范,将领地划分为各个行政区域。新兴的修道团体和修士阅读并复制拉丁文本,创造了他们自己的文献,我们将在后面的章节更全面地讲述他们的故事。罗马帝国不断变化,但仍然延续,存在于实践以及西欧和地中海地区统治者的心中。

我们必须记住,作为"帝国"的罗马发生了变化,但其实罗马本身一直是变动不居的。从一开始,变化就是罗马历史的一部分。罗马的权力中心曾转移,罗马的势力范围从碎片化走向整合,再走向碎片化。从另一方面看,所谓罗马"衰亡"的观念,其基础也是某种关于历史同质性的观念,即历史是静止不变的。这一陈旧的观念认为,罗马是一个中央集权的前现代民族国家,其理想状态更像是爱德华·吉本所生活的18世纪的大英帝国,而这与古代的实际情况不同。吉本认为,早期基督教粗暴的宗教激情毁掉了罗马的辉煌,使这个纯净、稳定的帝国走向崩溃。不过,吉本那时正担忧于法国大革命引发的动荡,他认为激情是十分危险的。他渴望看到一个更加纯粹的意大利,那是他作为业余旅行者在旅途中凝望着罗马和拉韦纳的废墟时,所想象的意大利。对他来说，当罗马学会适应欧洲和地中海世界不断变化的新现实时，罗马就"不复存在"了。日耳曼人不可能成为真正的罗马人，女性也不可能成为真正的统治者，诸如此类。但正如我们所看到的，这一时期的罗马人往往不觉得上述种种变化有什么问题。

新的族群或自愿成为罗马人，或像几个世纪以来所发生的那样，其大量人口在战争结束后被强迫送往奴隶市场，成为分散在帝国各地的奴隶。尽管如此，帝国和帝国的理念依然存在，它已经历了公元69年的四帝之年、3世纪早期的混乱、3世纪80年代的东西方分裂、4世纪君士坦丁堡的崛起，以及最后加拉·普拉西狄亚动荡的一生。历史发生了变化，不过历史始终处于变化之中。

站在加拉在拉韦纳修建的小礼拜堂里，很难认为罗马帝国晚期的基督教仅仅是危险激情的煽动者。基督徒肯定打砸谋杀过，加拉本人或许要对成千上万人的死负责。但是，基督徒也创造了闪耀着星光的建筑。根据一份写于多个世纪之后的文献，加拉为拉韦纳的这座宁静的小礼拜堂定制了一个巨型的金色烛台，烛台正中央镶嵌着她的画像，周围环绕着一圈文字："我将为我的基督点亮一盏灯。"在此后的1000年里，我们将在各种神圣空间中发现类似的光辉，这些光辉或反射在巴格达的宏伟城墙上，或透过沙特尔大教堂的巨大玫瑰花窗。类似于410年罗马的大火一次又一次被重新点燃，但工匠们继续在天空中悬挂新的星星，让人们能够从中找寻到一丝安宁。

阿拉里克和他的军队洗劫罗马40年后，即便加拉在地中海的对面掌控着帝国的权柄，她依然把罗马称作"大地的女主人"，并且时常回到这座城市。在这个世纪以及之后的几个世纪中，无论是农民还是外国人占据罗马的权力宝座,都并不标志着罗马的崩溃。加拉·普拉西狄亚在圣彼得大教堂那个朴素的坟墓里又躺了至少 1000 年,她第一个孩子的小银棺安放在她身边。她把死去已久的孩子带回家,带回罗马,让其在这里安息。

第二章

新罗马闪闪发光的瓷砖

加拉·普拉西狄亚在她的幼子旁边安葬约90年后,罗马人又回到了拉韦纳。但这些罗马人与加拉和她的皇帝儿子不同;他们是一支来自东方新罗马——君士坦丁堡——的军队,打算围攻西罗马帝国的首都。东罗马帝国的大将贝利撒留为查士丁尼皇帝(527—565年在位)征服了北非;围攻拉韦纳之时,他正处在即将为帝国完成重夺意大利部分地区之使命的关头。在加拉·普拉西狄亚死后的几十年里,意大利形势并不乐观,罗马的不同统治者争斗不休,一轮又一轮的外敌入侵削弱了帝国的控制力。455年,汪达尔人洗劫了罗马。随后,一群新的入侵者——东哥特人(与上一章的哥特人分属不同族群),控制了意大利半岛的大部分地区,在狄奥多里克国王治下,于5世纪90年代初期巩固了他们的统治。

与其他罗马化的外来者一样,狄奥多里克也发觉了将自己的政权与帝国的历史相联系的价值。他与君士坦丁堡总体保持着良好的关系,充当了东罗马帝国皇帝得力的"代理人"。事实上,在6世纪初期,东哥特人统治下的意大利忠实维持着罗马帝国的政府体制,从艺术、官僚机构、政治仪式等方面看,可以说比东罗马帝国直接控制的地区更像"罗马"。可以认为，6世纪初历史的特点不是变化，而是延续。然而，在狄奥多里克死后，东哥特人围绕王位继承爆发了争端（不过公平地讲，在中世纪早期，王位继承几乎从未平稳过），最终夺得权力的国王处决了狄奥多里克的女儿。6世纪30年代，查士丁尼皇帝以这次处决为借口，派他的大将去"解放"意大利。从实际情况和文化上看，罗马确实得到了延续，但新的政治形势使意大利半岛失去了中心地位，帝国的权力目前归属于远在东方的新罗马，存在于俯瞰博斯普鲁斯海峡的宫殿里。

贝利撒留在拉韦纳城外坐镇指挥时，几乎已经收复了意大利全境。拉韦纳的市民士气很低落。一场大火烧毁了城里的粮仓，这有可能是叛徒所为或贝利撒留的阴谋，抑或是一道随机的闪电所致。因此，市民知道饥荒很快就要到来，他们坚持不了多久了。从阿尔卑斯山过来的哥特援军也不能如期抵达。更糟糕或许更重要的是，这座亚得里亚海岸城市的广大市民对东罗马人有亲近感，似乎随时准备背叛他们的统治者——东哥特国王维蒂吉斯。

但预料中的投降并没有发生。两名来自君士坦丁堡的元老作为帝国特使，与维蒂吉斯谈判，达成了协议：维蒂吉斯将离开拉韦纳，但保留波河（一条由西向东流经意大利北部的河流）以北的土地。然而，贝利撒留拒绝批准这份停战协议。他打定主意，既要取得决定性胜利，又要俘虏维蒂吉斯，在凯旋式中回到首都君士坦丁堡。

后来，事态变得更加复杂。拉韦纳的精英们试图绕过君士坦丁堡的元老，直接向贝利撒留投降，并提出将西罗马皇帝的头衔献给贝利撒留。

贝利撒留肯定受到了诱惑,尽管普罗柯比声称贝利撒留从未对皇位有过念想,只是假装寻求皇位。普罗柯比是贝利撒留的秘书,他写了一部编年史,记录了查士丁尼皇帝在伟大的君士坦丁堡的功绩,还写了一本下流的书,指责查士丁尼、贝利撒留和二人妻子的各种罪恶行径。至少在皇位问题上,普罗柯比或许说得没错,因为当拉韦纳开城投降时,贝利撒留是以查士丁尼皇帝和罗马帝国的名义接收它的。普罗柯比对这次胜利大加称赞,他在《战争史》中写道,当他目睹军队兵不血刃开进拉韦纳时,他觉得这一定是某种"神圣力量"的杰作,而非出于"人类智慧或其他美德"。

让我们设想一下,如果贝利撒留接受了拉韦纳市民的提议,这对6世纪的历史以及现代关于罗马帝国衰亡的迷思而言,又将意味着什么?假设贝利撒留获得了西罗马皇帝的头衔,那么罗马帝国将在540年完全恢复到加拉·普拉西狄亚时代的样子。帝国东部和西部都将拥有一位皇帝,围绕整个地中海地区,或联合战斗,或争权夺利。贝利撒留已经是战功卓著的将军,称帝后,他可以充分利用自己的优势,在意大利建立持续几年、几十年甚至是几代人的新王朝。历史上没有什么事是必然发生的,一点点政治风向的转变,就可能导致完全不同的结局。

当然,贝利撒留并没有接受这个提议。他对皇帝和罗马保持了忠诚。事实上,6世纪初期罗马世界的政治现实,以及君士坦丁堡的宗教和政治领袖所采取的策略(让博斯普鲁斯海峡旁的君士坦丁堡成为想象的世界中心),很可能是贝利撒留保持忠诚的原因。他得以出人头地,直接归功于皇帝的宠爱。他为查士丁尼赢得了波斯战争的胜利，又在532年的尼卡暴动中屠杀了数千人，救了皇帝一命（下文将详述这一事件）。不过，或许更重要的是，当新罗马在博斯普鲁斯海峡的暖阳下熠熠生辉时，一个真正的6世纪罗马人是否愿意在亚得里亚海边的沼泽地前哨站实行统治？帝国的东部和西部仍联系在一起，但君士坦丁堡已经超越了罗马和拉韦纳。

君士坦丁堡曾经是罗马帝国亚洲行省一个名叫拜占庭的寂静渔村，皇帝君士坦丁一世（306—337年在位）将它改造成自己的权力中心，并在330年以自己的名字，将它改名为"君士坦丁堡"（意为"君士坦丁之城"）。在此后数百年间，这座城市修筑了宏伟的公共工程，积累了巨大的财富，获得了文化上的主导地位，也经历了政治动荡。君士坦丁掠夺帝国其他地方的财富来启动城市建设工程，充实这座新城，修建（或至少资助）了许多新的教堂。之后的统治者也通过各自的方式继续建设，使君士坦丁堡在重建后于短短几代人的时间里迅速扩展，乃至不得不修建新城墙——这道城墙的大部分至今仍屹立不倒，十分壮观——以扩大城市面积，容纳其全盛时期的约50万居民。城墙之内，是一座典型的罗马城市，有浴场、广场、引水渠，以及统治者和杰出公民的纪念碑。从文化多样性上看，它同样是典型的罗马城市，随着自身的发展，容纳了来自三大洲的居民。这些居民操着许多种语言，信奉许多不同的宗教（以及同一宗教的不同变体，这在涉及君士坦丁堡的基督徒时尤为重要）。

在君士坦丁堡实行统治的罗马人从未以"拜占庭"自称，这一称谓到16世纪才流行开来。我们有时会需要用到这个词，以便将围绕着君士坦丁堡的、讲希腊语的罗马帝国，与其他所有罗马帝国变种相区分。但我们必须记住，这个以君士坦丁堡为中心的帝国的居民自称为"罗马人"。中世纪后期的拉丁基督徒会轻蔑地讥讽他们为"希腊人"，不过他们的盟友和敌人往往也简单地称他们为"罗马人"。他们将自己统治的这片土地称为罗马、罗马尼亚（Rumania）、罗梅利亚（Rumelia）或其他名称，这些名称表明了延续而非变化。尽管如此，从5世纪末到6世纪，以查士丁尼和狄奥多拉的统治为顶点，东罗马帝国人努力将世界中心转移到君士坦丁堡，完成了罗马帝国统治重心从中央到外围的转变，而这一进程事实上已持续了几个世纪。同时，他们还试图从概念上固守基督教时代之前的罗马遗产，并创造了一些新事物。

　　拜占庭对意大利的控制支离破碎，转瞬即逝。新罗马和旧罗马仍然保持着联系，但新罗马必须应对整个地中海的新形势，在整个6世纪，皇帝们的注意力也不断自西向东转移。君士坦丁堡的海军一直维持着拜占庭对亚得里亚海沿岸和意大利南部的统治，与此同时，另一个群体，我们所称的伦巴第人，趁战争动荡之机夺取了意大利北部的大部分地区。不过，人们对贝利撒留及其征服的记忆长久不散。描绘查士丁尼皇帝和狄奥多拉皇后的新马赛克壁画将拼贴在圣维塔莱教堂，这座教堂于6世纪完工，距离加拉·普拉西狄亚的宁静陵墓和大片星空仅一箭之遥。这些新的帝国马赛克壁画结合了《旧约》和《新约》中的场景，讲述了一个基督教胜利和帝国复兴的故事。拉韦纳的马赛克壁画和其他的罗马符号，将在数个世纪中激发欧洲的帝国权利主张的价值，至少到14世纪头10年。查理大帝和"红胡子"腓特烈一世等著名统治者，将凝视着这些壁画所反映的辉煌图景，据此制定政策，并付诸行动。拉韦纳的马赛克壁画似乎已经实现了目的——提醒观众东、西罗马帝国之间的持续联系——不过更重要的是，罗马帝国有了新的权力辐射中心，那就是君士坦丁堡。

如何使君士坦丁堡这样的"新中心"成为现实？如何说服大众改变对世界的看法？整个中世纪，神话作者们一再面对这一挑战，试图证明他们的城市、教会或统治者是罗马帝国世俗和宗教遗产的合法继承者。就君士坦丁堡而言，征服罗马城是其中一个目标，但为了重塑臣民的想象，还需要做更多的事。

那么，如何重绘世界的想象地图？有时候，一些有形的、可触及的权力象征能够使人们转移视线，例如教堂、宫殿，或者圣物，或皇冠上的珠宝。但在其他时候，精神上的现实感更加虚无缥缈——这是朦胧的重新聚焦的过程，只有在一段时间后才会变得清晰。君士坦丁堡作为拜占庭帝国的中心，也成了地中海世界的精神中心。它拥有强大的引力，以至于在一段时间内几乎汇聚了所有宗教、文化、政治力量的表达，其中一些体现在巨型建筑和宗教会议上。但是，永远不要低估一个好故事，尤其是能够世代相传的故事的力量。让我们回到历史中，回到贝利撒留、查士丁尼、狄奥多拉之前，考察一下丹尼尔这个例子。他是生活在5世纪的修士，后来成为圣徒。据说，天使曾告诉他，君士坦丁堡是世界的中心。

在5世纪后半叶的某个时间点，这位丹尼尔辞去了幼发拉底河畔萨莫萨塔市附近一所小修道院院长的职务，准备步行前往阿勒颇。他想去拜访一位名叫"高柱修士"西蒙的圣人。西蒙之所以有如此称呼，是因为他住在一根高高的大柱子顶上，从不下来，忍受着风吹雨打，（尽可能在闹市环境中）与世人隔绝。丹尼尔和西蒙都是修士，修道是一种当时新近出现的基督教奉献形式，始于4世纪的埃及，后传到罗马帝国治下的巴勒斯坦，又横跨北非，最终传到欧洲。修道生活的核心在于修士与世俗世界相分离，使他们能够专注于精神的修炼——以拯救他们的灵魂——避免尘世的纷扰与诱惑。最初，这些修士是"独自"生活在沙漠中的隐士，但随着时间的推移，在一位向导、领袖、教父〔即"修道院院长"（abbot），源自希腊语abbas，意思是"父"〕领导下，苦修团体开始形成。西蒙是前一种类型的修士，而丹尼尔起初属于后一种类型，但他渴望更严苛的修行，于是向西蒙寻求指导。

二人见面后，西蒙力劝丹尼尔和他一起住在阿勒颇，但丹尼尔决定继续往前走，去拜谒耶路撒冷，瞻仰耶稣复活的遗迹，之后再退居沙漠做隐士。根据丹尼尔的一名追随者和圣徒传作者的记录，上帝对他另有安排。在丹尼尔前往耶路撒冷的途中，有一天，一位"毛发浓密的人"——在他看来也是修士——赶上了他。丹尼尔告诉这位多毛老者，他要去耶路撒冷，但这位老人回应道："真的，真的，真的，我以主的名义向你发出三次恳求，不要去那些地方，要去拜占庭，你将看到第二个耶路撒冷，也就是君士坦丁堡。"可以想见，丹尼尔并没有被说服。

两人又同行了一段路，直到夜幕降临，丹尼尔来到附近的一所修道院，希望借宿一晚。但当他回头看时，那个神秘的多毛老者已经不见了。当天晚上，那个人——现在看来，说他是天使可能更为恰当——出现在丹尼尔的幻象中，再次要求丹尼尔去君士坦丁堡，不要去耶路撒冷。这次，丹尼尔被说服了。他没有违背这位神圣使者的意愿，而是掉转方向，背朝着耶稣受难的城市，向新的耶路撒冷、5世纪罗马帝国的首都和基督教世界的新中心进发。来到君士坦丁堡后，丹尼尔将效仿西蒙，在这热闹繁华的大都市中寻求退隐，住在一根柱子上，吸引游客和崇拜者，向人们提供忠告，成为崇高基督教的公众楷模。

正如6世纪的君士坦丁堡不断施加政治和文化引力，将拉韦纳和意大利拉入其轨道那样，在5世纪的"高柱修士"丹尼尔的故事中，上帝借天使之口，也承认了新的宗教现实。君士坦丁堡在当时不仅是新的罗马，也是新的耶路撒冷——不仅是皇帝的所在地，而且很快将成为一座新圣殿的所在地，这座圣殿的光辉将超越其他一切圣殿。

君士坦丁堡的物质和精神转变并非一夜之间完成的，而是和帝国经历了缓慢的发展。幸运的是，在5世纪末和6世纪初，君士坦丁堡的政局相对稳定。在瓦伦提尼安三世被害后，西罗马帝国经历了一段多个统治者快速更替的混乱时期；而拜占庭则不同，出现了几个长期在位的统治者——首先是芝诺（他曾拜访"高柱修士"丹尼尔，在位至491年），然后是阿纳斯塔修斯一世（491—518年在位），再后来是查士丁一世（518—527年在位）。

查士丁一世和其他许多罗马皇帝一样，是出身卑微（可能是农民）的天才军事家，一路高升至宫廷卫队长。518年一个夏夜，阿纳斯塔修斯一世驾崩，年近七旬的查士丁利落地战胜了他的诸对手，在竞技场上登基称帝。这个竞技场是大型赛马场，是君士坦丁堡市民文化生活的中心。随后，一连串谋杀开始了。

在接下来的几个星期，查士丁下令——暗杀了之前的皇位竞争对手，以巩固其统治地位。他把身边人换成亲信，其中有他的家人。他的亲信之一是外甥查士丁尼,同样出身卑微,也是天才政治家。在整个过程中,查士丁尼一直支持舅舅登上皇位,并在短短几年间掌控了帝国大部分地区。527年,查士丁年迈去世,查士丁尼的机会来了。

查士丁尼出生于色雷斯一个相对贫穷的小村庄,而在舅舅去世后爬上了恺撒之位。不过,在我们的讲述中同样引人注目的,是他的妻子狄奥多拉的故事。二人在查士丁统治末期,大概是查士丁尼接管帝国实际控制权时,结为夫妇。狄奥多拉同样出身卑微,这指的是她来自君士坦丁堡的表演者这一下层阶级。当时,战车比赛是君士坦丁堡居民的主要娱乐活动,围绕战车比赛形成了两大派别——蓝党和绿党。这两个派别不仅拥有各自的马匹、战车、赛车手,还在整个比赛期间组织娱乐活动,包括熊戏和舞蹈等。狄奥多拉大约出生于495年,父亲是养熊人,母亲是女演员,二人都为绿党服务。

狄奥多拉还有一个姐姐做歌手,狄奥多拉自己也上台表演,似乎是大型滑稽剧团的成员。或许,她的某些表演有色情成分——这确实很有可能——不过那些指责她邪恶堕落的批评者很可能是出于性别和阶级歧视,而未见得有什么准确信息。她后来成为一位行省长官的妾室——这是一种半正式的婚姻,从长远看没什么稳定性,但妾比单纯的情人、妓女或情妇的地位更高一些——和这位长官可能生有一个女儿,但这段关系后来破裂了。不过,她还是同精英社会维持着联系;最终她和查士丁尼相遇,具体情形我们不得而知。我们所知道的是,查士丁尼大约是出于巧合,推动通过了一项法律,将曾经的演员同罗马社会精英的婚姻关系合法化。而到523年,他们结婚了。

我们应当如何看待这对夫妇呢？查士丁尼和狄奥多拉似乎是真心相爱的，因为查士丁尼作为积极进取的新秀，娶下层阶级的女子狄奥多拉为妻，肯定要付出一些政治代价，即便狄奥多拉有文化且非常聪明。但是，我们必须承认，历史学家普罗柯比对二人的复杂叙述很可能影响了我们的描述。普罗柯比就是我们在本章开头提到的贝利撒留的秘书，他的记载也是我们研究这一时期的主要史料来源。他写了不少著作，在大多数作品中都称赞查士丁尼和狄奥多拉的统治乃上天所授，但在其他地方，例如一部名为《秘史》的书中，却轻蔑地称呼查士丁尼为恶魔和好色的傻瓜，指责狄奥多拉是妓女（这一点我们稍后再谈）。人们倾向于认为，普罗柯比的正史不过是政治宣传，而《秘史》才是他的真实观点，并据此断言，统治者出身于下层阶级标志着帝国不稳定，预示拜占庭的麻烦即将到来。

不过，我们或许可以超越现代的阶级意识，从另一个角度来看待这件事。查士丁尼和狄奥多拉明显有非凡的才能和十足的干劲，得益于即将抵达发展巅峰的伟大社会的流动性，他们成功成为世界上最有权势的两个人。正如我们所看到的，罗马帝国延续性的一个表现，就是卓越人士能够实现社会地位的跃迁。若从这个角度来看，所谓的帝国"虚弱"的标志，就会变成帝国活力的标志、一个文明抵达新高峰的光明标志。黑暗时代开始变得有些光明了。

这"光明"不仅是比喻。532 年，查士丁尼和狄奥多拉遭遇了一场暴动，暴动在竞技场的大规模示威中达到高潮。暴动者来自蓝绿两党——这是中世纪和现代都难得一见的危急时刻，原本相互敌对的赛车迷一致对付共同的敌人。据说，他们高喊着"尼卡（Nika，意为"胜利"）！"控制了城内部分地区，并且一度可能推举了他们中的一人为新皇帝。普罗柯比写道，查士丁尼和他的谋臣一度考虑逃出城，但狄奥多拉宣称自己不会逃命（此举闻名），因为他们身穿的紫色皇袍有光辉的帝王色彩，"可作为更高贵的裹尸布"。听了她的话，皇帝下定了决心。他留下来，派贝利撒留和另一名将军去召集部下，发动全部军事力量镇压了竞技场的暴动者，施行了可怕的大屠杀。在那一刻，君士坦丁堡燃起了失控的烈火，火光照亮了那个时代。火或许是暴动者放的，或许是查士丁尼的士兵放的，但毫无疑问，这场大火吞噬了君士坦丁堡市民的尸体，以及邻近竞技场和皇宫的圣索菲亚大教堂。教堂的木梁在尖叫和杀戮声中噼啪作响。

　　事后，查士丁尼开始重建君士坦丁堡。重建过程表明，在这片光明而纷乱的土地上试图界定和控制"罗马性"，究竟有多么复杂。查士丁尼的首要目标之一就是重建圣索菲亚大教堂。他为此访问了安提米奥斯和伊西多尔，两人都是杰出的科学家、发明家、城市规划师。他们来自专业人士阶层，这个阶层投入到古人的智慧——尤其是古希腊的数学和工程技术——之中，并将人类知识的积累向前推进。据说，安提米奥斯利用蒸汽动力制造了一次人工地震，以便研究地震（这是君士坦丁堡长期存在的问题）的机制，这或许与他努力改进的防洪技术有关。他们运用敏锐的鉴赏力建设新教堂——圣索菲亚（sophia 在希腊语中是"智慧"的意思）大教堂，为教堂修建了广为人知的巨大圆顶，使之威严地飘浮在一处广阔的空间之上。这是当时基督教世界中最大的封闭空间，也是 1000 年后罗马圣彼得大教堂重建前最大的圆顶建筑。整个中世纪，它始终牵动着当地居民和外来朝圣者的心。即便在今天，教堂的金色天花板几乎全被抹上了灰泥，但其巨大的内部空间依然震撼着游客。更重要的是，这座教堂只花了五年时间就建成了，建设的速度和细致程度令人难以置信。

哦，还有沐浴在阳光中的金色。有学者认为，这座建筑原本的窗户中，目前有一半以上被遮住了，这使其内部空间陷入黑暗，有时甚至看不见什么东西。原本教堂地板上的大理石在一天的某个时间段会反射太阳光，就像同一时间阳光反射在博斯普鲁斯海峡的水面上一样。不论在烛光中或在阳光下，圣索菲亚大教堂一定都是熠熠生辉的。

普罗柯比在《论建筑》中写道，光线是教堂建筑设计的一部分："（教堂的）各个拱形顶上都有一个环状结构，呈圆柱形，白天光线总是首先从这里照进来。因为这个部分高高在上……这个结构被一段段隔开，间隔较短，在石砌部分故意留有开口，以便让足够的光线射入。"请读者注意，普罗柯比不仅描述了这巧妙的建筑结构，还在这里停顿了一下，开始思考大地和太阳之间的关系。他形容教堂的穹顶像是"悬挂在半空中"，这精雕细琢的美是为了让崇礼者感到"心灵得到提升，奔向上帝，感觉上帝距离自己并不遥远，而上帝很喜欢停留在这个由他所拣选的空间中。这种感觉并不只有第一次看到教堂时才能体会到，而是次次都有同样的感觉，仿佛次次所见如新"。当然，所有教堂都能给予人充分的感官体验，但圣索菲亚大教堂给人的体验与其他教堂完全不在一个量级。其空间中会充满甜馨的熏香和蜡烛燃烧产生的烟雾，它们汇聚在穹顶周围，形成雾气；甚至教堂的音响效果——现代考古学家已经对此做了测绘和复现——还会让音符回响、交叠；用艺术史学家比塞拉·潘切瓦（Bissera Pentcheva）的话来说，一切都是"流动的"。

就像君士坦丁堡成了人们口中的"那座城"一样，圣索菲亚大教堂也成了"那座教堂"，这个称谓表明圣索菲亚大教堂的地位超越了耶路撒冷的圣殿和罗马的大教堂，就像一个声明：这座用罗马帝国和其他地区的黄金、宝石装点起来的大教堂，将成为基督教崇拜的中心。同时，取代也有赖于延续，这等于承认圣索菲亚大教堂——就像君士坦丁堡一样——向过去致敬，又高于过去，在任何方面都超越了过去。该教堂中现存的一幅马赛克壁画清楚地展现了这一点。画面中描绘了圣母马利亚，一边是君士坦丁，向她献上君士坦丁堡的模型；另一边是查士丁尼，向她献上圣索菲亚大教堂。

我们将目光聚焦于教堂所发出的光亮，但我们还可以在拜占庭的法律、神学、教育的历史中发现类似的故事。例如，查士丁尼发起了一场法律改革，他的学者们将罗马法的片段汇集成一部单一的"摘要"，以阐述帝国赖以运行的所有基本法律原则。同时，他关闭了雅典学院，一所起源于古代、令人敬畏的哲学学校。此举被现代历史学家——他们深深扎入柏拉图和亚里士多德的遗产中——用来暗示黑暗时代的到来。但我们应当眼观全局。将多神教知识运用到基督教的领域，这在学术方面一直存在紧张关系，但人们依旧在运用这些知识。而且，二者之间的紧张关系推动了调适与创新，催生出新的法律体系、控制洪涝灾害的新技术、一座高耸入云的新教堂。罗马得到了延续，但在这里——查士丁尼和他的支持者会认为——新罗马的光辉更加耀眼。

查士丁尼和狄奥多拉还将这光明输出到西方，寻求向新近（重新）征服的土地传播罗马帝国和基督教的辉煌信息。拉韦纳圣维塔莱教堂的马赛克壁画就是该传播计划的一部分。即便在当下，这些壁画依然熠熠生辉，而画上的这对统治者夫妇和其随从正俯视着崇拜者。对当时的人而言，这些壁画证明，不仅罗马帝国依旧存在，而且6世纪的君士坦丁堡，第二个罗马，在很多方面依旧繁荣昌盛。

不过，要维持想象中的地位，是要付出实际代价的。所有的新建和重建工程，更不用说在地中海周边和帝国东部的战争，都给君士坦丁堡及其人民带来了沉重的负担。查士丁尼征收的税款改变了君士坦丁堡和地中海世界的面貌，不仅支撑了他的建筑工程，也说服东方强大的波斯帝国签署了一份"持久"的和平条约。不过，只有按时付款，和平才能持续。紧缩的状况招致了刀兵之灾。

君士坦丁堡的平民百姓憎恨税收。高额税负引发了尼卡暴动，几乎使查士丁尼的统治陷入崩溃。此外，为了不断获得收入，帝国开始出售高级官职，引发了传统精英的不满，这些人对平民阶层的崛起（例如查士丁尼和狄奥多拉）感到厌恶。破坏稳定的风险很多，而这还不包括君士坦丁堡许多基督教派之间的紧张关系。

事实上，这些内部和外部的紧张关系可能有助于解答普罗柯比留下的永恒谜题，理解他为何在不同著作中展现出两副面孔。普罗柯比在正史中为战争的胜利、城市景观的改变（例如蓄水池和神圣建筑）而欢欣得意，还着迷于皇帝主导下的官僚体制和法律改革。假以时日，查士丁尼主持编纂的法典将成为中世纪大部分欧陆法律的基础。在许多方面，普罗柯比的大部分著作都融入了查士丁尼和狄奥多拉的帝国计划。他用他的笔，为他们提供了不错的服务。

不过，普罗柯比还写了一部《秘史》，将二人诋毁得体无完肤。无论如何，这本书幸存了几个世纪，其孤本现在存放在梵蒂冈图书馆，被现代人重新发掘出来（不过这本书的内容在普罗柯比死后即广为人知）。《秘史》囊括了狄奥多拉早年生活的大部分细节，该书称她为"妓女"，说她在公开的滥交中获得无穷享受，其淫欲持续了一生。普罗柯比还嘲笑贝利撒留——他长期效力于这位将军——戴了绿帽子。他说查士丁尼是披着人皮的魔鬼，杀了"无数的无数人"（a myriad myriad of myriad），也就是1万的三次方或1万亿的人（这也有益地提醒我们，要永远对中世纪的"数据"保持警惕）。

所以说，普罗柯比是个两面人，他写正史只是为了谋生，写《秘史》却暴露了他的真实人格？普罗柯比出身精英家族，地位要高于查士丁尼和狄奥多拉，因此我们能在他身上看到一些怨恨情绪，但另一种可能的解释是，普罗柯比不仅是精明的政治观察家，还是参与者。他不仅见证了查士丁尼统治时期的辉煌，也经历了政治动荡。他或许担心，一旦发生叛乱，自己就会被判定为查士丁尼的同谋，遭受与其他同谋相似的命运。为此，他写了这本小书作为保险，用一部"秘密的历史"来证明，他从未真正喜欢过这个不光彩的统治者。不过，叛乱从未成功。548年狄奥多拉去世，565年查士丁尼去世，二人都是自然死亡。普罗柯比将这部杜撰的野史藏在抽屉里，直到他死后它才被人发现。今天，这部野史为我们提供了证据，表明前现代的人和在他们之后的所有人一样复杂和世故。他们可以试着两面下注，将自己置于恰当位置，以保护自己的利益。这同样提醒我们，过去的人并不能知晓未来。很多时候，我们因为有站在现在（即他们的未来）看过去的优势，就会认为历史必然会朝着某个预定的方向往前冲，但历史本身从未如此。

最后，普罗柯比的作品和狄奥多拉的故事也提醒我们，在描述和攻击有权势的女性时，父权制社会规范有持久的影响力。将性的力量与女性崛起联系在一起，这种做法在文学和历史书写中一再出现，证明了男性的恐惧。在这种逻辑中，男人从不犯错，错的都是恶魔，也就是女人，女人用所谓的性诡计腐蚀了统治者和他的帝国。不过，尽管遭遇了这一切，狄奥多拉仍然立在拉韦纳圣维塔莱教堂的内墙上，或许能笑到最后的还是她。

君士坦丁堡散发光芒，这光芒既真实存在，也是一种政治策略。但我们必须牢记，君士坦丁堡的统治者在那个时代从未自称"拜占庭人"，而是自称"罗马人"，他们的朋友和敌人也这样称呼他们。不过，很多人都自称罗马人。拜占庭的统治者向世界大声宣扬自己至高无上的地位，而另外一千个社会群体，也在用千百种语言回应他们，以各自的方式宣称自己拥有最高地位。我们应当认识到，整个中世纪时期，有过多个"罗马"（也有过多个基督教、犹太教、伊斯兰教、法兰西、德意志等），我们要去分析那些主张自己与罗马有联系、有统治合法性的人使用了什么手段，其动机为何，而不是去分辨谁才是古罗马帝国的真正后裔。

但是，在这张由君士坦丁堡的皇帝宣扬的想象地图中，如果罗马和耶路撒冷能够结合到一起，那么任何有关拜占庭将完全拥有基督教和世俗罗马之历史的主张都会破灭。查士丁尼对地中海领土的占有将转瞬即逝，不仅因为西方崛起了新的势力，还因为当拜占庭和波斯陷入一场新的残酷冲突时，一位名叫穆罕默德的人在遥远的麦加开始公开传教，宣称他经由天使加百列直接从上帝那里得到了神圣的经文。他和他的追随者将演绎一段关于皇权和神圣力量的新故事。这个世界从来不会保持不变。

第三章

耶路撒冷的黎明

公元638年（或者伊斯兰历16年或17年，这取决于你从耶稣诞生算起，还是从穆罕默德及其追随者前往麦地那算起），第二任哈里发欧麦尔·伊本·哈塔卜骑着白色骆驼朝耶路撒冷而来。他的军队在过去几年横扫了本地区孱弱的罗马军队，即将征服耶路撒冷。根据当时的基督徒所写的历史，当欧麦尔临近时，耶路撒冷的牧首索弗罗尼奥斯从所罗门塔上望去，据说，他叫道："看那行毁坏的可憎之物！先知但以理已做出预言。"他说的是一个关于末日的宣言，出自《但以理书》（12：11），警告即将到来的可怕灾难。索弗罗尼奥斯像先知一样引用这句话，预言耶路撒冷和城内基督徒将遭到彻底毁灭。但正如大多数先知一样，索弗罗尼奥斯完全错了。

与此相反，欧麦尔和索弗罗尼奥斯达成了一项协议，只要向征服者的军队献出耶路撒冷，城里的基督徒就被容许保持独立信仰。当然，基督徒将成为二等市民，但只要他们缴税，就不用担心被迫改宗。他们保留了教会、领袖和"宗教"（religio）——那些与他们的社群趋向神圣有关的惯常做法。我们倾向于认为宗教是永恒的，而往往忽略了宗教所处的历史环境。我们从当前向过去投射一个启蒙运动之后的新教参照框架，赋予"信仰"或"信念"以更高地位，而忽略了那些来自欧洲内外、拥有不同传统的人群的生活经验。但可以肯定的是，在前现代世界，在光明时代的所有历史时期，人们的"行动"十分重要。就此，欧麦尔向基督徒保证，他们可以或多或少继续按照原有的习惯生活。

耶路撒冷确实有一段被世界三大一神教争夺的历史，但如果将这个城市看作延续千年的文明冲突史的一个焦点，那就错了。作为以色列人崇拜核心的耶路撒冷及其圣殿，早在公元 70 年就被罗马人摧毁了，然后又在第二次叛乱后于 140 年被罗马人更加彻底地破坏了。实际上，在那之后的一个多世纪里，作为以色列城市的耶路撒冷已经不复存在，而一个新的罗马殖民城市取而代之，名叫埃利亚卡皮托利纳（Aelia Capitolina）。基督徒最初并不看重这座城，部分原因是，他们是少数群体，且有时会受到迫害；但另一部分原因则出于基督徒的立场，他们这些耶稣的追随者认为自己比犹太教徒更优越，已经超越了对尘世王国的需求，更偏向天上王国。

君士坦丁却有别的想法。在 4 世纪初皈依基督教时，他就开始重建一个属于基督教的新的耶路撒冷，将罗马帝国理念与基督教的取代论（supersessionism）相融合。为纪念耶稣在耶路撒冷的生涯，君士坦丁在这里修建了新的教堂，而把自约 150 年以来一直供奉着朱庇特的圣殿山改造成了垃圾场。他坚决反对犹太教，传递出明确的信号：耶路撒冷已经成为一座基督教的城市。

举个例子，在约旦（当时罗马的叙利亚行省）马代巴城兴建于 6 世纪的圣乔治教堂中，人们发现了一幅令人惊叹的马赛克壁画。这是一幅地图，从本质上来看就如所有的地图一样，是某种意识形态的体现。不过，在君士坦丁去世之后几个世纪，这幅地图依然在合适的位置凝结着他的愿景。地图上画的不是当年现实中的耶路撒冷，而是人们对它的憧憬。从观众视角看，画上的耶路撒冷四周环绕着城墙，左手边朝北，一条长长的街道从北方的大马士革门延伸至右边的查士丁尼新教堂。画面中央是君士坦丁在 4 世纪兴建的圣墓教堂。圣殿山的位置应该在东边（画的上方），只是画中并未画出来。

与所有的征服一样，7 世纪阿拉伯人的征服也带来了破坏、死亡、混乱。但同人们的普遍认知相反，阿拉伯人并没有消灭先前存在的民族和习俗。随着这些新的一神论者——我们很快就会称他们为穆斯林——走出阿拉伯半岛，穿越地中海世界进入中亚，欧麦尔和之后其他领袖定下的协议为不同民族的共存提供了框架。历史学家弗雷德·唐纳（Fred Donner）甚至认为，在征服战中，早期穆斯林似乎会与当地基督徒（甚至可能还与犹太教徒）居民一起庆祝他们的宗教节日。例如，在耶路撒冷，穆斯林的第一个礼拜场所就在圣墓教堂附近，或者大概就在教堂里。而在大马士革，圣约翰教堂似乎一直是基督教和伊斯兰教共用的礼拜场所，直到伊斯兰教与基督教明确分道扬镳之后，这里才被改造成清真寺。事实上，在整个地中海地区和其他地区，不同宗教信仰以及同一宗教内部不同信仰传统的人，都能够而且确实曾经一起比邻而居，在大部分时候多多少少和平相处。

这种共存往往是不安定的，也一直不平等，却至少是伊斯兰教能够迅速传播到欧洲、亚洲和非洲大部分地区的部分原因。实际上，随着这些新宗教信徒的到来，我们看到的更多是延续，而不是改变。当然，伊斯兰教带来了征服和强迫改宗，但它从思想上与罗马相通，具有吸引力；且无论如何，除了当时一些基督徒的抗议，伊斯兰教中并没有什么事近于"行毁坏的可憎之物"。

从欧洲甚至地中海的视角，阿拉伯半岛乍一看似乎是遥远的边陲地区，但它在中世纪早期却并非边缘。阿拉伯半岛是古代贸易网络的关键节点，因此繁荣兴旺。一些横跨亚洲的陆上贸易路线或者向北穿过波斯，到达君士坦丁堡，或者向南转向安条克、阿卡或凯撒里亚；还有一些贸易路线则完全绕过波斯，直接穿过阿拉伯半岛，进入北非。此外，穿越印度洋、沿东非海岸行进并进入红海的海上贸易路线都经过阿拉伯半岛的港口——特别是更加富饶的半岛南部地区。阿拉伯半岛的中心是沙漠，但这里的居民知道如何穿越不毛之地，能够将货物从已城市化的一边运到另外一边，然后运到半岛北部，接入与半岛相邻的贸易网络，从中获利。

6世纪末，阿拉伯半岛的宗教文化和政治文化都是围绕着扩大的亲属网络（西方白人学者通常称之为"部落"）组织起来的。这些族群之间既和平相处，又不断相互敌对，通过贸易和掠袭交换思想与货物，通过婚姻或绑架、奴役交换人口。这些族群中大多数人是多神论者，崇拜各种各样的神，但与罗马人不同，他们往往集中崇拜从属于各自亲属网络的单一神灵，并经常将这一神灵与特定的自然特征或事物联系起来。

许多宗教传统都明显遵循同一个容易辨别的模式，即将圣地变成"禁地"（haram），完全禁止暴力，使商业活动得以平安进行。在阿拉伯半岛，只要有水源和一块核心的"禁地"，城市就会发展起来。不过，阿拉伯半岛也有一神教。在一些地区，各种形式的犹太教非常普遍；并且几乎可以肯定，几个世纪以来，基督教也在慢慢向阿拉伯半岛渗透。信仰基督教的罗马人和信仰拜火教的波斯人，在任何时期都与阿拉伯人保持着军事和商业联系，即便在阿拉伯商人和雇佣兵向北行进时也一样。换句话说，罗马帝国的一神论者和阿拉伯半岛的多神论者之间并不是完全隔绝的。从历史上看，双方几乎从来没有断绝联系。比邻而居的族群总是会以某种方式交融在一起。

有一块环绕着名为"克尔白"的神圣黑色立方体的"禁地"，位于麦加城中心。麦加靠近阿拉伯半岛西海岸，是红海附近的内陆城市。麦加所在地区城市化程度较高，而麦加是其中最重要的城市之一，各种思想、各个民族在这个地区交融，一个新的宗教将在这里诞生。6世纪末的麦加被一个名为"古莱什"的精英集团所统治，他们垄断了前现代世界最重要的贸易货品——基本食物。古莱什人还掌握了通过印度洋和丝绸之路进入这一地区的长途贸易，从中获利。在这个由特定亲属集团组成的、掌握了神圣权威和经济权威的族群中，一位名叫穆罕默德的出身相对卑微的人开始谈论他看到的预示幻象。

穆罕默德的早期生活，他与富孀的婚姻，他在城外荒野中的旅行和冥想，他获得天启并成为历史上最有影响力的人之一，这些故事自他的时代以来已被传颂。这段历史很快众所周知，但也有争议，他的早期岁月始终笼罩在口耳相传的传说和圣迹中。在此，我们没有篇幅详述。总之，穆罕默德不得不与麦加的统治精英斗争，后者认为他的传教威胁了其权力。622年，穆罕默德及其早期追随者一起迁移或逃到了邻近的城市亚特里布（最终更名为麦地那），这一年后来成为伊斯兰历法的元年。在那里，他建立了新的社会结构，这一社会由神圣的律法来管理，经常与当地犹太人和其他阿拉伯人社群发生矛盾，但他最终成功地统一了这个城市。

随后，穆罕默德击败了他在麦加的对手，将他们纳入他的信徒团体。临死前，他定下了伊斯兰教的一条基本规则，这条规则锻造了不同传统、种族、居住地的信徒之间的联系。一开始，穆罕默德的信徒们朝着耶路撒冷的方向祈祷，但现在他们改为朝着阿拉伯城市麦加的方向祈祷，并效仿先知做朝觐。因此，更广阔的世界一直存在。

当这一切在阿拉伯地区、拜占庭、波斯发生时，位于北方的两大帝国正处在长达几十年（甚至几个世纪，取决于如何计算）的残酷冲突后期。查士丁尼的统治固化了不同基督教派别的特性，一些教派对神性（特别是耶稣的神性）的本质有不同认识，另一些教派则专注于教会的权威。这些教派之间经常爆发冲突，其领导人不断争夺政治和社会影响力。不过，拜占庭的正统教义往往能够胜出，这激发了整个帝国的紧张局势和怨恨情绪。波斯帝国的拜火教徒也分派别，但他们对逃离拜占庭的非正统基督徒和犹太人总体持欢迎态度。其中，聂斯托利派基督徒在5世纪的一场教义之争中遭遇失败，这一教派后来在亚洲广泛传播，其影响贯穿了整个中世纪。

波斯帝国和罗马帝国在文化和政治上都是广阔而分散的，二者所控制的领土都远远超过其统治者所能有效管理的范围，它们还因彼此争斗而消耗了大量精力。这为地方豪强提供了机会，他们时常扩张自己的权力，不仅相互争斗，还反抗帝国政府。我们别忘了帝国的老百姓，他们总是首当其冲，承受着内外乱局，无论是贫穷、疾病、腐败的行政管理，还是被征召参加对外战争。帝国的裂隙既多且深，而不断扩张的阿拉伯政权提供了撬开帝国的杠杆。

614年，波斯人入侵拜占庭帝国，夺取了地中海东岸和埃及的大部分地区，帝国的裂隙扩大。拜占庭在过去几十年里爆发了多次政变和内战，还经历了一场致命的大流行病，政局动荡，波斯人借机迅速推进。行军途中，波斯人掠夺了耶路撒冷，甚至包围了君士坦丁堡。但拜占庭人在赫拉克利乌斯皇帝领导下，重新集结兵力反击。赫拉克利乌斯和拜占庭人将这一场战争称为"神圣战争"。据说，当拜占庭军队在君士坦丁堡城墙上游行展示圣母马利亚的圣像时，波斯人的包围圈就被突破了。于是，拜占庭人认为，他们重新得到了上帝的眷顾。在接下来的几年里，赫拉克利乌斯及其军队取得了一场又一场胜利，不仅夺回了失去的土地，还深入波斯领土，这使"上帝眷顾拜占庭"的观念更加深入人心。

波斯将领们则受够了战争，向拜占庭求和，还发动政变，囚禁并处决了波斯皇帝库思老二世，将他的儿子推上皇位。罗马和波斯已经断断续续打了几个世纪，这将是两个帝国之间最后的和平。629年，赫拉克利乌斯带着他夺回的圣物"真十字架"，列队游行进入耶路撒冷，然后又在君士坦丁堡举行了凯旋式，为他的胜利画上了圆满句号。

630年前后，拜占庭刚刚决定性地战胜了主要对手波斯，似乎处于历史巅峰。但7世纪的拜占庭也是一个多宗教、多民族的社会，紧张得将要崩溃。例如，埃及通过农产品和贸易货物为帝国提供了巨大财富，但在那里有多个基督教派别，他们之间并不和谐,还被地域、种族或民族分野进一步撕裂。在叙利亚和巴勒斯坦周边地区,这些基督教派别之间的关系尤其紧张,当地族群也不满于(在他们看来)君士坦丁堡的指手画脚。当阿拉伯人在632年左右抵达这一地区时,这一点尤其明显。拜占庭派大军迎敌,却在640年遭遇惨败。在636年的耶尔穆克之战中,罗马军队遭受了也许是有史以来最大的损失,入侵者一路向北,横扫小亚细亚,直到最终被拦截。不过,当地人并不认为这是一场灾难。众多记录显示,当地基督教和犹太教社群都在庆祝拜占庭的失败,甚至时常向征服者敞开大门。

罗马军队溃退后,新的统治者填补了遥远的君士坦丁堡留下的权力空白,从前的边缘群体发现了得到新统治者认可的机会。这些统治者不太关心基督教神学的细微差别,更希望被征服的族群保持相对稳定。征服之后,阿拉伯人大体上接管了原来的官僚机构,不过在政府架构中保留了大多数前朝官员,允许大多数富有地主保留地位,还承诺不干涉宗教事务。第一个伊斯兰大帝国——发源于大马士革的伍麦叶哈里发王朝,就建立在这种实用主义的基础上。它相对无缝地融入了古代晚期世界的构造,为各地区之间搭建了桥梁,而非斩断各地区之间的联系。

让我们回到638年被欧麦尔哈里发征服之后的耶路撒冷,它是很好的研究样本,展现了基督徒和穆斯林领袖在创建新帝国过程中的互利务实精神。对当时的基督徒来说,耶路撒冷就是世界的中心,虽然实际上并非如此。正如上文所述,君士坦丁堡也是世界的中心,或者说,君士坦丁堡也许才是罗马。在4世纪,当君士坦丁皇帝领导重建一座新的基督教城市时(他有意将其建在旧城的废墟上，意图表示宗教地位的取代），耶路撒冷虽拥有神圣的历史，却并不一定拥有神圣的现在。欧洲和拜占庭的大部分地区都在其他地方寻找神圣性：新罗马、旧罗马，或者当地的教堂和圣地。不过，在赫拉克利乌斯时代，耶路撒冷的失陷和再次被征服，仍然为罗马统治者提供了强化政治权威、促进神学统一的机遇。在犹太人看来，这当然又是另一回事，他们在整个中世纪一直强烈依恋耶路撒冷。拉比犹太教兴起后，情况变得更复杂了，因为拉比犹太教一定程度上是为了适应圣殿被毁和犹太人流散地中海各地后的生活现实而生的，其专注于圣殿（它已经消逝）献祭的记忆，并期盼恢复圣殿献祭。

耶路撒冷在穆斯林的大众说法中，通常是世界上第三重要的城市。不过，实际情况更复杂。至少在穆罕默德死后的1000年里，巴格达、大马士革、开罗、科尔多瓦或其他许多地方都能互相较量一下重要性。例如，当耶路撒冷在11世纪末落入欧洲军队手中时，许多穆斯林——特别是那些远离罗马帝国巴勒斯坦行省的穆斯林——最初的反应都是耸耸肩。但对后来被称作伊斯兰教的那个宗教而言，耶路撒冷在神圣历史的展现过程（这个过程依照在先知言行的基础上日益正式化的教义传统而展开）中获得了关键的角色地位。

穆斯林祈祷的方位转向麦加这一点，在这里至关重要。在伊斯兰教最早的日常祈祷形式中，修行者应该朝耶路撒冷方向祈祷，这体现了北方的一神教和麦地那的犹太人对新宗教发展的影响。但后来穆罕默德改变了这一做法，转而朝麦加和"克尔白"方向祈祷。在政治上，这为麦加的统治精英接受穆罕默德铺平了道路，同时保证了麦加的优先地位。我们在本章开头提到的第二任哈里发欧麦尔,即来自早先反对穆罕默德领导权的古莱什部族。

虽然麦加越来越重要,但耶路撒冷仍然是关键的圣地。关于此,历史细节相互矛盾,文献传说也很混乱——许多故事都是口耳相传,历经数代人之后才形成书面记录——但在7世纪出现了一个故事,讲述了先知穆罕默德从麦加到耶路撒冷的一次神奇的夜行。据说,他骑着一匹长着翅膀的马在一夜之间来到耶路撒冷,然后他升到天上,在现在位于圣殿山的一块石头上留下了脚印,以便同在他之前的先知们一起祈祷。这个故事很有力量,通过神圣空间将伊斯兰教与其他信奉亚伯拉罕的前辈宗教联系在一起。正如基督教通过重建耶路撒冷以宣布取代犹太教一样,这个故事也帮助伊斯兰教发出了同样的宣言,将先知谱系和这座特定的圣城同穆罕默德的新教义传统联系在一起。

就这样,在相互塑造、彼此重叠但各不相同的涉及耶路撒冷重要性的教义传统中,哈里发欧麦尔率军冲刷了这一地区。但这么说也不恰当,因为至少在一开始,很少有什么被"冲刷"。638年,耶路撒冷的牧首索弗罗尼奥斯将城池献给阿布·乌拜达·阿米尔·伊本·阿卜杜拉·伊本·贾拉(Abū 'Ubaydah 'Āmir ibn 'Abdillāh ibn al-Jarāḥ),他是先知的同伴,也是哈里发欧麦尔麾下的最高指挥官。阿布·乌拜达率军征服了大叙利亚和黎凡特地区,每到一座重要城市,他都提出三种选择:或者投降并皈依伊斯兰教,或者投降并同意缴纳高额税款以换取安全通行权,或者就在战场上被毁灭。一旦发现没有拜占庭军队前来救援,本地区的领袖很快就会选择第二选项,开城投降并交税。

但对牧首索弗罗尼奥斯来说,这一选项还不够好——我们可以对原因做出种种猜测,但永远不能确知。他同意投降,但要求亲自向哈里发本人投降。于是,哈里发欧麦尔在638年2月骑着骆驼来到圣城。他先在城墙外的橄榄山扎营,之后在那里与牧首会面。历史进入了关键节点。哈里发和牧首签署了一项协议,随后,欧麦尔隆重地进入耶路撒冷。

牧首和哈里发一同巡视全城,这时哈里发的祈祷时间到了,索弗罗尼奥斯将他带进圣墓教堂,为他提供了祈祷空间。但按照传统,欧麦尔拒绝在教堂里面祈祷,而是走到外面独自祈祷。10世纪的历史学家亚历山大里亚的优迪克(Eutychius),一位基督教高级教士,在事发几个世纪后用阿拉伯语写道:"欧麦尔对牧首说:'你知道我为何不在教堂里祈祷吗?'牧首回答说:'我不知道,虔诚的指挥官。'欧麦尔对他说:'如果我在教堂里祈祷,你们就会失去这座教堂,因为在我死后,穆斯林会夺走它,说:欧麦尔曾在这里祈祷。'"事实上,这位哈里发规定,穆罕默德的追随者即便在教堂外也不应该集体祈祷,而只能以个人身份祈祷,以保护基督徒对其圣地的权利。

当然,这份史料的真实性值得怀疑,因为一个基督徒在几百年后写下这个故事,是带着明确议题的,就是要保护基督徒对其圣地的控制权(而伊斯兰教史料讲述的故事则略有不同)。不过这段逸事表明,各宗教并非始终处于和平共存或相互冲突的状态。自638年耶路撒冷被征服,到大约300年后优迪克著史之时,基督徒和穆斯林之间既有战争,也有和平;拜占庭与伍麦叶王朝和阿拔斯王朝之间时而开战,时而贸易、结盟。甚至在10世纪,我们的这位基督徒作者(他用阿拉伯语写作!)也回顾了这次征服的历史性时刻,以暗示双方有和平共存的悠久传统。

在很大程度上,基督徒确实维持了对耶路撒冷宗教场所的控制,将欧麦尔和索弗罗尼奥斯的协议作为模板,来指导这种简单而不平等的共存关系。在伊斯兰教统治耶路撒冷的随后几个世纪中,基督徒到耶路撒冷的朝圣活动仍然持续,几乎总是受到欢迎。当然,就像基督教史学家所做的那样,伊斯兰史学家也从这些互动中精心编写出他们自己的历史传统,最终提炼出"欧麦尔协议",将其作为核心法律文件编入伊斯兰法律体系,用来指导与穆斯林以外的群体的互动。这些"希姆米"(dhimmi,阿拉伯语,指生活在穆斯林统治下的非穆斯林)拥有特定的权利,受到保护,也履行义务。由于伊斯兰帝国迅速扩张,他们成为早期伊斯兰社会的多数群体。例如,有确凿证据表明,小亚细亚的大部分人口在被征服后仅数百年,就从基督教转向了伊斯兰教,而在这期间,他们好几代人都保留着原来的宗教信仰。伊比利亚的情况也是如此。因此,也许在很大程度上是出于必要,伊斯兰世界确实为非穆斯林留下了生存和发展的空间,并在先知去世后的最初几个世纪将这一事实写成神学、历史、法律文本。

当然,伊斯兰教也在蓬勃发展,并传播到更广阔的世界。711年,阿拉伯人和来自北非的新近皈依者征服了西班牙,将伊斯兰教带到大西洋沿岸。751年,时值伊斯兰教开始向东扩张,阿拔斯哈里发(750年推翻伍麦叶王朝,将首都从大马士革迁至巴格达)的一支军队深入亚洲中部,在怛罗斯战役中与中国唐朝的军队战斗。我们知道,在贸易风的推动下,阿拉伯商船在阿拉伯地区与印度之间往来,这种活动贯穿了整个中世纪,但在中世纪早期,阿拉伯人或许航行得更远。大约830年,一艘商船在印度尼西亚的海岸附近沉没,船舱里装满了来自唐朝的贸易货物,包括陶瓷、钱币、八角等。其中,有一些木材似乎出自一种只在非洲东南部生长的树木，证明这沉船是阿拉伯商船，从事阿拉伯半岛和中国之间的商业运输，从而证明在公元1000年之前，一条海上路线沿着伊斯兰文化的蔓须延伸到了东方。

那时，伊斯兰教的信徒不仅生活在大西洋沿岸、中国西部，还通过皈依和贩奴（来自大草原的人将被强迫皈依伊斯兰教）散布到中亚大草原。在整个传播过程中，如一切事物都随着时间推移而演变一样，伊斯兰教逐渐适应了新的环境，演化出多种多样充满活力的信仰形式，也产生了教义争鸣和各个政治中心的争斗。就像我们在本章中提到了多个基督教派别——详细情况将在下一章讨论——我们也必须谈一谈伊斯兰教的多个派别。这些派别的故事涵盖了所有信仰伊斯兰教的民族，以及那些生活在伊斯兰教统治之下的民族，并囊括了无数种跨越民族、宗教、政治边界的交流形式。

所有尊崇亚伯拉罕世系的宗教传统都在亚洲西南部生根，集中在耶路撒冷周围，但在前现代时期，这些宗教的信仰和权力中心已经散布三大洲。从8世纪到21世纪，尤其是在中世纪时期，一直有大量穆斯林生活在欧洲，并且他们往往发展得繁荣兴旺。在中世纪的任何一个时刻，思想、人口、货物从东方流向西方，又从西方流向东方。中世纪早期的世界在物质和精神上都通过诸族群而相连，这些族群经过许多港口，四海为家，追随不同的统治者，崇拜同一个上帝，但在如何崇拜和为何崇拜上，又有所不同。在6世纪和7世纪，古典时代的遗产跨越了几个世纪和重重海洋，又回到了罗马。

第四章

金鸡和罗马城墙

根据历史学家图尔主教格里高利（卒于594年）的说法，589年台伯河在罗马泛滥成灾。仓库里的小麦被泡坏，古代建筑被毁。随后，平原上出现了蛇群，它们在城市和海里游走，最终被海浪击碎。然而，这些蛇带来了瘟疫，特别是一种"生在腹股沟里"的疫病（现在几乎可以肯定是由鼠疫杆菌引起的）。格里高利哀叹道，疫病蹂躏了这座城市，带走了城市的领袖。但格里高利并不是在哀叹某位皇帝、将军或拜占庭总督的逝去，相反，他是在哀悼罗马的主教。

我们现在所谈论的罗马主教，距离那个（想象中的）伟大而可怕的中世纪教宗，一个制度化、严格等级化的教会的统治者还很远，后者是大约600年之后的事。然而即便在6世纪末，罗马的主教也是重要人物。而且，在公元600年前后，罗马仍然是一个网络中的重要节点，这个网络或许已经萎缩，但依然活跃，思想、货物、人口从中由地中海东部穿过意大利，流入欧洲西北部。新的国家正在崛起，新的基督教信仰形式正在出现，国王、王后、神职人员为追求权力、安全和影响力，展开文字和黄金圣物的交易。甚至各种基督教派的信徒之间既有很多冲突，也有相互的重合、包容、合作。

在整个古代晚期,至少在 4 世纪初君士坦丁皈依之后,主教们填补了一个在他们看来出现在地区权力网络中的空白。他们与东、西罗马帝国的统治者密切合作,既充当帝国的行政官员,也是精神世界的牧灵人。罗马城也不例外,即便在罗马皇帝迁往拉韦纳和君士坦丁堡之后也是如此。但罗马的主教一直比较特别,因为这一职位的影响力源自使徒彼得的遗产,他到过罗马,并在罗马遭到杀害。当然,罗马帝国的教权分布是很复杂的,重要主教(被称为"宗主教")的辖区有君士坦丁堡,位于新的帝国中心;安条克,彼得在这里第一次安家;亚历山大里亚,这里保留了帝国的智慧遗产,与禁欲主义起源相关;当然,还有耶路撒冷。但罗马毕竟是罗马。

590 年,罗马主教伯拉纠二世死于瘟疫,格里高利(后来被称为大格里高利,590—604 年在位)接管了罗马城。他出身于一个古老的罗马元老家庭,曾做过一段时间的修士,后来成为罗马主教派驻君士坦丁堡的使节,之后又回到他的修道院,直到 590 年当选罗马主教。当时的人都认为瘟疫是上帝对罗马人罪恶的惩罚,因此,格里高利刚刚履新,就率领一支忏悔队伍游行穿过罗马的街道。在火把的照耀下,人群热烈地祈祷,据说有些人甚至在行进途中倒地死去。根据更晚的记述版本,最后,当游行接近尾声时,格里高利望向天空,看到了大天使米迦勒的幻象,他擎着一把燃烧的剑在上空盘旋,一副凶恶骇人的模样。但当游行队伍走近时,米迦勒收起了他的剑,消失不见了。在这位新领袖格里高利的带领下,人们的忏悔起了作用。据说,瘟疫在此后不久就消退了。

我们当然会怀疑这个幻象的真实性，但可以肯定的是，瘟疫从根本上改变了 6 世纪的世界格局。这场 6 世纪 40 年代初发生的所谓"查士丁尼瘟疫"，不仅迎来了一位新的（而且是影响力很深的）罗马主教，还严重阻碍了罗马帝国对意大利的再征服。拜占庭重新开始收缩，人口急剧减少，又面临来自东边的新的外部威胁，我们在上一章已经讲过——首先是波斯，然后是伊斯兰教。

在西边，西哥特人重新焕发了活力，在伊比利亚建立了一个较为长久的王国，这个王国将延续至 8 世纪初。而东哥特人在被贝利撒留击败后就退出了历史舞台，随后被一个名为伦巴第人的新族群取代，后者在意大利北部建立了自己的王国。罗马成为拜占庭帝国的大后方，同时罗马人将注意力集中在意大利半岛北部，在亚得里亚海部署战船，以保卫拉韦纳。

从现存资料看，伦巴第人在 600 年前后的宗教信仰有些混乱。这些资料要么是在伦巴第人皈依基督教后的某个时刻留下的，要么是由非伦巴第人写的。这一族群原本似乎信仰多神教，后来逐渐皈依了基督教。其他大多数日耳曼族群也与之相似，在 300 年到 600 年间的某个时候，由多神教一点点地转向一神的基督教。但皈依基督教的过程远比人们想象的要复杂，尤其是考虑到当时有多个基督教派别可供伦巴第人选择。

这一点很重要，因为现代人倾向于认为古代基督教是铁板一块，但事实并非如此。现在，历史学家可以理所当然地谈论存在于罗马帝国东、西部的多个基督教派，而非"唯一"的早期基督教。许多神学争论体现为截然不同的文化和社会群体之争，大都围绕着耶稣的确切性质——其神性和人性之间的关系——展开。其中，最持久的争论之一是正统派与阿里乌斯派之争，后者以亚历山大里亚的神父阿里乌斯之名命名。基督教正统派认为，耶稣是人与神的同等结合；而阿里乌斯派则相信，耶稣是由"圣父"创造的，不是三位一体中与其他两方位阶同等的一方。阿里乌斯派信徒普遍存在于地中海世界。例如，西哥特人和汪达尔人曾信仰多神教，进入罗马领土后皈依阿里乌斯派，此后始终保持这一信仰。而大多数伦巴第人基本上都从多神教转向了基督教正统派，或许与阿里乌斯派只有过短暂的接触。无一例外，日耳曼人信仰的阿里乌斯派使他们与当地的罗马人发生了几乎直接的冲突，后者基本上都信仰基督教正统派。

各基督教派之间的紧张关系可能完全是教义之争，因为对信徒而言，聚焦于耶稣的人性问题，无论在感情上还是学术上，都颇具吸引力。此外，也要考虑政治因素。正如我们将一次次看到的那样，宗教皈依往往取决于社群和家族、联盟和阵营的考虑。阿里乌斯派将日耳曼统治者引入更广阔的基督教世界，使他们获得与其他精英家族通婚的机会，同时不受正统派的皇帝、宗主教、主教的教义监督。正统派则将他们引入现存的权力网络，使他们获得能被称为"传统"的精神影响力。而且，日耳曼人可以利用其中一方来对抗另一方。

在伦巴第人的案例中，这一点非常重要。东哥特人信仰阿里乌斯派，在6世纪初被信仰正统派的罗马人（拜占庭人）击败。当伦巴第人涌入意大利时，他们需要一些东西来证明其征服的正当性，合法化他们在被征服人民和潜在对手心目中的统治。他们的一个手段是宗教信仰，另一个手段是试图同尚未衰亡的罗马帝国之一结盟。他们没有看向东方的新罗马，而转向了更近的罗马老城和罗马主教。

伦巴第人威胁过罗马城,但从未洗劫过它。592年和593年,伦巴第人两次进军意大利中部,掠夺,奴役,杀戮,兵临罗马城下。伦巴第人甚至将被奴役的意大利人拉出来,在罗马守军面前游行,以威胁罗马人,若不投降,他们将面临什么样的后果。但最后的总攻从未发生。罗马主教格里高利作为罗马人的领袖,设法同伦巴第人讲和,使罗马城幸免于难。值得注意的是,格里高利是不顾遥远的君士坦丁堡皇帝的反对而这么做的,后者(正确地)认为,伦巴第人是对拜占庭在这一地区统治的威胁。而问题是拜占庭似乎从未派兵援助过罗马。如此看来,格里高利更关心罗马城的安危,而不是拜占庭名义上的统治。他自发行动起来,作为罗马城居民精神和世俗方面的保护者,设法与伦巴第人达成了持久和平。在很大程度上,这得益于他最终找到了伦巴第王后这一盟友。

格里高利没有军队或财富,对他直接影响范围以外的教会也没有控制力,但他确实很会写信。他试图通过写信来扩大自己的影响力,对像他这种地位的人来说,这是一种常见的消遣方式;但他写得异常地多,非常乐意与任何会倾听的人(甚至有时是那些不感兴趣的人)分享他的看法。这些信不仅体现出这位非凡人士的思想,也揭示了思想理念在帝国衰落的年代是如何跨越中世纪早期局面的。此外,这些信运用了修辞——其目的是说服对方,至少要在思想上扩大旧罗马的影响力,将更广阔的世界带入主教的影响范围。例如,他寄给拉韦纳主教一本《牧灵规章》(*Rule of Pastoral Care*,关于如何成为好教士的指导手册),同样也给塞维利亚和君士坦丁堡各寄了一本。《牧灵规章》讲道,牧羊人的目标是照顾好自己的羊群,而不是为自己谋求私利或世俗地位;对即将成为教士者做适当的教育,能够使其做好准备,成为高效、虔诚的领袖和导师。他显然是在谈论他自己,但也影响了其他人。君士坦丁堡的皇帝莫里斯收到这本书时,对其印象十分深刻,下令将其翻译成希腊语。

在另一部作品《对话录》(*The Dialogues*)中,格里高利将自己定位为宣传意大利神圣历史的载体。在《对话录》开篇,讲述者(名叫格里高利的"虚构"人物)讲了一个故事。在故事中,他感到十分忧郁,被世俗事务压得喘不过气来,于是选择退休,独自沉思。格里高利说,他一直在思考意大利的圣人是如何生活的,而他发现自己还有不足,因此感到难过。接着,格里高利讲了一个又一个关于过良善生活,做优秀神父,最终成为圣徒并施行奇迹的故事。他所列举的诸榜样过着堪称典范的精神生活,但也努力过着世俗生活,这对一位当过修士、后来应召领导永恒之城的人来说,确实恰如其分。这本书被从拉丁语翻译为希腊语,在地中海周边广泛流传。他还保留了一份抄本,将它送给北部的盟友——伦巴第王后狄奥德琳达(Theodelinda,约570—628)。

狄奥德琳达是巴伐利亚公爵的女儿,也是伦巴第统治者的后代。589年,她嫁给了伦巴第国王,这位国王推翻了罗马帝国对意大利北部大部分地区的统治,将拜占庭的权威限制在沿海地区,同时采纳了罗马的部分标志和治理模式。不过婚后仅一年,国王就去世了。狄奥德琳达巧妙应对这一挑战,同几个竞争者斗争,凭自己的意志挑选下一任丈夫,从而决定谁能成为下一任国王。她最终选择了斯波莱托的伦巴第公爵阿吉卢尔夫,同时与罗马主教格里高利通信,维持自己的沟通渠道。当阿吉卢尔夫在616年去世后,狄奥德琳达再次执掌伦巴第王国的大权,成为小儿子阿达洛尔德的摄政者。

换句话说，狄奥德琳达就像坐在一张巨大的蜘蛛网中央，在伦巴第的权力线索中灵巧穿梭，精明地结交盟友，以保护自己和家族的权力。其中一部分权力与宗教相关，因为格里高利选择同这位特别的伦巴第王后做坚定的盟友，一定不是巧合。我们可以确知的第一批信仰基督教的伦巴第国王，就是与狄奥德琳达相关的三位国王，这也不是什么巧合。我们在下一章将会提到，在这一时期，王后通常是基督教传播过程中的排头兵。不过，我们不应该认为这是纯粹世故的举动。现代人通常把政治和宗教信仰分得很开，这与中世纪完全不同。在光明时代，政治就是宗教，宗教就是政治。例如，根据 8 世纪历史学家助祭保罗的说法，狄奥德琳达兴建和资助了很多教堂，如蒙扎（米兰北部）的供奉施洗者约翰的大教堂。这座教堂数世纪以来被工匠们加上了许多装饰，至今仍然矗立。

蒙扎教堂的库房中还保存着许多与狄奥德琳达相关的物品：一只或许是给儿子制作的许愿十字架；一只带着小鸡的金色母鸡，可能是教宗格里高利送给她的（现存文献证据不多），比喻她在家族和教会中的角色；还有一些小金属瓶，里面装有来自耶路撒冷和罗马的泥土。十字架和母鸡带小鸡的雕像一道，象征着她作为伦巴第王后的统治地位，将她对基督教的信奉与她的家族的政治气运联系在一起。如果真是格里高利主教送给她母鸡雕像，那么他就是在承认——甚至是支持——她作为统治者，有权看管她自己的"羊群"。然后是这些小金属瓶，这些接触圣物——圣徒或耶稣本人接触过的物品，因而包含了他们的部分神圣性——为伦巴第王国与更广阔的基督教世界提供了神秘的联系。但宗教和政治是相通的；这些泥土不仅来自圣城耶路撒冷，也来自罗马。公元600年的世界仍然笼罩在那个记忆里的帝国荣耀中。当狄奥德琳达将儿子送上伦巴第王位时，她并非像人们想象中的基督教君主那样，在教堂中举行登基仪式，而是选择了位于米兰的罗马圆形竞技场。权力的象征就是权力本身，此时此刻，教会和国家的关系亲密。

狄奥德琳达的故事并没有迎来美好的结局。她的儿子发了疯，一场内战爆发，她的影响力也随之减弱。事实上，儿子的统治只在母亲活着时维持；她在628年去世，她的儿子也在同一年被谋杀。

但狄奥德琳达有重要作用。基督教正统派通过格里高利这样的神职人员和狄奥德琳达这样的女性，击败了阿里乌斯派，成为西欧基督教的主导教派。信仰正统派的贵族妇女嫁入信仰多神教或基督教非正统派的统治家族，将她们的孩子培养成正统派信徒，并逐渐挤走其他教派。当时的统治者们一定能注意到这种情形有多么常见。有人或许会提出疑问：这些统治者在多大程度上能够意识到其他基督教派与自己的教派有什么明显不同？我们很容易想象宗教之间的生存斗争，因为我们经常被教导，宗教之间相互争斗是很自然的，但在中世纪统治者的世界里，似乎并不是这样。我们在上一章中对此已经有所涉猎，在接下来的章节中还会反复谈到这一点。

中世纪早期的日耳曼人统治者并不是傻瓜，至少不是那些靠长寿来取得影响力的人。伊比利亚的西哥特统治者似乎始终坚持信仰阿里乌斯派，以此将统治阶级同比利牛斯山以北的人口区分开来；而其他统治者则利用共同的信仰，将被征服人口——以及通过婚姻将被征服的精英家族——联系在一起。婚姻是实现族群区隔和融合的传统手段，而且几乎在任何情况下，我们都应当记住，女性并不是政治游戏中被动的棋子。当我们翻开记载这些王后的史料时，我们总是能从中找到她们的代理人——或许会令史料作者感到沮丧——这些代理人几乎全是男性教士。

例如，法兰克人的基督教化过程，与我们刚刚讲过的伦巴第人很相似，但法兰克人的故事开始得更早。5世纪末，法兰克人曾在一名罗马将军率领下，与匈人王阿提拉的部落作战——这是一场大规模民族迁徙的结果，其发源地可能追溯到遥远的中国西部，这场迁徙之波慢慢传过亚洲，直至促生了一支进攻欧洲的突厥骑兵。罗马人及其盟友击败了阿提拉，但随后在拉韦纳发生了一场权力游戏，罗马将军埃提乌斯被暗杀。法兰克人很快与罗马帝国建立了文化联系，但也从根本上保留了自身文化特色。他们逐步开疆拓土，将自己的族群称作一个民族。法兰克人的领袖也从罗马帝国正式任命的领土统治者，逐渐转变为独立自主的国王。

根据主教、历史学家图尔的格里高利的说法，法兰克国王克洛维（当时信仰多神教）娶了信仰基督教的勃艮第公主克洛蒂尔达，二人的婚姻从493年持续至511年。他们有两个孩子，王后为孩子们施了洗礼，但第一个孩子在洗礼后死亡，克洛维因此指责基督教的上帝。不过在这之后，当克洛维率军同另一迁入本地区的日耳曼族群阿勒曼尼人作战时，他向妻子所信仰的神高声呼救，承诺若赢得这场战争，就会皈依基督教。结果，他的敌人落荒而逃。于是，克洛维的人民集体要求接受洗礼。格里高利写道："国王是第一个要求接受主教洗礼的人。他就像另一位君士坦丁，移步前行走到圣水池边,清去往日的麻风病,用这清新的水洗去长久背负的污迹。"在这个故事里,战斗是国王及其人民皈依基督教的直接原因,但我们可以看到,故事的作者通过回溯罗马历史,来证明这次皈依的正当性,而这次皈依背后真正的推动者乃克洛蒂尔达。

但我们不能完全相信图尔的格里高利。妻子使丈夫皈依正统,在那个时候已成为文学叙事的套路。此外,格里高利并不是被动的旁观者,而是对教会和法兰克王室抱有强烈政治倾向的历史参与者(甚至可以明显看出他的好恶)。他有喜欢的统治者,也有鄙视的对象。例如,他与普瓦提埃的拉德贡德王后是好友。当拉德贡德的丈夫谋杀了她的兄弟时,她逃到位于图尔南部的普瓦提埃,成为修女,开始了修道生活。但她始终与格里高利和法兰克王国各地的文化精英保持着密切联系,包括诗人和主教维南蒂乌斯·福图纳图斯(Venantius Fortunatus)。她后来再也没能登上王后之位,最终成为修女院院长,她的修女院以拜占庭皇帝查士丁二世送给她的真十字架圣物来命名。

拉德贡德很快就获得了另一种权力,这种权力来自她在精神世界中的地位,而非政治地位。她的圣徒传作者称,她摆在房间里的十字架赋予她力量,使她能够施行治愈病痛的奇迹。在她死后,她的修女们数年拒绝承认主教的权威,通过讲述她的故事来维护修女院的独立和自治权,为此还扩展了她的传说。图尔的格里高利也讲过她的故事,例如她让一个失明的女孩恢复了视力,一盏灯在圣十字前无休止地溢出油来,一团火花变成一座灯塔,为人们揭示物品的神圣性,照亮了6世纪的普瓦图。最后,关于拉德贡德驱赶危险大蛇的故事逐渐发展,直到大蛇变成一条龙,即"大食尸鬼"(Grand'Goule),拉德贡德用圣物和她个人的神圣力量击败了它。那是上帝通过她击败了这个怪物。

至此,拉德贡德的力量来源从世俗世界转向了精神世界。我们曾在高柱上的丹尼尔和沙漠中的其他苦行者身上见过类似情况。极端的禁欲主义——弃绝肉体和世俗的快乐,包括但不限于食物、财富、性——在许多宗教中都存在。在地中海东部,修行之人通常发誓坚持严格的个人苦修,尽管他们大都生活在社群的包围中。而单独的苦行者生活在社群之外,像与世隔绝的精神名士或健壮者,代表某个更大的社群从事神圣事业,与恶魔作战(通过祈祷,抑或是在幻象中打摔跤比赛)。但罗马帝国的高卢行省与巴勒斯坦行省不一样,而且6世纪与4世纪也不同。跨越时空的思想往往需要翻译,而西罗马的禁欲主义翻译者就是努尔西亚的本笃(本尼迪克)。

本笃大约在480年到547年生活在意大利,在哥特人和希腊人争夺意大利半岛的同一时期创建了多个修道院。他的《本笃规章》(他因其闻名)是一本薄薄的小书,讲述如何过上最完美的修道生活。虽然该规章不过是开辟将个人奉献给上帝之途径的众多尝试之一,但它与众不同,强调个人归于集体,大家采用地中海东部独居苦行者的禁欲主义惯例,组成单一的修道团体,一同向着救赎迈进,团体所承受的压力比单独与恶魔搏斗的个体的压力要小。在修道院院长监督下,修士的生活远离世俗诱惑,主要包括每天阅读《本笃规章》和其他关于圣洁生活的范例,还要按规定用餐、着装,保持静默,既要在田间劳作,也要敬拜上帝。《本笃规章》的重点在于纪律,在于组成经院(schola)团体。现代英语中的"school"(学校)就源自这个词;但该词在拉丁语中还有另一个意思，专指罗马军团中受过专门训练的军事单位。

本笃曾试图培养一支军队，这支军队将经受专门训练，目的是打精神之战，对抗魔鬼在尘世的阴谋诡计。实际上，根据大格里高利的《圣本笃生平》(*Life of Benedict*)，本笃本人就是这样做的，通过惩罚自己的身体来战胜魔鬼的诱惑，自己跳进荆棘丛中以驱除欲望。像本笃及其追随者那样的修士，通过规训自己的身体而祈祷和平，以驱除世间导致人们犯罪、争斗、施暴的恶魔。有时候，这些恶魔会在这个世界具象显现，例如拉德贡德的故事中的那样。但更多时候，这场与恶魔的战斗主要是一种隐喻，旨在保证人们过上正确的生活。

大格里高利在《对话录》第二卷中描述了圣本笃的生活，其中不仅有奇迹——驱魔，治病，一名修士因为不尊重修道院规章而被惩罚与龙相会（这名修士承诺以后会做得更好）——还有管理一所修道院的压力，如有一名修士偷偷溜出去和女性聚餐，一名年轻修士背弃誓言回到父母身边生活（他死后，父母试图将他埋葬，大地却把他的尸体抛了出来），以及来自世俗权力的持续压力。当然，格里高利讲述这些圣徒的故事，不仅是在宣传以圣本笃思想为基础形成的修道精神，并纪念这位意大利圣徒，而且是在表达他心目中基督教应当发挥的激励作用。虽然现代人和中世纪的部分人都不认同，但精神和物质总是相互交织的，二者从来都不是泾渭分明的。

格里高利时代的罗马处在两个历史阶段之间。它不再是一个强大帝国的主要城市，也尚未变成后来的政治和宗教权力中心。但在这一时期，罗马依然非常重要。格里高利的生平和著作展现了历经多个世纪、跨越整个地中海世界的思想纽带和政治纽带。

到604年格里高利去世时，他的影响力已经扩展到小亚细亚、北非、法国，甚至基督教世界的最北边——英国。狄奥德琳达在蒙扎教堂库房的珍宝证明，虽然她只是巴伐利亚公爵的女儿、伦巴第国王的妻子，但她的影响力也跨越了莱茵河，延伸至大海那边的耶路撒冷。来自君士坦丁堡的信件和耶路撒冷的圣物点缀了拉德贡德在法兰西西部的生活。在所有这些故事中，宗教和政治都是融合的——往往是轻易地融合，仿佛两者是一回事——至少主教、王后、修女院院长因此同罗马帝国的世界产生了精神联系，就像将羽毛笔放在牛皮纸上一样轻松自如。

597年，格里高利写信给修道院院长默利图斯（Mellitus），后者即将踏上前往不列颠的旅程。他的任务是要让岛上的民众皈依基督教，用格里高利的话来说，是要打倒"偶像"和"魔鬼崇拜"。但格里高利写道，他的传教士并不是要摧毁多神教神庙，相反，是要用圣水清洗它们，鼓励人们继续举行他们的宗教仪式，因为"若不剥夺所有外在的快乐，他们就会更容易品尝到内心的快乐"。重点不在于惩罚，而是要像他曾对伦巴第人所做的那样，用教化使人归顺。传教行动的重点是用基督教来引导一个迷失方向的地区——在格里高利眼里，是一个迷失方向的民族——使之回到永恒的罗马的轨道上。但不列颠诸民族或许会演绎一个别样的故事。

第五章

北地的阳光

据修士比德在 8 世纪早期的记述所言，默利图斯并非头一个得知格里高利计划向不列颠派遣传教士的人。据说，6 世纪末的一天，格里高利在罗马街头散步，偶然看到一个市场挤满了来自遥远国度的商人。某个摊位吸引了他的视线，这里正在出售奴隶——大部分是年轻男孩，来自欧洲大陆的北边，将被卖到意大利各地做奴隶。罗马的市场上有奴隶贩子并不奇怪（奴隶制自古就有，一直延续贯穿中世纪），但当格里高利听说他们不是基督徒时，他感到非常震惊。于是，他决定派传教士到不列颠去，让当地人皈依基督教。

这个故事是杜撰出来的，极不可能是真的。故事的作者是个修士，他这么写实际上是在追溯自己的久远历史，试图将不列颠同罗马联系在一起，从而合法化基督教在这片土地上的存在。这个故事的总体轮廓已被数个世纪的时光磨平，逐渐染上浪漫的色彩，甚至被白人至上主义者利用，作为起源神话，服务于他们的历史观念。在这个故事中，不列颠就像一块被重新开垦的遗落之地，始终在蓬勃地发展，悖谬的是，它被罗马基督徒殖民，却又一直保持独立，居住着一群白皮肤、单一种族的日耳曼多神教徒。

他们只是在等待基督教的胜利,为(1000年后的)大英帝国铺平道路。但这不过是一个服务于中世纪和现代帝国需要的故事,讲故事的人既宣传了自己,又在为征服其他民族的行为辩护。

还有其他更好的故事,那些更加忠实于历史的故事,可以帮助我们了解这个时代和这片土地。如果我们从其他远道而来、受欢迎而非被排斥的旅行者切入,开始探索不列颠的历史,又会发现什么呢?

669年,坎特伯雷大主教狄奥多尔(卒于690年)抵达不列颠。他来自塔尔苏斯,这个地方位于现在土耳其的中南部。此后不久,一个名叫哈德良(卒于709年)的人也来了,人们称他为"来自非洲者"。哈德良出任坎特伯雷修道院院长,同狄奥多尔一起建立了一所教授希腊语和拉丁语的学校,将古代学问与本地知识结合起来。这所学校取得了巨大成功。学生们从各地拥向坎特伯雷,学成之后充任岛上各个王国中最重要的职务。哈德良最著名的学生之一,奥尔德赫姆(Aldhelm),自称是这位北非人的"弟子",后来也做了修道院院长和主教。他用拉丁语撰写论文和诗歌,还编了一本一百个谜语的集子,促生了后世一个完整的文学流派。但狄奥多尔和哈德良的影响力更大。中世纪早期的圣徒往往是某个地方的人物,其神性的崇拜者也仅限于特定的地区。因此,远在小亚细亚和波斯的圣徒突然出现在不列颠的宗教生活中,并被后人所认同和接受,成为像狄奥多尔和哈德良这样有影响力的人,是一个很值得注意的现象。

而这仅仅是个开始。中世纪早期的不列颠是在同其他地区的交流中发展起来的。例如,7世纪的威尔顿十字架是一只镶嵌石榴石的金质吊坠,用来装饰脖颈,其中心有一枚拜占庭金币,年代也许可能追溯到狄奥多尔和哈德良到来前不久。这只十字架并不是特例，只是众多异域奢侈品和日用品中最耀眼的一个，这些物品的发源地与不列颠相距好几千英里。在不列颠各地同一时代的坟墓中，经常能发现 6 世纪和 7 世纪的硬币、宝石，有的来自拜占庭，有的甚至来自波斯的萨珊帝国。在英国萨福克郡著名的萨顿胡船葬中发现的肩扣，镶有很可能来自印度或斯里兰卡的石榴石。人口也随着货物一道流动。科学家们可以通过测量牙釉质中的氧同位素来确定死者出生于何处。在从青铜时代到中世纪的英国坟墓中，我们都发现了在亚洲和非洲出生的人。不出所料，其数量在罗马时期达到顶峰，不过在整个中世纪都没有下降至零。

我们这个时代的学者正在从根本上重构中世纪早期不列颠的形象，展现一个不太受民族主义神话束缚的、对历史本身更加忠实的不列颠。这些学者在艺术、人文、科学领域开展严密研究，已揭开中世纪早期不列颠的面纱，发现这座岛从来都不是真正的孤岛。在中世纪早期，这里充满了来自至少三个大洲的人，男男女女讲着各种各样的语言。例如，在比德的时代，他历数出至少五种语言，并似乎认为多语言的现象稀松平常。不列颠的居民从海外引进了货物和思想，但倘若认为在这一过程中本地的事物会逐渐消亡，那就错了；相反，本土传统与外来的新事物以对他们而言有意义的诸方式相融合。他们既关心千里之外的土地，也关心山岗另一边的村庄。在整个光明时代，几乎所有地方都是如此。将不列颠视为更广大的共同体的一部分，是过去几十年来相对较新的一种模式，这种发展的模式更重视革新与调适。

一些最有名的文物和文献一度被用于佐证早期不列颠的纯粹和排外，不过这些文物和文献甚至有助于我们重新构想一个交融的不列颠。那么让我们将目光转移到诺森布里亚王国的一个偏远角落，在那里，8世纪的阳光洒向一片田野，照在一座巨大的十字石碑上。

这座鲁斯韦尔十字碑有18英尺[①]高，曾经涂了鲜艳的色彩，用来向不列颠人民讲述他们自己的故事，包括历史和未来。中世纪的人——与我们这个时代的人一样——建造纪念碑是为了向观众构建某种特定的历史叙事，这座纪念碑也不例外。它使观众展望未来，想象出一个信仰基督教的不列颠，最终所有人都能在这里得到救赎。鲁斯韦尔十字碑的故事原本似乎是一段自上而下的简单的基督教历史，但其中也包含了更复杂和有机的要素。十字碑的设计印证了那个适应性强的多语言社会，那个社会既受到不列颠其他地区（以及爱尔兰）影响，也受到欧洲大陆影响，二者影响几乎一样多。十字碑的设计，正是为了向尽可能多的人宣教。

十字碑上的一则故事被设计为从西向南，以顺时针方向阅读。碑上鲜艳的图像展示了通往救赎的道路。从下向上看，西面的第一幅画讲述了马利亚逃往埃及的故事，继而是圣安东尼和底比斯的圣保罗（地中海东部的两位隐士）在沙漠中掰面包的生活小插曲，然后是耶稣展示他对地上的野兽的控制力，最后是使徒约翰抱着羊羔的启示图像。东面的第一幅画是圣母领报，继而是耶稣施行奇迹使盲人复明，然后是耶稣和抹大拉的马利亚，最后是马利亚和马大。拉丁语碑文环绕着这些图像。

同其他所有纪念碑一样，这座纪念碑也讲述了一个关于未来的故事，使观众展望未来世界，想象一个信仰基督教的不列颠，

---

① 1英尺约为0.3米。

最终所有人都能得到救赎。东面的图像讲述了救赎的故事,受苦受难之人如何可能遇到奇迹,抹大拉的马利亚如何通过向上帝奉献而得到提升。西面的图像则针对修士,讲述在"沙漠"中的苦修生活,还有关于礼仪、弥撒以及通过象征符号重现的福音故事,其核心是耶稣对现世的胜利。图像周围的拉丁语(这是很久以前在大格里高利敦促下从罗马前来的教士所使用的语言)清楚地标明了图像的含义。不过,这座十字碑还有另外两面,因为教士从来都不是这类纪念碑的唯一受众。中世纪早期不列颠的历史,并不单是从中心城市来的人向当地人说教、拉丁语言压倒当地方言的历史,而且充满了来自四面八方的声音,这些声音往往相互冲突,却创造出一种复调局面,既纷繁复杂,又充满活力。

十字碑原来的南北两面,在藤蔓涡形纹和动物浮雕之间,刻有一段文字,很可能是一首长诗的节选,用如尼文刻成,可以用古英语读出来。这段节选没有用罗马的语言,而是用当地方言(因为若无有效沟通,就无融合可言)讲述了耶稣受难的过程,是现存最早的非拉丁语诗歌之一,与更著名的 8 世纪诗歌《十字架之梦》(*The Dream of the Rood*)有相似之处。同样,以顺时针方向阅读,北面第一句从十字架本身的视角开始,其写道:"全能的上帝在登上绞刑台时脱下了衣服……我不敢弯腰,因为我托起了一位强大的王……人们将我俩一同鞭笞,我全身染满鲜血。"南面的弧形底端,再次以十字架的视角写道:"基督在十字架上……我满怀悲痛,弯下身子,身上满是箭伤。他们把他放下来……看着这位天主。"正如西面以耶稣战胜野兽和末世景象为终结,在北面,耶稣登上了十字架,用流出的血展现了他的人性。接着,东面强调了他的人性、他的出生、他如何治疗和救赎罪人。当整个故事在南面结束时,十字碑也同全人类一起,为耶稣的死亡而哀悼。

鲁斯韦尔十字碑坐落在现在的苏格兰一所小教堂或修道院外,远离所有权力中心。碑上所讲述的故事涵盖了男人、女人、孩子、远道而来的商人、农民、国王。这类体现多元文化交融的故事,不仅印刻在巨大的文物上,也记载在文献,特别是修士比德写的《英吉利教会史》中。比德住在现在的英格兰的东北部,诺森布里亚王国的芒克威尔茅斯修道院,就是他写下了教宗格里高利在奴隶市场的故事(当然,这体现了他不顾现实世界中的种种坎坷,寻求写作一部平顺通畅的史书的决心)。就像位于他住所正西方约90英里处的那座纪念碑一样,比德的故事也将基督徒和非基督徒的生活结合在一起,其中有神父、修士,可能还有——一些学者从鲁斯韦尔十字碑上的图像推断出——修女。或许我们不必如此惊讶。到目前为止,我们已经用很大篇幅描绘了罗马、君士坦丁堡、耶路撒冷等大城市及其腹地,而在整个中世纪,这些中心城市和外围地区始终保持着密切联系。一些最重要的故事、最具启示性的时刻,不仅发生在城市里,也发生在田野和沼泽地中。

不过,这种影响的渗透不仅带来了机遇,也引发了冲突和紧张。这在从中世纪早期的不列颠流传下来的表达中也有体现。就在比德写作《英吉利教会史》、鲁斯韦尔十字碑被雕刻出来时,在诺森布里亚南部,麦西亚和东昂格利亚之间的沼泽地,一个名叫古斯拉克(Guthlac)的人抛弃了作为麦西亚王国贵族和军人的生活,成为修士。他的修道之路并不平顺。据说,他起初进入雷普顿修道院修行,但发现那里的环境有所欠缺,于是决定效仿我们在上文提到的沙漠圣徒,成为隐修士。

715年古斯拉克去世后,修士菲利克斯撰写了一部《古斯拉克生平》。根据这部传记,隐修士古斯拉克经历了与他的榜样、埃及的安东尼相似的创伤。据说,古斯拉克不仅被恶魔带到地狱之门,不料被使徒圣巴托洛缪所救,还受到了非基督徒、野兽、两面派修士的人身威胁。然而,并非所有危险都来自那片沼泽地,来自未被基督教触及的荒野,因为古斯拉克曾在两大王国的高层政治之间游走。古斯拉克的隐居地就在东昂格利亚王国里,而菲利克斯的著作本身就是献给东昂格利亚国王埃尔夫瓦尔德(713—749年在位)的。我们在传记中读到,未来的麦西亚国王埃塞尔巴德(716—757年在位)拜访过他。事实上,当埃塞尔巴德在古斯拉克死后回来吊唁时,这位未来的统治者还在幻象中看到了这位隐修士。他现在在天堂,向埃塞尔巴德保证,后者终有一天会登上王位。请读者注意,在这里,外围地区不仅与政治权力中心紧密相连,而且事实上可以限制权力中心的选择——国王决定不将这片沼泽抽干,而是要利用沼泽的力量。

比德之所以讲述格里高利在罗马奴隶市场的故事,是要以后见之明,表达对罗马(和基督教)重返不列颠的信心。但罗马使者来到不列颠后,面对的是一个难以管束的世界。鲁斯韦尔十字碑上,如尼文和拉丁字母混杂在一起,拟人化的木头吟唱出福音经文,藤蔓涡形纹与使徒相互交织,石碑的教导既面向受过教育的修士和修女,也面向(从教会的角度来看)没有受过教育的普罗大众。而正如菲利克斯的《古斯拉克生平》中所描述的,虽然不列颠诸王国的格局和基督教社群的网络已经确立,但农村地区仍充满危险,恶魔横行并指挥着野兽,附近还有一小股不信基督的危险族群。在这两个故事中,权力都存在于意想不到的地方:换句话说,所谓的"边缘"地区,即将成为新的中心。

在整个中世纪早期的不列颠历史中,我们都发现了这种不同国家、民族、信仰的拼凑现象。不列颠是有人居住的土地,被尤利乌斯·恺撒统治下的罗马人用暴力征服,然后在4世纪第一次(至少是部分地)被基督教化。在5世纪和6世纪,更多入侵者来到这里,与本地居民战斗或调和,促进新王国的建立。基督教在7世纪再次(大体上)回归,推动了政治的分化组合。

比加拉·普拉西狄亚毫不费力地穿越地中海只早约一代人的时间,在5世纪初,大约与哥特人洗劫罗马城同期,罗马皇帝霍诺留斯告诉不列颠行省的居民,他们要依靠自己过活。皇帝要处理意大利的问题,不会再派援军来。不过,罗马治下的不列颠人似乎勉强渡过了难关,有时靠自己的力量御敌,有时与来自欧洲大陆的新族群达成协议。不列颠是由移民、合作、战争所锻造的岛屿,锻造过程一直持续到后罗马时代。随着权力逐渐本地化,该岛陷入分裂。国王和王国起起落落,战争肆虐。

某种程度上,这就是著名的古英语诗歌《贝奥武甫》所展现的世界。虽然该诗歌文本的唯一版本出自11世纪早期的一份手稿,但其主题是过去的时代,关于一场横跨斯堪的纳维亚半岛和北海的运动,运动的中心远离地中海。这个故事显然符合我们对中世纪的固有印象,这里有国王和战士,有怪物和危险,还有大胆的探索。但就像"光明时代"的其他作品一样,它也证明这些固有印象是错误的。诗歌里似乎只想讲男人的故事——有男人的胜利,也有男人的愚行——但创作诗歌的佚名诗人心里很清楚,女性才是支撑起这个社会的骨架。

贝奥武甫击败格伦德尔后,丹麦王后韦尔赫特奥接近贝奥武甫,赞美他,感谢他的胜利,给他送去自己和丈夫的丰厚财宝。但王后的话中有话:她不断提到自己的儿子们。她担心贝奥武甫的意图,害怕他的名气和荣耀会掩盖自己家族的名望。她的话实际上是对贝奥武甫的警告,要他心存感激,回家去,做孩子们的监护人,而不要妄想其他。诗人明确说,大厅里的每个人都听懂了这个警告。

当晚,格伦德尔的母亲出现了,"她悲痛欲绝,饥肠辘辘,急于报仇"。她再一次撕碎了丹麦人,带着她儿子的手臂——那是贝奥武甫在战斗中夺得的,之后安放在丹麦人的大厅——离开。贝奥武甫追到她家中时,看到格伦德尔的尸体停放在巢穴里,这位母亲正在哀悼,此生将不会再有欢乐。她被击败后,最终同儿子团聚。韦尔赫特奥和格伦德尔的母亲代表了同一个世界中女性的力量和无能为力,成为撑起诗歌故事的主线。

其他方面,我们将时间稍微往回倒一点儿,看看上文提到过的 8 世纪更正式的文献和教会记录,这些男人的英雄事迹——例如在沼泽中挥舞着宝剑或拿着《圣经》中的《诗篇》与怪物作战——如何一再揭示女性的权威和代理角色。鲁斯韦尔十字碑的雕刻中有男圣徒也有女圣徒,他们都推动了神圣历史向前。雷普顿修道院(古斯拉克在此成为修士)既收留修士,也有修女。这所修道院与麦西亚王室关系密切,院长由一位女性担任。事实上,古斯拉克与雷普顿修道院的几任女院长关系很好,他临终前,曾给院长埃格布尔(Ecgburh,东昂格利亚国王埃尔夫瓦尔德的女儿,《古斯拉克生平》即献给这位国王)写信,请她送来一口铅棺和裹尸布。古斯拉克的葬礼由妹妹佩加主持。他之所以能成为修士，也是因为一位女性的教导，他还将自己的遗产托付给他的灵魂导师——两位女性。在"黑暗时代"的想象中，世界由崇尚暴力的男性和恭顺的女性构成，这符合人们的刻板印象；而"光明时代"专注于史料本身，抛弃成见，发现了更加微妙的图景。

那么，当我们揭开这些面纱，中世纪早期不列颠的历史，以及由此推及的一般意义上的中世纪早期历史，究竟是什么样的呢？大格里高利向遥远的北方派遣传教士，古斯拉克勇敢地穿越沼泽地，贝奥武甫征服怪兽，这些在本章中讲述过的英雄故事，将呈现出完全不一样的面貌。我们应当摒弃怀旧情绪，细究掩藏在面纱下的那个更加人性化、多样化的世界。

来看看早期不列颠东南部几位王后的故事。不列颠重新皈依基督教，并不归功于罗马主教和当地的国王，而主要是伯莎王后（卒于约606年）的功劳。她是法兰克墨洛温王朝一位国王的女儿，信仰基督教，嫁给了信仰多神教的肯特国王埃塞尔伯特（589—616年在位），出嫁条件是保持她的宗教信仰，并带着她的告解主教一道穿越海峡。正是这位王后，为596—597年格里高利派出罗马传教士到不列颠铺平了道路。很可能是她促使埃塞尔伯特皈依基督教，并进一步推广基督教信仰。不过，伯莎的儿子埃德巴尔德（616—640年在位）在继承王位时仍信仰多神教，他与另一位法兰克女性艾玛（卒于642年）结婚后，他和他的王国才完全接纳了基督教。

我们还可以再讲述一个关于664年惠特比宗教会议的不同的故事。在这次著名的会议上，诺森布里亚国王主持了一场辩论，主题是复活节的日期究竟应该追随罗马而定，还是依照爱尔兰的传统来定。会上，里彭修道院院长与诺森布里亚主教针锋相对，还有一些重要人士协商和密谋，最后由国王做出裁断。不过，这次会议是在惠特比修道院举行的，受到女院长希尔达（Hilda，卒于680年）的关照和监督。627年，希尔达的父亲与肯特国王埃德巴尔德的家族联姻，她皈依了基督教，在30多岁之前一直涉足政治。后来，她的父亲在战斗中阵亡，她不得不逃离北方，不久后躲进继母的家中。后来，她又回到北方，被任命为哈特尔浦修道院院长，然后在657年协助建立了惠特比修道院，将其作为有修士和修女的混合修道院。虽然她在关于复活节的辩论中站在失败的一方，但她权势很大、地位很高，连在会上反对她的诺森布里亚国王，死后也要埋在她主持的修道院中。她在680年去世之前，似乎还运用自己的影响力，推动解除了辩论对手、约克的圣威尔弗里德的主教职务。

除了更加复杂的性别和权力关系，我们还能在不列颠发现联系各个大洲的纽带。在8世纪末，麦西亚国王奥法（757—796年在位）曾下令铸造一种金币。金币的中央镌刻着"奥法国王"，边缘却有一圈潦草的阿拉伯文字，似乎是"萨哈达"（shahada），这是伊斯兰信仰的基本念词。或许，不论我们作何设想，这种金币都不代表奥法国王的宗教信仰（例如，金币上的阿拉伯文是倒着写的）。但该金币的形制显然出自阿拔斯王朝第二任哈里发曼苏尔（754—775年在位）在773—774年前后铸造的金第纳尔。这种金币的旅程还揭示出中世纪早期广大地区和不同族群之间联系的更多信息。有一枚此种金币出土于现代的罗马，它也许是献给罗马主教的贡品。由此，我们能够循着思想传播的轨迹——就像这枚闪闪发光、不断易手的金币一样——从巴格达，到不列颠，再到罗马。

从不列颠岛流出的并非只有货物。中世纪不列颠不仅吸纳了来自世界各地的人口和思想，还做出了回馈。哈德良死后不久，威尔茅斯-贾罗的修士制作了一部图文并茂的《圣经》，该书大而重，不得不用车来装运。这部被称为阿米提奴抄本（Codex Amiatinus）的《圣经》，或许和奥法的金第纳尔一样，是送给罗马主教的礼物。不列颠还派遣传教士跨过海峡，传教士中既有男性，也有女性，向信仰多神教的弗里西亚人传教。另有一位名叫阿尔昆的修士，代表诺森布里亚国王前往罗马。但他再也没有回到北方，而是在外国君主查理大帝的宫廷中安家，成为宫廷学校的领导。即便在中世纪早期的不列颠，这个通常被刻画为最偏远、"黑暗时代"中"最黑暗"的角落，这里的居民也能充分感受到，自己就是更广阔世界中的一分子。

在本章行将结束之际，让我们回到8世纪初的某个时间点，将视线投向那座矗立在遥远的诺森布里亚王国荒野中的多彩十字碑，现在我们对它的看法就会不一样了。这座石碑并不像我们先前想象的那样，是孤零零的个体。在它的东边，一部巨大的《圣经》抄本即将完成，被送往罗马；传教士们反向越过海峡，将基督教带到欧洲大陆的另一个"边缘"地带。在眼前这片原野中，在围绕着我们的人群里，既有基督徒，也有非基督徒，他们操着各种语言，有各自的身份认同，生活状态和社会地位也有差异——其中有一些人被迫为国王或当地修道院劳作，毕竟我们无法回避奴隶制的漫长历史。当然，这里还有修士和修女，他们大多来自周边社群，也有人可能来自更远的远方，甚至像坎特伯雷的哈德良那样，其家乡远在大洋彼岸。

中世纪艺术并不总是收藏在博物馆里。还有一些纪念碑和其他物品留存于世，在人们身边。用艺术史学家赫伯特·凯斯勒（Herbert Kessler）的话说，这些艺术品是用来"感受、亲吻、品尝和嗅闻的"。首先，人们仰望着高高耸立的纪念碑，从下往上阅读一个关于得救的英雄故事。故事的开头是向安全地带逃亡，然后是征服横行世间的野兽，最后揭示出上帝的意志。但在故事的背后，在它的另一面，我们看到了支撑起这个英雄故事的女性，有领报的圣母马利亚，还有与耶稣在一起的抹大拉的马利亚。如果这座石碑意有所指，那就是指向"光明时代"。人们走上前去，触摸驴子，亲吻圣母，石碑的土腥味沁入他们的鼻孔。

在这里，在8世纪初欧洲的北部，在一个北方王国的遥远边陲，阳光洒向这片荒野，照在这十字碑上。十字碑两侧的藤蔓涡形纹上不仅染了颜料，还长了苔藓。石头是从自然界取出来的，经过重新雕琢，现在又慢慢地恢复自然的状态。雕刻的鸟儿为真实的鸟儿提供了栖息处。也许，十字碑自己也会歌唱。

十字碑向聚在此处关注它的人们讲述了一个特别的故事。这个故事已经在不列颠岛上流传了好几个世纪，但在这里，通过拉丁文和如尼文诗歌，多种艺术风格结合在一起，表现出世界的复杂，这个故事则在特定的语境中被重构。十字碑告诉人们，他们是一个更大世界的一部分，这个世界并未终结，而是设法适应和革新，始终欢迎人们来到它的国度。十字碑还告诉聚在此处的人们，一名来自地中海东部的犹太难民曾经穿越非洲，而现在已经来到这个岛上，他舒适地依偎在这片自然景观中，在人们中间，同他们在一起，成为他们的一部分。

第六章

高耸的象牙

802年夏天,一位陌生访客来到查理大帝(768—814年在位)的家乡亚琛。"他"并非不速之客,查理大帝接待他并不奇怪。两年前,查理在罗马加冕为皇帝,掌握了对整个欧洲各族的权柄,从南边的比利牛斯山到北边的丹麦,从西边的大西洋沿岸到东边的多瑙河。但这位特殊访客的旅途更加漫长。

他很可能是从撒哈拉沙漠以外的某个地方来的,或许从喀麦隆或刚果启程,朝着东北方向一直走到巴格达,随后穿越了几乎整个北非,从突尼斯的某个地方,或许是在古老港口迦太基,这个曾使他的祖先卷入战争的城市,踏上前往欧洲的旅程。抵达意大利半岛南部后,访客一路向北,越过阿尔卑斯山,最后到达今德国的西部,来到亚琛的查理大帝宫殿。大约在四年前,查理大帝曾派人去请他,(他的主人)哈里发哈伦·拉希德不久之后就同意了。不过,这位名叫阿布·阿巴斯的访客行动却相当迟缓,让他的陪护人员难以照管。毕竟,这位应查理大帝邀请的访客重达三吨多,其实是一头值得称道的非洲大象。

阿布·阿巴斯抵达德意志后的情况,我们现在了解不多。它似乎很快从文献资料中消失了,只在810年的一份历史记录中又出现过一次。那时,文献记录称它突然死亡,法兰克人正准备进攻丹麦,还为它举行了哀悼活动。我们只能好奇它走过的旅程是什么情形。在一头大象的眼里,欧洲北部是什么样的?它经历了怎样的艰难困苦,甚或虐待?它的训练员要历经多少折磨,才能跨越3000多英里,把它从刚果赶到现代的德国?而我们所知道的是,在查理大帝和哈伦·拉希德的时代,这样的活动意味着什么;一头大象在这个时代跋涉几千英里,从一地走到另一地意味着什么;以及,当宾客们在查理大帝宫廷中面对白得耀眼的象牙时,这对他们而言又意味着什么。当大象吼声如雷,象牙映入人们眼帘时,所有观众都会想起"东方",而法兰克人会想到平等双方的联系——一方是基督教的"罗马"皇帝,另一方是伊斯兰教的"波斯"哈里发。

查理大帝所属的王朝(加洛林王朝)于750年掌权。在此之前,查理大帝的父亲"矮子"丕平(751—768年在位),从统治法兰克人近300年的墨洛温王朝手中夺取了政权。《法兰克王家年代记》(*Royal Frankish Annals*,以下简称《年代记》)是由贴近查理大帝宫廷之人撰写的逐年大事记。书中写道,丕平派遣一个代表团去罗马,向罗马主教询问一个(有意味的)问题:谁有资格统治一个王国,是生而为王者,还是掌握"实权"者?教宗扎加利(741—752年在位)敏锐地领会到丕平的意思,回答说:当然应该是后者,丕平应该称王。代表团心满意足地回到法兰克王国,《年代记》写道,丕平"和平地"当选国王,前国王希尔德里克则被送进一所修道院,在沉思默想中了却余生。随后,这部史书突然出现了一段空白。

照今天的标准看,《年代记》其实并不算是"史书"。这些抄本差不多是一堆根据年代顺序列出的事件要点,有些条目长一些,有些短一些,但重点在于完整的记录。年代记这一体裁的作者展现了一个个年份的接替推移,其中一些年份因发生了值得记录的重大事件而瞩目。《年代记》详细记录了加洛林家族从741年到829年每一年发生的事件,从查理大帝的祖父去世开始,到查理大帝的儿子("虔诚者"路易,814—840年在位)在沃尔姆斯临朝问政,任命塞普提马尼亚伯爵贝尔纳为内廷总管,秋季狩猎,冬季回到亚琛王宫结束。

但实际上不完全是这样。《年代记》省略了两年——751年和752年,也就是丕平即位后的两年。随后,《年代记》在753年又突然继续记事了,仿佛前两年无事发生。这两年省略得很明显,但又在众目睽睽之下被巧妙隐藏,这提醒我们,在权力更替的过程中发生了什么不得了的大事,丕平即位是一场政变,而且极有可能是暴力血腥的政变。《年代记》还给我们完美囊括了法兰克人一步步统治欧洲、成为世界舞台上的主要参与者之一的过程。

法兰克人留下了许多历史文献,往往特别聚焦于他们自身的近期历史。不过,一切历史写作都是主观的(当然,这与所谓"伪史"是不同的),特别是在中世纪,历史写作是为了传达作者对"深层次真相"的理解。《年代记》最初的版本是一份胜利目录,通过对一系列胜仗的枯燥冗长的叙述,揭示加洛林王朝有统治资格这一"真相"。让我们仔细看看,在这段空白的前后发生了什么。749年,法兰克人派使节去觐见罗马教宗,获得了他的支持。750年,篡位者丕平"当选国王",前国王被送到修道院。随后,在753年,国王丕平主动出击,击败了东北部边境的萨克森人,又得知他那反叛的兄弟已经去世,并承诺为教宗对抗伦巴第人提供军事支持。

《年代记》中记录的事件，是在解决权力更替所带来的问题。据记录说，丕平已成为当之无愧的国王，前国王销声匿迹，连丕平那反叛的兄弟也去世了。新国王丕平还击败萨克森人，保卫了法兰克王国的边境。他承诺保护教宗，捍卫了基督教会。虽然，妥协交易能终结一些统治者的统治，但这种方式对丕平及其继任者而言效果很好。走出内战（这在历史叙述中被隐藏了）的一片狼藉的法兰克人跃跃欲试，转而向外，与一个不信基督的外敌（萨克森人）作战，同时与教会建立了特殊的关系。当然，法兰克人并不是第一个根据自身意志记录历史、将信仰与暴力相结合的民族，但他们确实将二者运用出了极大的效果。

法兰克人的核心地带大致位于现代的低地国家。他们从这里出发，不断征战，与东北方信仰多神教的萨克森人，西方信仰基督教的布列塔尼人，西南方信仰基督教的阿基坦人、加斯科尼人以及信仰伊斯兰教的伍麦叶王朝，东南方信仰多神教的潘诺尼亚阿瓦尔人，都曾兵戎相见。8世纪末，法兰克人还同南方信仰基督教的伦巴第人、拜占庭人交战，这两个民族一直威胁着罗马教宗的特权，在某种程度上，这也是教宗急于帮助丕平得到王位的原因。

频繁的战事，要求法兰克人在每个春季和夏季外出作战。这不单纯是军事行动，也是政治策略。在中世纪早期，国王之所以能够坐稳王位，只因得到了贵族的认可。毕竟，丕平在掌握权柄之时，也是高级贵族。此后每一任法兰克国王都将这一点记在心里，实际上也都在统治期间遭遇过至少一次严重的贵族反叛。处处都有潜在的和真实的威胁。只有战利品——取得胜利后作为犒赏赐予贵族的土地和荣誉——才能让贵族（像法兰克国王们期待的那样）守规矩。举个例子，《年代记》中记载，796年阿瓦尔人被征服后，人们把战利品献给查理大帝，而查理大帝转手就"将大部分（财物）送给罗马，其余分给手下的权贵，教士和俗人雨露均沾"。

这则逸闻揭示出多方面的信息。它直接表明，法兰克国王会与他人分享战利品，其中既包括为他战斗之人（世俗领主），也包括为他祈祷之人（教会人士）。这一点很重要，其背后的逻辑是循环自洽的。法兰克人能够战胜其他民族，（对他们而言）意味着上帝站在他们这一边；而因为上帝站在他们这一边，他们能够战胜其他民族。为此，查理大帝和法兰克人既需要能征战的将士，也需要祈祷的教士。在这里，宗教和暴力就像是同一枚硬币的两面。事实上，这个逻辑对法兰克人似乎是适用的。毕竟，查理大帝的权威已经延伸跨越了欧洲，如此范围，自巅峰时期的罗马帝国以来还从未得见。法兰克人连战连捷。

回到《年代记》，若我们稍稍往回看，就会发现始于791年的对抗阿瓦尔人的战争，起因就是"阿瓦尔人对神圣教会和基督徒犯下了令人难以忍受的过分暴行"。《年代记》认为，法兰克人的这次胜利应归功于"基督，（他）引导子民，带领（法兰克）军队毫发无伤地冲进阿瓦尔人的堡垒"。换句话说，法兰克人之所以同阿瓦尔人开战，不仅仅是因为他们威胁到了法兰克人的政治权力（即便远在巴伐利亚），也因为他们威胁到了作为一个整体的基督徒。此外，《年代记》还认为，法兰克人能够取胜，是因为上帝会保护"他的子民"。查理大帝奖赏各权贵，其中有教士也有俗人，是因为他作为国王，理应照管他们——《年代记》强调说，甚至上帝自己也认可这一点。

查理大帝和法兰克人并没有创造所谓"基督教统治权"(Christian rulership)的概念。我们在前几章中讲过,在基督教的等级体系中,统治者的地位是相对不明确的,这意味着国王必须想方设法扩张自己的权威,而不是等着别人来授予,还意味着国王所主张的权威受到的限制相对较少。在 4 世纪,基督徒从罗马世界的外来者团体,迅速爬升至罗马帝国的权力顶层。若只观察拜占庭帝国的情形,可能会误以为,无人能够挑战皇帝的权威。但实际上,从君士坦丁时代起,罗马皇帝就在同各个层级的主教做斗争,包括君士坦丁堡牧首和罗马主教,以确定到底谁才"真正"说了算。查理大帝和法兰克人要求取得君士坦丁的权柄,声称统治者的地位在教会之上(在这里,"教会"一词应当理解为所有基督徒的共同体)。

必须强调,这并不是冷酷之举——并不是要"操纵"真正的基督教。在中世纪早期,基督教还是一个发展中的思想体系,一直在适应不断变化的历史背景和地缘特质。种种迹象表明,查理大帝严肃对待自己作为宗教领袖的职责,既重视臣民的物质福利,也深切关注他们的精神世界。比方说,他在统治期间始终支持修道院改革,使修士免于地区主教和其他世俗贵族的干涉,让修道院只听令于法兰克国王。他为什么要这么做?当然,国王从这种关系中得到了一些实实在在的好处,也就是在欧洲大陆培植了广泛分布的王权代理人。但更重要的是,他也得到了为他祈祷的人。查理通过国王的身份,在修士与法兰克王国之间建立了一种互惠关系。修士利用同上帝的特殊联系,为法兰克国王和所有法兰克人的安全与繁荣而祈祷,由此与在世间播撒冲突与混乱的恶魔做斗争。这些修道院是"神圣之岛",充当了天上那个光辉灿烂的耶路撒冷在人间的堡垒。

查理大帝不仅关心修士,还关心主教,甚至罗马的主教。8世纪和9世纪的教宗制,与中世纪晚期的教宗制差别不小。以大格里高利为例,罗马主教既是罗马城的政治领袖,也是宗教领袖,还声称对整个欧洲和地中海地区都有权利要求。但这种权利要求有时不过如此。格里高利死后,罗马主教既要更加直接地面对君士坦丁堡的挑战,又要一直留心北边的伦巴第人。不过,8世纪早期的一个历史事件打破了局面。当时,拜占庭兴起了破坏圣像运动,与基督教供奉圣像的传统教习渐行渐远。西方基督徒激烈谴责这场运动,两个罗马自此分道扬镳。伦巴第人发觉了权力真空,趁机介入,攻占了意大利中部的罗马地盘。教宗急需新盟友,因此将目光转向法兰克人。毕竟,丕平曾经与教宗达成特殊的交易,成功掌权;教宗可以向他的新王朝授予合法性,法兰克人也能够为教宗赶走威胁其在意大利中部权威的伦巴第人和拜占庭人。

这对双方来说都有用。8世纪70年代初,受教宗之请,查理入侵意大利,占领帕维亚,废黜伦巴第国王,授予自己"法兰克和伦巴第国王"头衔。征战期间,查理亲自访问罗马,作为罗马的解放者受到人们列队欢迎。但在这之后,还有一个更严峻的考验。799年,教宗利奥三世(795—816年在位)被罗马人袭击,遭到囚禁。他逃了出来,一路北上来到帕德博恩,向查理求援。

查理立即派一支军队前往罗马,帮助利奥重登教宗之位,第二年跟在这支军队之后,南下翻越阿尔卑斯山。教宗被免除了加诸其身的各项罪名,袭击他的罪犯也被一一揪出,经过审判后被流放他乡。然而,当查理在罗马过冬、尚未返回北方的亚琛时,发生了两件大事。头一件事是在 800 年末,查理接待了耶路撒冷牧首派来的一支使团,他们送来了许多礼物(据《年代记》),其中包括"关于主的墓和骷髅地的纪念品,以及赠送给罗马城和(不具名)山的真十字架"。第二件事发生在不久之后,800 年圣诞节的一场弥撒上,罗马教宗利奥三世在摇曳的烛光中,将查理加冕为"皇帝",聚集在此的民众立即欢呼起"皇帝"来。

我们必须把这两件事连在一起看。首先,事件相关的地点十分重要。罗马和耶路撒冷是与基督教历史紧密相连的两大关键地点——耶路撒冷是耶稣的城市,而罗马则是圣彼得的城市,也是后世"普世教会"(ecclesia)的奠基地。耶路撒冷牧首的礼物象征着将关于耶稣死亡和重生之地的权柄以及该城门户的权柄授予查理,与这一切相伴的还有圣物"真十字架"。事实上,耶路撒冷牧首的行为等于直接将这座名城交到查理手中——当然,由于查理并不在耶路撒冷,这一切是在象征意义上进行的。本质上,教宗也通过加冕仪式将罗马交到了查理手中。当拜占庭帝国走上歧路时,耶路撒冷牧首和罗马教宗一同望向查理这位伟大的正统统治者,新生的罗马皇帝,寻求他的支持。

查理展现了他对罗马人民福祉的关心,而后被罗马教宗和民众加冕为皇帝。必须强调的是,查理加冕并不是"神圣罗马帝国"的开端。那个帝国在很久以后,要到 12 世纪晚期才出现。而查理的加冕,将他纳入了罗马帝国皇帝的谱系,这个谱系可以追溯到查士丁尼和狄奥多西,到君士坦丁,甚至一直到罗马的第一位皇帝——奥古斯都。但是,由于查理称帝与加冕都有一位主教参与其中,还同罗马和耶路撒冷相关联,查理得以与一个更加古老的谱系相联结——这不仅仅是一位世俗统治者的加冕礼,还是一位圣王（就像《圣经》中的以色列国王大卫、所罗门那样）的涂油礼。

查理大帝的统治权综合了罗马、基督教、以色列三重属性，这并不是历史学家对晦涩文献试图做的过度解读；中世纪的法兰克人在这一点上并不含蓄。789年颁布的一项法令中，查理自称为新的约西亚王——一位犹大国王，为天选之民洗去了异教信仰的惯习。位于奥尔良市东南方的圣热米尼迪普雷（Saint-Germigny-des-Prés）教堂，其祭坛上方有一幅9世纪的马赛克镶嵌画，画上有两个天使看守着约柜。这幅画使这座9世纪早期的法兰克教堂成为耶路撒冷圣殿的再版。不过，这幅画还提醒观众，在《旧约》中被以色列人抬上战场、象征上帝护佑的约柜，目前在法兰克王国，护佑着新的天选之民。

从这个意义上讲，查理登上罗马皇帝之位，在那个时代的人看来并不是什么"新鲜"事，而是更古老传统的延续，事关法兰克人对自身、对作为集体化身的统治者的认识。法兰克人就是以色列人和罗马人的继承者。即便到了800年，法兰克人仍再次利用宗教、文化、政治的综合手段，为自己的"篡权夺位"正名。

对于这种有穿透力的思想观念，除了位于查理帝国中心的亚琛宫廷礼拜堂，恐怕再没什么东西能将其体现得更好了。这座宫廷礼拜堂兴建于8世纪90年代，805年完工启用。建筑整体呈八角形，墙上贴满马赛克镶嵌画（现已损毁）和大理石饰板，上盖圆顶，乍一看很像拉韦纳的圣维塔莱教堂，也就是查士丁尼和狄奥多拉从闪耀的马赛克壁画上俯瞰敬拜者的那座教堂。因此，这座宫廷礼拜堂的外形与查士丁尼相关联，代表了罗马帝国的权柄。事实上，在9世纪的法兰克人眼中，圣维塔莱教堂就是一座罗马风格的古建筑，从思想观念上将法兰克人与罗马帝国的荣耀联结在一起。

不过，亚琛的建筑师还为这座礼拜堂添加了一些别的东西。礼拜堂的内八角形周长为144加洛林尺[①]，与《启示录》第21章中天堂耶路撒冷的城墙差不多一样长。对中世纪早期深谙符号学且很吃这一套的人来说，天堂耶路撒冷就是地上耶路撒冷的影像。换句话说，天堂耶路撒冷不仅能让人联想到《启示录》，还能使人想起罗马帝国巴勒斯坦行省那座由君士坦丁重建的圣城，并唤起人们对见证过大卫和所罗门之治的圣殿的想象。

它有一些意味，又意味着一切。它是罗马，也是耶路撒冷，就像查理的皇帝加冕礼一样。它代表了皇帝和国王，使人回忆起查士丁尼、君士坦丁和所罗门。它是天堂，也是尘世，是二者的交会点，就像《圣经》中记载的那样。它是一座堂区礼拜堂，而不仅仅是一处私人空间——向走进礼拜堂大厅的许许多多民众投射着影响力。法兰克人和他们的王，就处在这一切关系的节点上。当查理大帝走进亚琛宫廷礼拜堂，开始祈祷时，他一定看到了那闪耀的多彩大理石内墙和反射在金色马赛克壁画上的点点烛光，并沉浸在这片温暖的光辉之中；这一切使他想到过去、当下、未来。法兰克人在文献中、在石头上写下，上帝曾经垂青以色列人和地上耶路撒冷，但后来将恩典转移到罗马，之后又转移到亚琛和法兰克人，法兰克人将享有这份恩典，直到世界终结。

而一头大象，闯入了这个世界。

早在称帝之前，查理就派人去请过大象。不过，这一决定肯

---

① 1加洛林尺约合33厘米。

定不早于他开始考虑主张皇帝头衔,并着手兴建亚琛宫殿建筑群的时候。因此,大象阿布·阿巴斯所抵达的,是一个已由法兰克人完全构建的世界。9世纪20年代,一名作者写道,回顾过去,"法兰克王国中的每一个人,都在查理皇帝统治时期见到了一头大象"。这些人看到的不仅仅是一头大象,而是汇集思想观念之联想的载体。他们看到了一位驯服了巨兽的统治者,一位新的大卫王,也是一位新的君士坦丁皇帝。他们还看到伊斯兰教的阿拔斯帝国,以新的黄金之城巴格达为首都,作为东方的卓越政权,向法兰克王国送来礼物,承认法兰克人的权威可与之相提并论。这可不像麦西亚国王奥法那样,需要用哈里发的标志来投射自己的权威。大象这头巨兽,以及其高耸于周围一切物体之上的洁白象牙,活脱脱就是法兰克人自我意识的真实写照。当它的吼声响彻华丽礼拜堂的穹顶时,上帝好像为新的天选之民降下了恩典。

但是,上帝的恩典总是偶然不定。

查理大帝唯一长大成人的儿子,"虔诚者"路易,在814年查理大帝去世后登上了皇位。但路易守不住江山,帝国的损失越来越多,因此这位作为法兰克人与上帝关系的化身的统治者,也遭受了指责。830年和833年,路易两次被自己的儿子短暂废黜。因此,当840年路易去世时,内战爆发了,这也许不算意外。路易的长子洛塔尔一世(840—855年在位)继承了皇位,希望维持帝国统一。而他的两个弟弟,"秃头"查理(843—877年在位)和"日耳曼人"路易(843—876年在位),则想要建立自己的独立王国。

最终,841年,在今法国欧塞尔市西南方的小村庄丰特努瓦,一场冲突爆发了。交战双方的将领曾派使者来来回回，试图避免战事，但战斗还是在 6 月 25 日的黎明时分打响了。我们在本章中一再提到，法兰克人能征善战，即便自己就是基督徒，也会杀其他基督徒。然而这次可不止于此，这次是法兰克人之间的战争，敌对双方的领袖都是查理大帝的孙辈，是实实在在的骨肉相残。

洛塔尔一方有一名名叫安吉尔贝特（Angelbert）的参战者，在战后写了一首关于战争的诗。"人们管这个地方叫丰特努瓦，这里发生了屠杀，法兰克人在这里血淋淋倒下，荒野为之战栗，山林为之退却，沼泽为之瑟缩。"在这首诗中，连大地都为屠杀所震动，希望这场战斗能够从人们的记忆中消失。在诗的结尾，安吉尔贝特借一位先知之口，引用《耶利米书》中的一段话来哀叹其所见——将这场战斗置于神圣历史的时间线内，在上帝眼中，天选之民犯下又一桩罪恶。以往法兰克人所取得的胜利是非分明，这次却不同。这是一次新的天选之民的内战，善与恶的界限模糊不清。战死者灵魂的命运走向，没人能确定。安吉尔贝特最后说，我们能做的一切，就是为每个人祈祷。

经丰特努瓦一役，查理的帝国分裂了。洛塔尔一世拥有皇帝之位，控制了延伸于欧洲大陆南北方向，从丹麦南部到意大利中部的一长条土地。"日耳曼人"路易控制了帝国东部，"秃头"查理则分走了西部。三兄弟之间征战不断，直到 855 年洛塔尔去世，查理和路易瓜分了哥哥的土地。

内战期间留下的文献记录，较之仅一代人之前的记录，基调大不相同，对未来的希望现在荡然无存。841—843 年，贵族女性杜达（Dhuoda）为她在"秃头"查理宫廷中当差的儿子威廉写了一本手册。上文提到，《年代记》结束于 829 年，其中记录道"虔诚者"路易任命了一位新的内廷总管,名叫塞普提马尼亚的贝尔纳。贝尔纳没有参与丰特努瓦之战,不过在战后,他将儿子即这位威廉(作为人质)送给"秃头"查理,以示支持。

杜达的这本小书既往前看又往后看,是深邃博学的论文集。其中,有指导如何在宫廷中生存下来并发展壮大,有论述权力的本质,有思考法兰克民族及其与上帝的关系,体现出作者对儿子炽热的爱。更特别的是,杜达对威廉在宫廷中可能会遭遇的种种情形,都从道德和政治两个方面提出了指引。她希望儿子不仅能在国王面前举止得体,也能在上帝面前表现得恰当——国王,从某种意义上讲,是上帝的延伸或代理人。

不过,杜达对儿子的劝勉既是忠告,也是哀叹。我们可以清晰地看出,即便身处帝国边陲(现代法国的西南部),杜达也了解时局之混乱,懂得迫使她骨肉分离的政治逻辑。事实上,在她即将写完书时,她对自己的健康状况感到绝望,好像承认自己将再也见不到威廉了。她不再讲什么宫廷生活实用建议,也不再讲什么周旋于贵族复杂密谋之中的忠告。她好像失去了希望,在书的结尾写道:"再见了,我的好儿子,愿你在基督之中永远强大……致威廉的手册,到此以福音书的话作结吧:成了(《约翰福音》19:30)。"杜达用《约翰福音》中耶稣死前满怀爱意看着他的母亲和另一位门徒时的话语做结尾,从某种意义上看,也是个恰当的结尾——耶稣看着世界上最爱他之人的结局,杜达完成写作时,脑海中也浮现了那个情景。

9世纪40年代初,与杜达同时代写作的尼塔尔(Nithard)呼应了她的哀叹,也悲伤地回顾了法兰克人所失去的一切。尼塔尔自己就是查理大帝的后裔,他在编年史中写道:"在查理大帝那个充满美好回忆的时代……到处都洋溢着和平与和谐的气氛,因为我们的人民走在……共同幸福的大道上,这也是上帝的道路。"而现在,在尼塔尔的时代,到处都是暴力、欺骗、自私、抢掠。加洛林王朝在政变中诞生,将宗教和政治融合为自我强化的观念,支撑其走向胜利。但此时,宗教和政治的结盟反而吞噬了加洛林王朝自身,大地翻转过来,压在法兰克人身上。尼塔尔的编年史的最后一段讲述了一次日食和一场春天的暴风雪:"我之所以提到这个,是因为到处都有各种抢掠和恶行,猖獗不止,而不合时令的天气掐灭了对美好未来的最后一点儿希望。"

杜达于843年停止写作,大约在不久之后就去世了。844年,她的丈夫贝尔纳因叛国罪被"秃头"查理处以死刑。她的儿子威廉同样被捕,于850年被杀。那时候,他身上也许(据至少一名撰史人的叙述)还带着一份母亲给他写的书的抄本,试图反抗查理国王,为父亲报仇。尼塔尔对混乱和内战的哀叹,最终变成了他的墓石,他在约845年死于暴乱;只不过这是意料之外的暴乱,由北方的入侵者带来。历史总在不断重演,一群劫掠者在法兰克人内乱之际闯入,造成了更多的"抢掠和恶行"。这些北方人烧毁修道院,掠夺乡村。加洛林人的时代即将终结,维京人的时代已经开始。

第七章

伏尔加河上燃烧的船

在793年的诺森布里亚，来自遥远北方的劫掠者正准备袭击圣库思伯特墓，这是中世纪早期基督教世界最重要的宗教圣地之一。一名修道院编年史作者哀叹袭击者"抢劫和杀人"，记录下伴随入侵者而来的恶龙、妖风、饥荒。

在921年的伏尔加河边，一名可能来自阿拉伯半岛的伊斯兰法学家，惊叹于罗斯人的强健体格，后者是一群从北方来的商人和战士。不过他讨厌这些人的肮脏，不动感情地记录了他们对一名奴隶女孩仪式性的强奸，以及他们把她作为人牲，祭奠他们死去的首领的行为。在这个仪式的结尾，首领的遗体和那些被他抓来做奴隶的人一道，被放在一艘长船上点燃。

在986年的基辅城，罗斯大公弗拉基米尔接待了信伊斯兰教的保加尔人、信犹太教的可萨人、信基督教的日耳曼人派来的使者，但最终只有君士坦丁堡的罗马人使他皈依。他和他的子民接受了洗礼，将他那混合了斯堪的纳维亚和斯拉夫血统的公国与新罗马连接起来。

在1010年的圣劳伦斯湾附近，北美洲土著居民设法与在此扎营的格陵兰人交易，以获得武器。他们最终没买到武器，只勉强接受了牛奶,而牛奶对没有驯养产奶家畜的大陆居民来说,算是奢侈品了。然而,双方随后爆发了争斗,扎营者落荒而逃——除了名叫弗雷迪斯(Freydís)的女子。她袒露出一侧乳房,抽出剑来在乳房上拍打,吓退了土著进攻者。

在1038年的西西里,被流放的挪威王子哈拉尔德·哈德拉达,在拜占庭的军队里与诺曼盟友一同对抗岛上的穆斯林统治者。后来,他回到君士坦丁堡,绑架了一位罗马公主,逃到基辅,又率军返回挪威争夺王位,最后死在了征讨英格兰途中。在51年的生涯中,他走过了数千英里路。

维京人似乎无所不为,无处不在。他们席卷过欧洲北部的加洛林王朝残部,掳掠过地中海,在拜占庭军队中作战,也与拜占庭人战斗,还与美洲土著和哈里发做过交易。在现代人的想象中,维京人是显眼话题,是流行电视节目和电子游戏的主题,极右翼也通过漫画表现维京人的形象,来宣传暴力,渲染厌女倾向。不过,光明时代的历史比这要复杂得多,维京人也不例外。

为了考察这个以"维京人"命名的群体所占领的世界,我们既需要缩小视角,也需要扩大视野范围。"维京人"这一术语本身的意义很有限,类似于"海盗",其历史语义并不适用于各个时代的所有群体。这个术语就像"拜占庭"和其他术语一样,历经多个世纪,已经远远超出了其最初的语境范围,我们现在用"维京人"这个术语,只是出于简便。不过,当我们谈起通常所称的"维京时代"时,我们却必须扩大视野范围,因为这一时代涉及一系列横跨欧洲大陆、地中海地区、亚洲、北大西洋诸岛,甚至远及北美洲的运动。很少有族群能够迁徙得这么远,这么快,并对途中遭遇的民族产生如此深远的影响,无论是正面的还是负面的。记录下这些遭遇的文献,有希腊语、拉丁语、英语、阿拉伯语、斯拉夫语、冰岛语等。多个世纪以来,维京人与不列颠人、法兰克人、斯拉夫人、罗斯人、拜占庭人、北非人、阿拉伯人甚至北美的原住民都打过交道。他们与所有亚伯拉罕一神教的信徒,以及数不清的其他宗教信徒贸易、交战、并肩作战,他们的事迹流传了千年之久。不过,即便如上所述,维京人会犯下极其可怕的暴行,他们也参与构建了跨地区的贸易网络,向他们所认为的无人地带殖民(发现自己判断错误之后,他们也同因纽特人和其他本地民族贸易、战斗),建立了新的王国和政府,并很快与邻国建立了正式的外交关系。

实际上,在几个世纪里,这些北方人大部分都皈依了基督教,成为高度连通的中世纪世界中又一拨势力和民族。"北方人"(Northmen)变成了诺曼人(Normans)。与此同时,大斯堪的纳维亚地区发展出文化、艺术、政治、经济的新形式,因为这些人在皈依基督教后,仍保留了自己的语言和文化传统。冰岛人热爱民主和文学,即便在讲述(并参与)血腥残暴的纷争和凶杀时也一样。丹麦人在北海建立了一个帝国——虽然很小,但从其涵盖的众多王国和民族来看,毫无疑问是帝国。维京工匠造出了中世纪最好的船,既能出海,也能在内陆河流中穿行。维京社会的一大特色是两性平等,至少在社会的关键部分是这样。维京城市也是充满活力的商业中心。维京男子装扮花哨时髦。正如我们在哈拉尔德·哈德拉达的人生旅程中看到的那样,单个维京人就可以成为联系与交换的载体,也会在其所到之处追寻和点燃暴力争斗的火种。维京人看到财富和虚弱的政权时,就去劫掠;发现跨区域的商路时,就开展贸易;遇到招募士兵的强力首领时,就为他效力;找到空旷的土地时,就开荒耕种。

讲述中世纪的斯堪的纳维亚,在这里生活的民族,以及其入侵、融入更广阔体系的历史,需要我们运用双重视角。首先,要看维京人如何抵达中世纪各个社会的边疆,看他们怎样渗透并重塑这些边疆。其次,要转向斯堪的纳维亚内部,留意看维京人的扩张如何改变这一地区,检视从中浮现的调和的新文化。

让我们回顾历史,来到林迪斯法恩岛,这个岛距离不列颠的诺森布里亚海岸不远,是当地基督徒的圣地。793年,维京人袭击此处,搜刮战利品。维京人来到不列颠并洗劫林迪斯法恩之事,在一部用古英语写作的编年史中有记载。这部名叫《盎格鲁-撒克逊编年史》的史书,在不列颠群岛写成,与记录加洛林王朝历史的《年代记》有些相似,也是逐年记录发生的事件。这种文体在修道院等机构中很常见,用来记录一些基本的经济、气象、教会、政治的细节。这类文本通常很枯燥,罗列死亡者、头衔(例如谁当上了修道院院长或主教,谁继承了王位),还有显赫人士的迎来送往。不过,在某些时刻,例如793年,事情就变得令人兴奋了,或者更恰当地说,令人恐惧。根据当年一名不具名作者的记录,"可怕的预警从诺森布里亚人的土地(传来),让人们心惊胆战:这些预警是划过天空的巨大闪电,是旋风,是掠过苍穹的火龙"。饥荒紧随着恶龙而来,没过多久,"野蛮人进入神圣岛屿的基督教堂,大肆破坏",离去之时还屠杀了许多人。

然而,在接下来的约40年,编年史的记录并没有发生大的变化,还是主教上任,国王与国王交战,当地教士召开宗教会议。

"野蛮人"的到来就是一个插曲,过去就过去了——直到832年,"野蛮人蹂躏了东南方的希佩岛";随后在851年,"野蛮人第一次在萨尼特岛上过冬",而在劫掠季过后不再返回斯堪的纳维亚。仔细读下去,接下来的文献揭示出一个新的现实,那就是维京人的到来已经变成常态。865年,维京人又来了,这次不再是劫掠者,而是一支军队,他们留下来不走了。作者写道:"他们在东昂格利亚建立了冬季营地,很快就在这里盖起了房屋;当地人与他们和平相处。"

很长一段时间以来,历史学者——尤其是现代英国历史学者——将这段历史看作一段侵略史,一段野蛮人大军击垮英格兰好国王的历史。不过,近年来人们重新研究了这段历史,从新的视角分析编年史记录,并借助了包括手工艺品在内的其他资料。的确,早期不列颠的诸国王同维京人交战,十有八九是输的。但不列颠人发现,可以用马匹、钱币或其他形式的战利品与维京人讲和,鼓动他们到别处去。后来,维京人开始在不列颠定居,一群又一群维京人占据了大部分不列颠岛,只有威塞克斯王国未被染指。威塞克斯的阿尔弗雷德大王(871—899年在位)击败了入侵者(大部分都来自现在的丹麦),保持了独立,但也被迫签署协议,承认了丹麦人统治英格兰东部绝大部分地区的新现实。另一方面,根据协议,丹麦入侵者也同意皈依基督教。自此之后,不列颠的政治势力起起落落,但维京人再也没有离开。古英语方言吸收了斯堪的纳维亚的词汇,不列颠的政治体系转型,容纳了丹麦人领主,维京人皈依了基督教。

不列颠的丹麦人自9世纪末和10世纪初开始皈依基督教,但就像我们之前看到的那样,真实的情况是统治者皈依,并带领全体臣民一同入教。丹麦国王"蓝牙"哈拉尔德（958—986年在位），也是后来的挪威国王（970—986年在位），在登上王位后不久，就通过遥远的南方来的传教士皈依了基督教。为纪念他和臣民的皈依，哈拉尔德下令竖立一块涂色的刻上如尼文的大石，描绘基督的模样，宣扬自己作为新基督教王国统一者的成就。今天，这块石头饱经风霜，颜色黯淡，但在丹麦人统治的时代，却闪耀着鲜明的光彩。这块耶灵石，与鲁斯韦尔十字碑一样，将我们所称的"异教徒"和"基督徒"两种意象结合在一起——清晰可辨的耶稣受难像，被北方式的藤蔓涡形纹和动物浮雕紧紧环绕。宗教信仰、文化、地理的交融渗透，在图画和石雕中如此优雅地呈现，这种交融渗透不久之后又形成了制度。哈拉尔德的儿子和继承者，"八字胡"斯韦恩，在1013年成为丹麦、挪威、英格兰国王（虽然其统治期十分短暂）。

维京人皈依基督教的故事还有很多。1000年，冰岛的民主机构阿尔庭（Althing）投票决定全岛皈依基督教，这可能是整个中世纪历史中唯一通过民主方式皈依基督教的案例。更典型的皈依案例发生在丹麦，以及早些时候的诺曼底。911年前后，西法兰克国王"糊涂"查理（898—922年在位）将塞纳河口的土地让给了挪威军事领袖罗洛。塞纳河曾经是劫掠者闯入的通道，西法兰克王国残余地区的居民因此数十年遭受侵扰。现在，这位西法兰克国王巧妙地收买了敌人，维京人将成为基督徒，受封领地，为国王保卫西法兰克。不过，根据一名编年史家的记录，收买敌人的过程也没那么顺利。当查理国王将土地分封给罗洛时，国王要求罗洛亲吻自己的脚，以示归顺。罗洛提出异议，但最终同意了——他让随从将国王倒提起来，使他不必弯下膝盖。当然，这个故事几乎可以肯定不是真的，但也确实揭示出双方持续多代的紧张关系。北方人即诺曼人的土地，后来将变成诺曼底，罗洛的继任者作为诺曼底公爵，将成为西法兰克/法兰西国王身边一根顽固的刺，特别是在1066年罗洛的后代成为英格兰国王之后。

与丹麦人定居不列颠约同一时期，在遥远的东方，不同的劫掠群体和商旅群体也在同其他政权和民族相接触。西亚和中亚的情形与西欧完全不同，因为在维京人到来之前，这里的局面很特殊。在这里，维京人没有发现林立的邦国，也没有发现聚集大量财富且容易被袭扰的宗教机构，他们发现自己处在一些定居地的北部边缘，这些定居地被包含在从中国、印度延伸到地中海的庞大贸易网络范围内。君士坦丁堡是其中一个节点，巴格达是另一个节点，可能有几百个城镇跨越大草原、高山、荒漠、森林而连接起来。这些城市和文明的权力更集中，军事实力更强大，虽然频繁的劫掠并非完全行不通，但相比之下，协作的经济往来更加有利可图。

从北方出发，维京人可以乘船顺着欧洲东部的第聂伯河、伏尔加河等河流而下，如有需要，可抬着船行进一小段陆路，或在遇到下一条河时打造新船。到900年时，维京人的定居点被大家族统治，这些家族将血统追溯到传说中来自瑞典的奠基者，例如诺夫哥罗德的建立者留里克。他们与斯堪的纳维亚地区正在崛起的王国建立了联系，同时继续向南推进，再次一边贸易，一边劫掠。例如，在860年，罗斯人入侵拜占庭帝国，包围了君士坦丁堡，打了拜占庭军队一个措手不及，粗暴攻击了当年基督教世界最伟大城市的外围。不过，他们也同可萨人结盟，这个草原民族的统治者皈依了犹太教（后来又在10世纪皈依了伊斯兰教），控制着北方地带与黑海之间的土地。因为丝绸之路穿过可萨人的土地，维京人也加入了流通世界上最昂贵的奢侈品如丝绸、香料、熏香、贵金属、毛皮、武器以及奴隶的巨大贸易网。与此同时，维京人跨过大河，也从北方带来了毛皮、木材、奴隶，并带回金属器皿、珠子、银迪拉姆（哈里发发行的硬币）。事实上，从诺夫哥罗德，穿过斯堪的纳维亚，到苏格兰的斯凯岛，再到冰岛，在这些地方的维京人墓葬和群落中都发现了迪拉姆的踪影。

早在10世纪20年代，巴格达的阿拔斯王朝哈里发曾派出一名外交官，跟随罗斯人回到北方。我们现在对这名旅行的外交官伊本·法德兰（Ibn Fadlan）所知甚少，只知道他记录了途中遇到的人，写成了一部带有民族志性质的游记。不过，只有他外出旅行的记录留存了下来。游记这种文体在阿拉伯文学中并不罕见，对阿拉伯人而言，游记历经数个世纪，已植根于阿拉伯文化。伊本·法德兰甚至不是唯一描写伊斯兰世界中罗斯人的作者。大约同时代的地理学者和收税官阿卜杜拉·伊本·库拉达赫比（Abdallah Ibn Khurradadhbih），曾描绘来自"斯拉夫人的土地……穿着海狸皮衣和狐皮衣，佩着剑"的罗斯人。他们同拜占庭人和可萨人做生意，有时也会进入里海沿岸地区，将船换成骆驼，用骆驼驮运货物，长途跋涉来到巴格达。在巴格达，有过去居住在基督教世界而现在变成奴隶的阉人，为他们做翻译。这些骑骆驼的维京人会假装成基督徒，以便缴纳比多神教徒更少的赋税。如前所述，伊斯兰国家在社会生活中为基督徒划出了一个虽不平等但相对特殊和受到保护的地位，而信仰异教的北方人是不能享受这些待遇的。因此，维京人就假扮成基督徒。

伊本·法德兰的描述激发了人们的联想。部分原因是，虽然他的笔触平淡，大体上不带明显感情色彩，但在某些时刻，他笔下的人物——不论带着荣耀还是恐怖——在中世纪早期的这些遭遇中显露了人性。例如，他在旅途中进一步了解罗斯人之后，显然对他们产生了矛盾的感情。一方面，他表示，自己"从未见过有什么人比他们的躯体更加完美，他们身形如棕榈树，肤色白皙又红润"，全副武装。罗斯女人戴着漂亮的珠宝，好像是某种胸针，颈上挂着金属饰环。不过，伊本·法德兰虽大力称赞他们的美貌，另一方面却嫌恶地称他们为"神明最肮脏的造物……像四处游荡的驴子"，因为他们在清晨用一只水碗洗漱，将鼻涕和口水都甩在水里，然后将水碗递给服侍的女仆，由女仆传给下一个人用。

除了个人卫生，在伊本·法德兰的书中还有另一段令人不舒服的描写，关于一名罗斯首领的葬礼。在这场葬礼中，一个奴隶女孩被下药，被罗斯人群体中的精英男子轮奸，随后作为仪式的一部分在一艘船上被杀死，紧挨着她的主人。他们在这艘船上装了奢华的陪葬品、奴隶尸体和牺牲，连同这个首领装饰华丽的尸体，一齐拖到河岸边的一座柴火堆上点燃。"火焰吞噬了木柴、男人、女孩和船上的一切。狂风忽起，烈焰滚滚，更加灼人。"一个罗斯人嘲笑伊本·法德兰，对他说："你们阿拉伯人真傻，竟然将你们最爱的人埋进土里，让蛆虫啃噬。而我们把他们烧掉，让他们立刻就能进入天堂。"

这句评论表明，在这次特别的接触中，双方似乎都很了解对方的文化和宗教习俗。说话的罗斯人知道伊斯兰葬仪，伊本·法德兰也学到了罗斯人的葬仪。不过，这段描写的核心却是那个奴隶女孩的命运，阿拉伯叙述者似乎对此无动于衷，而我们绝对会感到很不舒服。正如我们所看到的，奴隶制在中世纪早期并不罕见，在维京人的社会也一样。维京人在行进途中贩运人口，有时候在作战或劫掠中也俘虏人，就像贩运木材、毛皮和其他货物一样。事实上，某些维京人的定居点就是性交易的场所，维京人劫掠的目的是杀掉男人，抓回女人以卖到别处去（或送给下属作礼物）。即便在维京人的社会里，也有各种各样的刑罚能够剥夺一个人的自由。在不同时代和不同地方，"不自由"的意味也有所不同。很多奴隶确实能在一定的法律保护下生活和工作，但是，我们从来不能否认奴隶存在的事实。他们忍受着主人或领主的皮鞭，受制于此。即便伊本·法德兰所描写的强奸和仪式性谋杀是极端个案，它也没有超出恐怖的现实范畴。因此，我们可以认为，伊本·法德兰所写的，正是那一夜他在伏尔加河畔的亲身见闻。

不过，也不能认为这个被杀害的可怜女孩代表了维京人社会中的所有女性。奴隶女性受苦受难，但北欧女性享受的性别平等程度或许令人惊叹。虽然北欧萨迦（北欧民间口传故事）和历史中充斥着性别暴力，但中世纪斯堪的纳维亚法律通常允许离婚，无论提议由哪一方发起。女性拥有财产，在现实中和传说中一样上战场。当男人出门远行时，女人也经常同他们一道扬帆起航，最远甚至抵达了北美洲沿岸。北欧女性的墓葬中有全部生活用品，通常是珠宝首饰或家用物品，不过也有兵器，或许一些女性甚至参与了劫掠——或者说"做了海盗"（on a viking），北欧人就是这么描述此类活动的（不过这个有争议）。许多图画、文学描写、外来者的怨言以及考古学证据表明，北欧女性战斗、统治，并且掌握了自己的人生。

以上文那位女子弗雷迪斯为例,她是莱夫·埃里克松的妹妹,两人都生活在公元 1000 年前后。莱夫最有名的事迹也许是他被载入英雄萨迦的开拓活动,他从格陵兰岛一路向西,一边劫掠,一边贸易,最终抵达美洲大陆,比哥伦布早了近 500 年。没有任何土著居民视角的相关记载流传于世,但有两部维京萨迦提到了"文兰"(Vinland,确切方位尚不清楚,但很有可能是北美洲东北部),提到了维京人会毫不犹豫地使用暴力,但也愿意同文兰当地人和平交易;当地人似乎同样会在适当的情境下开战,或者交易。在这两种情况下,弗雷迪斯都发挥了领导作用。有一次,当维京人遭到袭击时,怀着孕的弗雷迪斯向男人们吼道:"像你们这样勇敢的男人,为何要在如此可怜的敌人面前退缩?若有武器,我一定比你们任何一人都骁勇善战。"当她从一名维京战士的尸体上拾起一柄剑时,她的宣言成真了:"她从胸衣里拽出一侧乳房来,持剑拍击。斯克雷林人(维京人对土著的贬称)吓坏了,逃回他们的船上。"在另一部萨迦中,维京人的殖民地因内斗而瓦解时,弗雷迪斯率领一支远征队前往文兰。这次远征并不顺利,弗雷迪斯发起了两派的争斗,用一把斧头结果了好几个人的性命。维京人的殖民地分崩离析,幸存者返回格陵兰岛。

的确,维京人曾到过北美,现在这一事实已确凿无疑,但维京人停留的时间似乎并不长。这一点也不奇怪。在中世纪早期,维京人向西穿越大西洋的运动,是从一个岛跳到另一个岛,在这一时期结束时又收缩退回。位于苏格兰以北、挪威以西的法罗群岛,是维京人前往冰岛更广阔土地的跳板,这两个地区在维京人到来时还无人居住。在冰岛,四处漫游的维京人开始种地、渔猎、放牧。到 930 年,冰岛人已经建立了全岛范围的议会,其年代之早,足以证明现代冰岛人所称的世界最古老的民主制所言非虚。不过,维京人继续向西走,在10世纪末抵达格陵兰岛。最终成千上万的维京人搬到这里,寻求更肥沃的土地和更丰厚的财富。格陵兰岛也开辟了通往北美洲大陆的航道。

后来,维京人的世界全部开始分崩离析,就像它匆匆出现一样。在新千年早期,维京人抛弃了北美的伐木场和贸易站(可能还有小型定居点),退回格陵兰岛,正如弗雷迪斯的故事所提示的那样。格陵兰岛上的殖民地则在14世纪开始凋零,可能是因为黑死病导致欧洲人口锐减,对海象象牙的需求随之减少。到15世纪中叶,格陵兰岛上的两个主要定居点都消失了。有记录表明,曾经有一艘船于1347年抵达冰岛,满载着在马克兰(Markland,有可能是加拿大的拉布拉多地区)采伐的木材。但在那时,冰岛已不再是横跨北大西洋的迁移的中继站,而更像一个终点站。那艘船只不过是被吹离了原定的航线,试图在糟糕的境遇中尽量挽回损失罢了。

某种意义上,维京人作为可怖外来者的时代走向终结,应当归功于其文化转变,而非军事征伐。如前所述,最主要的原因是,维京人皈依了基督教——虽然这一过程十分缓慢且不乏大冲突——自此改变了维京人讲述的自身历史以及别人讲述的维京人历史。公元1000年之后数年,挪威新王奥拉夫二世·哈拉尔德松(1015—1028年在位)寻求统一挪威的各个首领领地,建立一个由他统治的基督教王国。奥拉夫可能是在早年间游历诺曼底时皈依了基督教,后来被称为"圣奥拉夫",但学者们强调,他并不是虔诚的君主。事实上,他甚至都不是伟大的领袖,其影响力衰微至斯，以至于旗下的领主们在1029年欢迎英格兰和丹麦国王克努特入侵挪威，他本人则在1030年的斯蒂克莱斯塔（Stiklestad）一役中战死。

奥拉夫的弟弟哈拉尔德·哈德拉达在斯蒂克莱斯塔战役时才15岁，他与哥哥并肩作战，战败后逃亡基辅，在雅罗斯拉夫大公的军队中效力。根据一部讲述哈拉尔德生平的萨迦，他后来去往君士坦丁堡，加入了瓦兰吉卫队——效力于拜占庭皇帝的北欧人警卫队和雇佣兵。对雇佣兵和冒险家而言，这不过是一条足够普通的职业道路。若仔细观察圣索菲亚大教堂的砖石，你将会发现刻在上面的如尼文涂鸦："阿里（Ári）到此一游。"另外一处又有一个名字"哈夫丹"（Halfdan，北欧的国王常用名）。哈拉尔德在西西里和南意大利打过仗，后来回到君士坦丁堡，深度参与了11世纪40年代的君士坦丁堡政治阴谋。在这10年里，拜占庭内战不断，短命皇帝换了又换，哈拉尔德的命运也经历了大起大落。他乘船逃离君士坦丁堡，返回基辅，迎娶雅罗斯拉夫大公的女儿，然后准备率军夺回挪威王位。

1046年，哈拉尔德实现了目标。到1066年统治达20年时，哈拉尔德受邀前往英格兰接受王位，准备将这两个建立联系不过一代人时间的王国再次统一起来。但在现在的苏格兰边境，英格兰国王哈罗德二世率军击败了挪威人。不过哈罗德二世的胜利没能维持多久，他很快就被从英格兰南部入侵的诺曼人击败了。尽管维京人还会时不时发起劫掠，但维京人的时代，于1066年在英格兰这里（也许是个不错的地方）宣告终结了。在那年9月和10月，诺曼底公爵威廉（其先人可以追溯至加洛林王朝统治时期在罗洛领导下第一批定居西法兰克王国的维京人）击败了哈罗德二世（其母亲一系是丹麦的维京人），而此前哈罗德已击败了哈拉尔德·哈德拉达（挪威的维京国王）。

以头一个千年与第二个千年之交为时间节点，可以将维京人扩张史与中世纪基督教化的斯堪的纳维亚史划分开来。维京人并没有消失，但北方诸王国同邻国关系的本质改变了。我们追随着维京人一路向东，沿着俄罗斯的河流进入里海，骑着骆驼一边劫掠，一边瞅准时机，与阿拔斯哈里发国交换丝绸。我们还跟着维京人一路向西，进入北大西洋，在冰岛猎杀海象，在格陵兰岛养牛，或一路航向北美洲海岸的丰饶土地。我们在大西洋转而向南，跨过法兰西的河流袭击抢掠，甚至穿过直布罗陀海峡进入西地中海。这几条路线的末端并不完全相交，例如 9 世纪头 10 年袭击西班牙的劫掠者与 1040 年在西西里岛为罗马而战的挪威人并不一样，但大致是连通的。事实上，维京人似乎是中世纪的典型，既能施行猛烈暴力，又能与他人和平互动以追求商业利益，还一直是文化渗透的载体。

第八章

法兰西的金袍女孩

11世纪初，在今法国南部的腹地，一个名叫热尔贝（Gerbert）的士兵遇到了三个囚徒。囚禁三人的是当地一座城堡的主人，名叫居伊，性情残暴，沉迷暴力，经常绑架当地民众以勒索赎金。热尔贝满心同情，帮助囚徒们逃脱，但他们很快就被抓了回来，在严刑拷打下供出热尔贝帮助过他们的事实。热尔贝因此被抓，居伊命卑劣的手下挖出了他的眼睛。

热尔贝陷入绝望，一心求死。"他打算喝下山羊奶，因为人们常说，如果刚受过伤的人喝下山羊奶，就会当场毙命。"幸运的是，没有人给他山羊奶喝。于是，热尔贝决定绝食而死。但到了第八天，他产生了幻觉。一位10岁的女孩出现在他身边，身穿金袍，面孔洋溢着光芒，美得难以形容。女孩端详着热尔贝，随后将手指插进他的眼眶，好像要把眼珠再次安进去一样。热尔贝猛然惊醒，刚要感谢这位女孩，却发现身边空无一人。后来，他的视力开始慢慢恢复。

关于圣徒、奇迹的故事，又被称为"圣徒传"，为我们观察其成文的时代打开了有用的窗口。在这些故事中，超自然现象在自然景观中上演，男人和女人在神明旁边过着日常生活。因此，这类故事不仅揭示了地方的宗教信仰和习俗，也提供了一张画布，中世纪的人们可以在上面描绘出他们对生活各个方面的恐惧与希望。它们是修辞性的说教举动。以热尔贝为例，金袍女孩的故事就是我们了解公元1000年前后社会危机的途径。

关于这段历史，传统叙述会这么写：9世纪末，加洛林王朝解体，维京人入侵，北非海盗侵犯法兰西和意大利海岸，马扎尔人——从中亚迁徙而来的族群——向东欧推进，中世纪告别了"加洛林文艺复兴"，一头扎进"黑暗时代"的至暗黑夜。进入11世纪，对曾经的查理大帝帝国中的民众而言，其面临的似乎是全方位的混乱，不亚于5世纪罗马城被洗劫，阿提拉和匈人横行欧洲，一个个新王国在罗马帝国的行省出现。实际上，这些事件并不意味着社会秩序的全面崩溃，但仍然威胁着那些能够感知周遭混乱的民众的生活平衡。无论如何，我们现代历史学家或许可以指出，在5世纪的大乱局中，罗马帝国的某些方面仍然存留，而且这些混乱其实在3世纪就已经出现；但奥古斯丁或哲罗姆在试图解释上帝为何放任罗马被洗劫时也这么说，就是无用的安慰了。对生活在那个更晚时期的热尔贝和其他人来说也是一样：他们正在寻找一种新的意义、新的社会结构、新的稳定性。当我们将目光转向后加洛林时代的法兰西，我们在一位深深忧虑社会形态和灵魂状况的精英人士身上，看到了"光明时代"那令人期待的丰富、复杂的人性。从这些圣徒故事蕴含的复杂人性中，我们发现了一条关于如何通过行动来实现和平的新思想的路径。

经历过金袍女孩的幻象之后，热尔贝逐渐恢复视力，回归军旅生涯，但这次神奇的经历使他对从前的生活方式产生了矛盾心理。他向狄奥柏嘉（Theotberga），一位有权势的伯爵的夫人，倾诉了自己的疑虑。狄奥柏嘉劝他前往孔克修道院，逃避纷乱的世界，成为修士。他照做了，将余生奉献给那家修道院的守护圣徒——圣富瓦（Sainte Foy，意为"神圣信仰"），一位在幼年即殉道的充满活力的圣徒（那位10岁的金袍女孩）。

不过，故事到这里还没有结束。热尔贝和居伊的故事又在一部关于圣富瓦的奇迹录中出现，居伊终于受到了应得的惩罚。根据这个故事，居伊听说热尔贝奇迹般恢复视力后，不仅拒绝相信，还诋毁圣富瓦是假圣徒。但当居伊死后，他的尸体散发出令人难以忍受的臭气，一条蛇突然出现在他的床上，又在消失之前将他浑身涂满了黏液。围在居伊身边的人认为，这表明居伊因自己的罪受到了惩罚：蛇是魔鬼，曾是居伊的老师，而臭气则表示他的灵魂已直接被送去地狱。

热尔贝的故事有一个相对胜利的结局（从良善战胜邪恶的意义上看），但仍然充满那个时代的不确定性。居伊运用赤裸裸的暴力恐吓身边人。热尔贝展现慈悲，却遭到无情的惩罚。居伊（最终）得到了报应，但正义却到恶人死后才到来。没有国王能够申诉，以求公道；没有查理大帝或其子嗣能够执行权威；没有法庭能够审判罪人。但希望还在，在这些故事中，有时也在现实生活中，智慧、稳定、复仇来自女性——如伯爵夫人狄奥柏嘉，以及很久以前死去的10岁女孩富瓦。她们将迷航的船只引向正途，狄奥柏嘉劝说热尔贝去做正确的事，富瓦奖励热尔贝的善举，惩罚居伊的罪行。当这位金袍女孩介入居伊之死时，她也在感谢热尔贝的友好。

当我们深入研究这个故事的讲述方式时，我们就能发现生活在这个时代的人们寻求稳定性的更多方式。我们今天之所以了解居伊和热尔贝的故事,很大程度上是因为有昂热的贝尔纳。他是教会人士,生活在 11 世纪早期,曾在沙特尔(位于巴黎西南方)的大教堂学校学习,后来在昂热当教师,定居在卢瓦尔河谷。贝尔纳在《圣富瓦书》(*Book of Sainte Foy*)中写道,他听到了"怪异"的奇迹和"怪异"的圣徒的传闻,决心亲自去调查一番。他在 1013 年首先来到欧里亚克镇,看到一尊圣热拉尔的塑像,闪耀着金光。贝尔纳一开始不为所动,认定唯有十字架才是正经基督徒崇拜的合适对象。他继续向南走,在孔克修道院看到了一尊金色的女孩塑像。这尊圣富瓦的圣骨匣塑像稍小一些,至今还留存在孔克,经常在孔克修道院教堂的主祭台旁展览。这尊像威严地坐着,眼神平静,全身包金,镶了珠宝,在阳光下闪闪发亮。

起初,贝尔纳对塑像嗤之以鼻,认为这不过是虚假的偶像——就像《希伯来圣经》中的金牛犊一样。不过,他很快理解了"崇拜"和"纪念"之间的差别。贝尔纳同那些体验过圣徒所施行奇迹的人交谈,发现塑像里面的圣物即女孩的遗骸可以沟通天堂和人间。这尊塑像仅仅是一件艺术品,能使人们回想起这位圣徒。但它又不止于此,贝尔纳还描述道,塑像的美依稀反映出天堂的荣光,使地上的人有了祈祷的焦点,进而感知上帝的力量。贝尔纳认为,从这种意义上讲,圣富瓦的塑像比以色列人的约柜"更加珍贵"。

贝尔纳讲述了热尔贝恢复视力的奇迹故事,以说明圣徒的力量、修道院的重要性,以及俗人敬拜圣徒和修道院的必要性。不过,他所讲的故事也植根于《圣经》历史传统中,讲故事的目的不在于描述"事实",而更多在于揭示"真理"。《圣富瓦书》试图理解一个不合理的世界、一个危机的关头。对贝尔纳而言，在这个世界中，拥有城堡的人有时比异教徒的神祇更强大，但这同样是不道德的；在这个世界，上帝需要通过他的圣徒来直接干预，以拨乱反正。

圣富瓦及其追随者的故事，实际上是新贵族崛起的故事。这是一个由小精英构成的社会等级，他们的战斗、恩庇关系、联盟、宗教奉献和关切等，将重塑中世纪欧洲的社会结构。在加洛林诸王国分裂后，来自维京人、马扎尔人、阿拉伯人的外部压力增长，小贵族成为最大的赢家。他们成功挑动一方对抗另一方，通过讨价还价和谈判获得土地赠予和特许状，不断扩大自己的特权。国王和高级贵族需要军队来抵御外敌入侵，镇压内部叛乱，这推动了新的军人阶层——城堡主（castellan）——的兴起。从字面上看，城堡主就是"拥有要塞（或城堡）的人"。这些人就是昂热的贝尔纳笔下的坏人，例如折磨孔克人民的居伊。

不过，这些新贵族并不住在我们想象中世纪时通常想到的巨大石头城堡里。人们一听到"城堡"和"骑士"，脑海中很容易浮现出好莱坞电影里的巨型建筑和从头到脚包在盔甲里的人。实际上相反，新贵族造的建筑是木制的，称作"城寨堡"（motte-and-bailey），主体是一栋建在人造土丘上的建筑，建筑下部有一些支撑结构，周遭围着一圈木栅栏。城寨堡不是什么迷人的住处，但确实能起到保护作用，城堡主可以此为据点出发劫掠乡村，遇到麻烦时也能退守。建造这样的堡垒相对经济，也不难。城堡主的收入通常来自农民或其他不自由劳动者的农业产出，在不断变动的联盟网络中，这些收入可以被"打包"转给其他强人。地方贵族会分配收入，这样某个特定的领主就可以分享许多个城寨堡的小份财富,这其实是在小范围内再现了查理大帝在一个世纪前通过分封来安抚贵族的做法。

但在这种情况下,这种复杂的经济和政治安排与其说培养了贵族的独立性,不如说引发了持续不断的小规模破坏性冲突。建造这种城寨堡并不需要王室或高级贵族的授权,任何有意愿、有资源的个人都可以做到。在缺乏国王和大贵族权威的法兰西,城寨堡到处出现。

这种原始城堡快速扩张造成的破坏性后果,我们可以在《圣富瓦书》中看到其迹象。孔克地区周边遍布独立的城堡主,有时候,他们彼此结成松散的联盟,或依附于更高级的贵族,但通常情况下是独立的,每个人都以扩张自肥为第一要务。比方说,贝尔纳在书中讲述了一个故事,城堡主雷农想袭击孔克修道院的一名修士,并抢走他的马。不过雷农的下场很糟糕:当他冲向这位修士时,却被自己的马摔下马背,折断了脖子。这个故事证明,圣富瓦有能力保护她的子民。此外,圣富瓦还保卫自己的土地不受贵族彭斯的侵犯。彭斯想要侵占一部分被许给修道院的土地,当他正在图谋干更多坏事时,他被一道闪电击中,当即毙命。这样的例子不仅存在于《圣富瓦书》中,在整个欧洲的其他文献记载中也比比皆是,只不过有时少了一些满身黏液的蛇和重新长出的眼球罢了。

这一时期的编年史中充斥着关于不间断的战争、对教会的洗劫、普遍混乱的嘈杂声。没有国王和皇帝能够维持和平。对这些文献的作者来说,中心和边缘地带几乎都完全不稳定,西欧大块地区分裂成许许多多块权力碎片,各碎片之间的争斗不算激烈,却总不停歇。没有人会在根本上对另一个人负责,似乎至少在很多观察者看来，力量就是正义。公正只有通过剑锋才能执行。街坊四邻的恶霸流氓耀武扬威。

但若再深入观察，就会发现，这一时期的作者也展示出，恶霸并非无人反抗。除了居伊、雷农和彭斯，还有保护修道院和教堂的城堡主，小贵族们也主动填补了王室法庭缺位所造成的司法空白。贝尔纳讲述了修士吉蒙的故事，这位吉蒙原本是城堡主，加入孔克修道院后仍保留着战斗装备，要是从前的同袍胆敢冒犯圣徒的权利，他就冲过去与之斗争。这种修道和战斗相混合的生活方式，在11世纪并非闻所未闻，但还不算常见。在中世纪早期的基督教叙事中，绝大部分宣布告别军旅生涯的战士都过着和平的生活。我们还记得7世纪末不列颠克罗兰的圣古斯拉克，他放弃了战斗，"皈依"——用他自己而非我们的话来讲——修道生活而非皈依基督教（因为他本来就是基督徒），因为他担心自己过去的暴行会损害灵魂的不朽。更著名的例子要数图尔的圣马丁——他是好几代人的模范，他的坟墓后来成为广受欢迎的朝圣地——他在4世纪宣布退出罗马帝国行伍，表达了成为隐修士的愿望："我是基督的战士；于我，战斗即非法。"

到10世纪初，情况开始发生变化。勃艮第的克吕尼修道院院长奥多（Odo），曾写过欧里亚克地区的贵族热拉尔的故事。这位贵族的生活方式尤其值得称赞。他保护受困者，避免犯罪，过着贞洁的生活，乐意听从修士、神父、主教的意见。但他仍会率领军队同破坏和平者作战，不过他只用剑脊战斗，从来不让对手流一滴血。有一次，热拉尔去见主教，要求加入某个修道院。主教拒绝了他的请求，但允许他像修士一样秘密剃发。据说，热拉尔此后再也没有碰剑。

主教的回应合乎基督教传统的主流，可以追溯到几个世纪前我们的老熟人希波的奥古斯丁。奥古斯丁早年皈依基督教，在4世纪末和5世纪初时任北非的主教，他认为，战争可以是正义的，能够为上帝所接受，只要其目的是自卫或最终实现和平。这就是他的"正义战争"理论。奥古斯丁首先是罗马人，生活在一个在他看来岌岌可危的时代，他所认为的文明世界的边界好像正在不断后缩，向他逼近。后来的数世纪，基督教统治者依然掌握着权柄，维持正义与和平似乎需要依靠暴力，奥古斯丁的理论也容易适用。我们所回顾的10世纪就是这样。

奥古斯丁这类4世纪末和5世纪初的主教认为适用于整个罗马帝国的理论，现在在勃艮第的修士奥多看来，也适用于本地的城堡主。真理显现于结果之中。上帝的权威使热拉尔战无不胜，许多城堡主宁愿简单投降，也不愿直面热拉尔的正义裁决。奥多认为，所有这些事实证明了热拉尔的神圣性，他是多么接近上帝！在他死后，像奥多这样的修士高呼他为圣徒，铸造了一座金像来盛放他的遗骨。100年以后，昂热的贝尔纳将在去往孔克的途中，看到欧里亚克一座教堂祭坛上的圣热拉尔金像。因此，热拉尔即后来的圣热拉尔的故事，也是政治稳定（以及经济和社会稳定）的历史，是人们祈求神在尘世中出现以恢复和平与秩序的历史。

奥多的《欧里亚克的热拉尔生平》(*Life of Gerald of Aurillac*)和贝尔纳的《圣富瓦书》似乎都有胜利结局，实际上却反映出作者及其笔下人物的生命中深层次的不确定性。贵族，尤其是城堡主，以及始终与之紧密相连的修道院作者，事实上都属于"新贵"，一个新的社会阶层，他们利用 10 世纪早期外族入侵造成的权力高度地方化的趋势，在逐渐形成的新世界秩序中，为自身开辟出生存空间。他们的兄弟进入修道院，叔伯和表亲控制着周边地带甚或是敌对的城堡。他们共享同一条文化纽带，这条纽带向后延伸，穿越他们周围的乱世，历经帝国的衰落，直抵查理大帝的时代。即便生活在公元 1000 年前后，他们仍然记得自己作为上帝的新选民拥有的遗产。不过他们也认为，他们看到自身已经深深堕落了。他们不是国王，也不是皇帝。如果法兰克人攻击法兰克人，基督徒在丰特努瓦屠杀基督徒，摧毁了上帝选民的信念，那么城堡主之间相互争斗，不也是同样的道理吗？他们是不是落入了罪恶的循环？他们是不是神圣历史中的恶人呢？

要回答这些问题并不容易，现实中也没有明确的、正在运行的王国或帝国官僚体系，因此可以理解这些人担忧自己的灵魂状态。马丁和古斯拉克这样的圣徒的故事告诉城堡主们，必须放弃自己的世俗生活。热拉尔则告诉他们，留在俗世中也未尝不可，只要能摒弃暴力。无论如何，他们似乎都知道，应当同上帝建立更加紧密的联系。就像为保卫领土而战需要盟友一样，为自我救赎而战也需要盟友。他们需要像圣富瓦这样的朋友，也需要同这些圣徒住过的地方——例如孔克修道院——建立联系。

有时候，这些城堡主会按照自己熟悉的方式，像在加洛林王朝一样，将土地或金钱捐给修道院并提供保护，换来修道院为他们祈祷。另一些城堡主则建立自己的修道院，在国王缺位的情况下模仿王权的做法。还有另一种情况是，他们从新近成立的修道院招揽修士，以改革现有教会，创造出横跨大陆的修道网络，通过宗教团体将各个分散的地区联系在一起。

通往救赎的道路并不只存在于修道院,具体而言,还可以通过修道院的守护圣徒得到救赎。以圣富瓦为例,圣徒通过保存在金光灿灿的圣骨匣中的遗骨而留驻于尘世。图尔的圣马丁的墓碑上写道:"神圣的……马丁长眠于此,他的灵魂在上帝的手中;但他又完全存在于此处,显现在每一个奇迹之中。"圣徒活跃在世间,以某种形式系于其长眠之所。但这不是永恒不变的。若圣徒与子民的互惠关系恶化,若理应做出惩罚,以将圣徒所照管的人(修士或城堡主)拉回正途,则圣徒可以离去,可以抽走其护佑之手。

克吕尼的奥多,《欧里亚克的热拉尔生平》的作者,应当地一名贵族邀请,来到距离奥尔良不远的卢瓦尔河畔的弗勒里,改革另一家修道院。当奥多抵达时,他发现这家修道院大门紧锁,修士们从院墙上向他扔石头,警告他不要靠近。这些修士对应许的"改革"并不热衷。不过,奥多并没有离开。他在墙外待了三天,第四天早上醒来时,发现院门打开了,修士们都在等他,乞求他的宽恕。奥多既高兴又困惑,询问发生了什么事。修士们说,他们中的某个人在那天晚上看到了守护圣徒圣本笃的幻象。圣本笃大声斥责修士,要求他们不要再固执己见,让奥多进来,接受他的改革。如果不这样做,圣本笃就会抛弃弗勒里修道院和修士,收回他的保护。修士们不想冒这个险,于是在第二天黎明时分打开了大门。

想要了解圣徒(或上帝)的期许并不总是那么容易。这需要敏锐的观察和解读,万一弄错了,可能会有致命后果。上帝和圣徒通过战争与和平、暴力与繁荣来表示愉悦和不悦。因此,为了弄清上帝的需求究竟是什么,教会人士召集会议,讨论如何让世界重回正轨。这些会议促成了我们现在称作"上帝的和平"的现象。在这些会议上，宗教领袖齐聚一堂，决定采取一系列行动来维持和平。重点在于，他们的举动在圣徒的注视之下。

昂热的贝尔纳讲过这样一个故事："最尊敬的罗德兹主教阿纳尔德召开了一次宗教会议……圣徒的遗骨被装进圣骨匣或金像里，由各个修士团体和教士团体带到会场。圣徒们被安置在草地上的帐篷和亭子里……圣马里乌斯和圣阿曼斯的光轮金像……圣萨图尼努斯的金色圣骨匣、圣母马利亚的金色画像……圣富瓦的光轮金像给这个地方增色不少。"在这里，在秋日暖阳下，在法国南部的金色麦田和神圣殉道者的金色圣骨匣中，主教和修士、农民和贵族、男人和女人一起努力，试图读懂上帝对这个世界的计划。

在大多数情况下，这些会议的结果是各方宣誓维持和平，承诺保护受困者。如有违犯者，将被逐出教会，遭到绝罚。对教堂或教士行窃，抢夺穷人或妇女的牲畜或庄稼，也会遭到绝罚。但是，让我们再思考一下这些罪行。几个世纪前，这些罪行都由王室法庭处理，而现在不是了，需要另一种力量来填补王室法庭留下的空白。换句话说，这些会议是代行国王的权威。在统治者缺席时，他们试图借助超自然的力量，来弥补世俗权力的缺口——如圣富瓦这样的圣徒的复仇。人们普遍相信，上帝的干预是存在于尘世中的真实力量，面对压迫时，这种力量能够为人们提供某种慰藉。这是因为中世纪的人受够了社会中持续不断的暴力折磨，他们正在寻找更好的办法。过去，上帝与国王或皇帝合作，而现在由于这些统治者缺位，上帝不得不直接介入这个世界。

不过，有的时候，这些会议也会将权力抓在自己手中。

11世纪晚期，在法兰西中部的布尔日附近，一支军队在布尔日大主教的旗帜下集结。召开地方主教会议后,大主教决定征召所有适龄战斗人员,让他们发誓不会破坏和平,并联合起来,向任何不服从的破坏和平者开战。编年史家弗勒里的安德烈说,这支军队使心怀不轨者害怕,在一段时间内确实维持了和平;至少一名同时代的编年史家认为,这个地区变得像一个新的以色列,受到上帝的喜爱。遗憾的是,贪婪悄然而至。大主教带领这支维和军队,去对付一个本不该受惩罚的人,并屠戮妇女和儿童,终于吃了败仗。接着,上帝显示出他的不悦。在下一次战斗中,"天空中一道声音大喊(表示大主教的军队应当)撤退,因为上帝不再与他们同在,不再带领他们前行。但他们没有遵循这一劝告,这时一个巨大的闪光球落在他们中间。正如《圣经》所言,'求你发出闪电,使他们四散;射出你的箭,使他们扰乱'"(《诗篇》144:6),事情就这样发生了。大主教的军队死伤甚多,尸体堵塞了谢尔河,据说还形成了一座足以让人通行的桥。

上述全部事例,从热尔贝重新长出眼球,到大主教的军队毁灭,都说明那个时代的人们相信上帝仍在干预尘世事务。当然,很多人因此感到欣慰,认为上帝并没有抛弃他的新选民;但这也提醒法兰克人,他们有推动神圣历史向前进的责任,并且警示他们目前为止遭遇的失败,由此加重了那一时期的文化焦虑。如果从更宏大的视野来看,这一认识就更加迫切了。毕竟,神圣历史总是朝着既定的方向发展:天启和末世。

与布尔日大主教的军队覆灭、贝尔纳记录圣富瓦奇迹同一时期,另一名修士沙巴纳的阿德马尔(Ademar of Chabannes),在布道词中描述了那个不可避免的结局。他解释说,当末世到来时,圣徒们将排成一队,见证并最终审判所有基督徒的灵魂。这个最后审判的场景，对许多人来说都不陌生，它被刻在欧洲各地大教堂的西墙上，每一个走过教堂大门的人都会熟悉，这一情况贯穿了12世纪。

审判不一定令人麻木瘫痪，也可以催人奋进。在罗德兹，还有另一个版本的黄金幻象，那就是在这一时期不断召开的"上帝的和平"会议——良善的基督徒来到圣徒跟前，在上帝面前请求他们的帮助。在欧洲，第一、第二个千年之交，圣骨匣和用石灰石雕刻的期待的圣像，其光辉之美是对人们最好的提醒——此世只不过是近似于来世。在欧洲，第一、第二个千年之交，正义与和平的希望似乎存在于他处——在天堂，在时间的尽头。在接下来的一个世纪，焦虑感将促使欧洲各地的小领主行动起来，让他们努力挽回他们的"新选民"地位，试图通过夺回耶路撒冷来忏悔罪过，推动神圣历史前进。

第九章

天上的耶路撒冷的璀璨明珠

1099年7月中旬,当大军攻入耶路撒冷时,他们的旅程似乎走到了终点。屡次向城墙发起冲锋失败后,终于有人突破了城防,向聚集在城外的法兰克人打开了城门。法兰克人蜂拥而入,边走边杀。随军的神父雷蒙·达吉利耶(Raymond d'Aguiliers)在数年后撰写的编年史中讲道,在"所罗门圣殿"中,伤亡是如此巨大,乃至士兵们骑马蹚过血河,鲜血漫过膝盖,直淹到马辔。雷蒙说,这就是上帝的正义,要用亵渎者的血来净化圣地。异教被打倒,基督教得到尊奉。雷蒙还说,"这是耶和华所定的日子,我们在其中要高兴欢喜"(《诗篇》118:24)。

中世纪基督教的暴力传统,尤其是"神圣战争",作为黑暗时代的至暗时刻之一逐渐变成现代性的一部分。在此,我们不打算去反对神圣战争的恐怖。事实上,现代世界有太多人试图为11世纪末的这次战争开脱,声称这是发生于1099年的、针对大约400年前伊斯兰教征服基督教地中海地区的合法防御行动。这种观点代入了现代的情感,接受了为现代政治服务的关于存在的"文明冲突"。与此相反,我们要(尽可能)以中世纪欧洲人的眼光,来看待基督教的神圣战争实践,将这些冲突理解为混乱、复杂的人类历史的一部分。在这一过程中,我们将看到,无论中世纪的人——以及一些现代历史学家——如何尝试在宇宙的时间轴上确定自己的短暂一瞬,这类战争都并不是永恒的、不可避免的。

毫无疑问,1099年在耶路撒冷发生了一场大屠杀。所有文献记载都表明,有数千人在屠杀中丧生。但雷蒙的著名记录中的相关表述却很特别。圣殿里的鲜血漫到了马辔?有数英尺深吗?学者们通常认为,这是夸张的修辞手法,强调了屠杀的规模。或许真是这样。但这段文字揭示出的不止这些:它引用了《圣经》,几乎是逐字逐句地抄录了《启示录》中的话。《启示录》第14章中讲述了义人的救赎,以及其他人如何收到了关于放弃邪恶的最后一次警告。拒绝听从警告者遇到了一位天使,他拿着镰刀从圣殿中走出,收割大地,将他们推入上帝之怒形成的酒榨中,酒榨中流出的鲜血漫到马的缰绳上(《启示录》14:15—20)。

雷蒙描绘的是一个天堂与尘世相交的时刻,神圣历史变得对观察者清晰可见。这样读来,雷蒙在引用《启示录》之后,又接了一句《诗篇》中的诗句("这是耶和华所定的日子"),就说得通了。他将这些经文混在一起,表明自己理解了上帝的意愿。上帝介入尘世的历史,在耶路撒冷,一支基督教法兰克人的军队屠杀了那些他们认为不信神的人。这是人们期待已久的末世例证,是在上帝的新选民的推动下徐徐展开的神圣历史的延续。

我们倾向于认为"末世"(Apocalypse)是指"终结",但更恰当的理解应当是"转变"。希腊语词 apokálypsis——英语的 Apocalypse 源出于此——的意思,简单来说就是"揭示"或"使人看见"。曾经被隐藏的事物,或许比我们从前认识的事物更加真实,自此可以被看到了,世界在此之后将变得不同。例如,在《启示录》中,世界在约翰的眼前反复转变,因为上帝使神圣历史的最终真理显露出来了。这个真理自始至终都存在,而现在约翰又一次看到了它。这就是末世的悖论,是隐藏的事物和外显的事物的悖论,是恐惧和期待的悖论,是麻木于即将到来的变化和为促进这一变化而积极行动的悖论。

我们曾在前面讲述拜占庭和拉丁基督教世界的章节中讲到这一点。贯穿整个古典和中世纪时期,基督教作家一直试图寻找自身在神圣历史弧线上的定位,想知道自己位于上帝创世和最后审判之间的何处。但他们从未就此达成一致,因而,关于应当在自己的人生中做些什么,以到达那个位置,他们也未达成一致。历史语境非常重要,而他们能够取得一致的,就是那照亮他们最终结局的璀璨明珠。

《启示录》第21章末尾向人们打开了一个转变后的世界。天和地消失不见,取而代之的是一个新天和新地,一个由新耶路撒冷连接起来的世界。这座城市从天而降,熠熠生辉,装饰着闪闪发光的珠宝,纯金的墙壁明亮得像玻璃,大门永远不会关闭。这座城不需要太阳或月亮,因为它的辉煌自身就散发出光芒。

但要抵达光明,必须经过黑暗。新耶路撒冷只有在善与恶的最终之战后,在瘟疫、迫害、死亡、毁灭之后,才会出现。新耶路撒冷,世界的转变,义人的平反,是只有被上帝选中者,那些站在上帝、圣徒和天使一边反对魔鬼阴谋的人,才能获得的奖励。这场战斗将在尘世,即天上的耶路撒冷将降临、笼罩并超越的那个旧世界上演。关键在于(同时也希望),将这个旧世界变得尽可能像下一个世界,为下一个世界的到来铺平道路,使末世的预定日期早些到来,实现世界的转变。

11世纪的法兰克人确实试图在更大的舞台上看待自身的行动,努力拉近两个世界之间的距离。11世纪的欧洲基督徒似乎认为,他们对神圣历史如何发展,上帝如何通过圣徒行动,有更好的认识。在善与恶之间,在上帝的选民与使其受苦的人之间,在"基督的战士"与"基督的敌人"之间,存在一个战场。这种世界之战的观念并不是全新的,但在这一特定时期,它以某些特定的原因,通过不同的方式发挥作用,点燃了基督徒的激情。

基督教的神圣战争观念,在基督教创生的最初几个世纪就已出现。有明确的证据显示,罗马军队中就有耶稣的早期追随者,并且在4世纪,罗马的国家机器很轻松地与当时的基督教会融为一体。在罗马军团征服之地,似乎旧神崇拜很快被清除,换成了新神。当然,这并不是历史的必然或注定的发展方向。耶稣的很多早期追随者虽不完全反对杀人,但对杀人抱有矛盾心态。不过,罗马人和以色列人同属地中海世界,在这一地区的文化中,官方认可的暴力就是生活的一部分,是行使政治权力的手段,也是驾驭某些社会阶层的方式。从军是通往财富和地位升迁的捷径,对下层和上层阶级来说都一样。

希波的奥古斯丁对中世纪欧洲学术文化发展的影响,怎么强调都不为过。他关于"正义战争"的理论——如果战争是出于自卫并以实现和平为目标,就可以容许——到11世纪时已被整个拉丁基督教世界奉为圭臬。当然,奥古斯丁生活的时代与中世纪截然不同,他沉浸在怀旧情绪中,希望罗马恢复强大,为整个地中海世界带来和平。真正的和平只可能存在于天堂,但基督教统治者有责任将"野蛮人"拒之门外。

这种关于"责任"的观念经由欧洲的基督教国王和皇帝延续到9世纪甚至更久以后,行走并停留在长牙大象阿布·阿巴斯踏足过的亚琛宫廷中。旧罗马的权柄被法兰克人之中的继承者接过,这在800年查理加冕为皇帝后尤为明显。但随后,在10世纪和11世纪,观念与权力一道移动,都离开了似乎遥远的国王。毕竟,这一切不是早有预言吗?

理想化的罗马-基督教权力,与法兰克人的怀旧情绪——渴望政治稳定的时代,确信自己就是上帝的选民——相混合,似乎就是那些徒步2000多英里前往耶路撒冷,与他们从未见过也几乎肯定没有听说过的族群战斗的人的主要动机。许多学者在叙述所谓"第一次十字军运动"这一历史事件时,都将事件的开端定在一个特殊时刻——1095年11月,教宗乌尔班二世在克莱蒙郊外的田野上,对集会的战士和教士发表了一通讲话。这么做有一定的道理。这一时刻有种戏剧性的视觉效果,几名同时代的人都记录了这一场景,其中一些人甚至有可能亲身参加了这次集会。

在这个故事中,教宗的布道如雷贯耳,群众欢呼喝彩,人们撕开衣服做成十字标记,宣誓向耶路撒冷进军。而随后的战斗更有戏剧性:大批军队聚到一起,有的来自莱茵地区,有的来自今法国北部,有的来自阿基坦,有的来自意大利南部。他们各自缓慢地向东方进军。一路上,他们屠杀犹太人,强迫其改信基督教,掳掠乡村,有时候还与拜占庭的教友发生小规模冲突。各路军队在有700多年历史的君士坦丁堡的高大城墙前会合。从那里开始,故事走向更加离奇,为同时代的人证明这场战争的神圣性提供了更多依据。十字军从土耳其一路跌跌撞撞,抵达亚美尼亚城市埃德萨,又在安条克的高大城墙外停滞不前。不过在1098年,某个基督徒将领设法贿赂了安条克城门楼的一名守卫，围攻军队趁隙拥入，迫使守军退入堡垒。这个时机很好，因为就在几天后，一支来自摩苏尔的穆斯林大军抵达了安条克。

十字军在饥饿和绝望中陷入被堡垒的守军和城外的另一支大军内外夹击的境地，他们出城迎击穆斯林统帅克尔卜加（Kerbogha）。不知为何，基督徒赢得了胜利，他们继续向南，开始朝着耶路撒冷做最后冲刺。

十字军围困耶路撒冷大约只花了一个月。就在一年前，法蒂玛王朝的军队攻破了耶路撒冷的城墙，他们从塞尔柱人手中将其夺下。1099 年 7 月 15 日，十字军紧贴着城墙架起几道云梯，获得了一个立足点，逼退了守军。城门随即洞开，十字军潮水般涌入，圣殿被鲜血染红。胜利者欣喜若狂，在圣墓教堂举行了弥撒，据说这个教堂就建在耶稣的坟墓上。对这场战役的经过，历史学家并无太多争议；而这场战役在当时意味着什么，在今天又意味着什么，这些仍是人们激烈争论甚至有时暴力争执的问题。

关于 1099 年十字军攻占耶路撒冷，到底"发生了什么"以及"何时发生"等问题，没什么争论，更值得讨论的是"怎么样"以及"为什么"。文献记录试图将这些事件置于从创世到末世的历史长河中，更加意图传达灵性的（或者寓言式的）意义，而不满足于简单叙述事件过程。这时候离《年代记》的时代很远了。举例来说，我们真的不知道——也永远不可能知道——教宗乌尔班二世在克莱蒙城外郊野的讲台上发表演讲时，他心里在想些什么，实际又说了些什么。我们现在有五个版本的文献，全都是在这次演讲发生之后约 10—15 年，在攻占耶路撒冷、远征"成功"之后写下的,它们不断被转载,往往是沉闷的重复。所有作者都以故事的结局起头来撰写故事的开端,看到了上帝创造的奇迹,向前倒推出一个"合适的"主要推动者。

所有这一事件的记录者都是有文化的教会人士,他们在当时都知道,这场神圣战争并没有单一的原因。我们现在也应该知道,却常常忘记了。他们还知道,他们都遵循了一个特殊的学术传统。这个传统从当前发生的事件向过去追溯,贯穿了在亚琛的光荣祖先的行动,深入君士坦丁堡和罗马的广场,在以色列人的圣殿中找到了立足点。如此,他们必须将敌人描绘成侵略者,表明复仇有先例可循,确保即将到来的战争符合神圣历史的整体框架。因此,这些作者描述的耶路撒冷和整个基督教世界受到的直接威胁,让人回想起法兰克人在过去几代人中取得的胜利,并在记录中不断引用《圣经》,声称基督徒行军途中的行动实现了预言。他们不一定是在记录所看到、听到的事物,而是在创造一个知识结构,用来向同时代人证明并解释设想的"奇迹"如何发生。

这些作者都认为,敌人窃取了基督徒的土地。他们说,敌人实施了诸多暴行,谋杀妇女和儿童,玷污教堂。拜占庭帝国已经四分五裂,处于崩溃边缘。像查理大帝这样的伟大前辈曾战胜基督的敌人,听到了受困者的呼唤。一些作者说,查理大帝甚至亲自去过耶路撒冷(事实上他从未去过)。他们直接对读者说,要记住你曾经是谁,记住那些使你们堕落的罪,记住如何才能重新获得上帝的宠爱。他们总结道,现在就是上帝所指定的为这些暴行复仇的时间。的确,现在就是《圣经》所言的时刻,无论《新约》还是《旧约》。这是神圣历史的循环。11世纪的法兰克人就是新马加比人,是逃离埃及的新以色列人,是大卫王和所罗门王的新军队。以赛亚、但以理、阿摩司等先知就在这里,向这一时刻说话。其中一名编年史作者,兰斯的圣雷米吉乌斯修道院的修士,认为他描述的事件就是自耶稣复活以来最大的奇迹。

善与恶的世界之战已经转移到尘世,上帝利用他的代理人对抗魔鬼的仆从。这是对中世纪神圣战争的相对复杂的解释,而不是简单化和愤世嫉俗地指责十字军是为了钱而行动,只是嗜血的狂热信徒,或者是对无端的攻击做出了有军事合理性的清醒防御(这也是其中最坏的)。但是,这就是光明时代的行为方式,即便这光明源自被征服城市的尖叫,源自被烧建筑的火光,我们也必须深入这些有人之常情的中世纪的人的内心,用他们的眼睛观察世界万物,来询问"怎么样",以及"为什么"。

因此,从他们的视角看,这次基督教的胜利并没有在1099年结束。攻占耶路撒冷后,斗争似乎进入了新阶段。上帝对世界的计划已经显现,人们在法兰克人的行动中看得一清二楚。正如中世纪编年史家所写,一位基督教国王坐上了耶路撒冷的王位。一种新的宗教战争形式,即代表上帝的士兵在教会领导下战斗,似乎已经被证明是正确的。神圣历史的弧线正在抬升,圣殿之血净化了耶路撒冷和其新居民,天上的耶路撒冷的璀璨明珠在地平线上显现。

但这是他们对所发生之事的解释,我们却不这么看。如此总结和解读这些文献资料,未免有些太过天真了,就好像认定它们是了解过去的一扇透明的窗,而不是神学和宗教论战的文本。例如,有人认为,那些导致了1099年洗劫耶路撒冷的事件,可以被视为"文明冲突"的特定的爆发点,被视为伊斯兰教和"西方"(实际上是指基督教)之间一场永无休止的战争,始于古代晚期,贯穿中世纪，在殖民时代转变了形式，并延伸到21世纪。对那些眼中只有宗教仇恨的人来说，这些冲突无疑代表了黑暗时代的至暗时刻，而对那些在当下追求宗教暴力的人来说，这些则是充满光明的事业。这是一首诱惑之歌，唱给那些在中东推销战争的政治专家、呼吁以牙还牙的宗教战争分子、鼓动和实践境内恐怖主义的极右翼民族主义者和白人至上主义者听。我们看到有人用它为"伊斯兰国"的恐怖袭击辩护，在社交媒体上叫嚣；我们看到它被印在弗吉尼亚州夏洛茨维尔的白人至上主义者自制的木盾牌上，被涂抹在新西兰克赖斯特彻奇一名杀人犯的枪上。

但是同样，极端分子讲述的故事，不一定是我们的故事。在揭露了这场特定的冲突发生的理由之后，我们也看到，共存是可能的。在11世纪之前，拜占庭皇帝、维京将领、阿拔斯王朝哈里发之间的正常外交关系，乃至被作为礼物从巴格达送到亚琛的一头声如雷鸣的大象，都让我们看到了这一点。甚至在耶路撒冷大屠杀发生之后不久，我们即将看到，一个有前途的世界将再次为他们敞开。

12世纪80年代初，一位叙利亚贵族写了一本书。这位乌萨玛·伊本·蒙奇德（Usama ibn Munqidh）的《沉思之书》（*Book of Contemplation*）并不是一个连贯的叙述，而是一系列逸事。书中描绘了一个世界，在其中他只知道一个信仰基督教的耶路撒冷（耶路撒冷在作者四岁时被十字军占领）。在这个世界中，他与部分法兰克人作战，又把其他法兰克人视为自己的朋友。书中有一个故事讲的是他在游览耶路撒冷时，在圣殿山阿克萨清真寺旁边的一所小清真寺祈祷。他面向位于南方的麦加祈祷，被一名刚来到耶路撒冷不久的法兰克人搭讪。有意思的是，这名法兰克基督徒并未反对他这个叙利亚穆斯林祈祷，而是告诉他，他的祈祷方位搞错了——基督教堂是东西朝向的，祭坛位于东方。这名法兰克人认为，乌萨玛应该朝这个方向祈祷。乌萨玛大吃一惊，张口结舌。不过乌萨玛的法兰克人朋友很快过来解围，将这个法兰克人送出这个区域，并为他的行为向乌萨玛道歉，还站在一旁护卫，以便乌萨玛能够不受打扰地完成祈祷。

当然，所幸乌萨玛的朋友就在附近，但这件事并不令人惊讶。阿克萨清真寺，被基督徒称作"所罗门圣殿"，是圣殿骑士团的总部。一位信仰伊斯兰教的叙利亚贵族，在他的整个职业生涯中都与信仰基督教的法兰克人作战；当他在这里，在耶路撒冷的清真寺里做礼拜时，却得到了基督教的宗教军事组织——这可是一群发誓要与基督的敌人打神圣战争的骑士——的保护。

我们能从这则逸事中看到什么呢？简而言之，神圣战争从来都不是永久的状态。在11世纪和12世纪，基督徒和穆斯林有时是敌人，有时是朋友，但无论如何，他们都生活在一起。不论中世纪人或现代人多少次试图将地中海东部沿岸的战争、民族、王国、宗教的历史，植入善与恶、东方与西方、基督教与穆斯林的简单叙事中，并置于末世论的世界之战范畴内，这段历史就像整个中世纪的历史一样，仍然是混乱的、复杂的，是人性的历史。

第十章

三教之城里阳光斑驳的高塔

12世纪40年代,一位旅行者去了南方。这位可敬的彼得不是普通的旅行者,他是勃艮第颇有权势的克吕尼修道院院长,也是遍布欧洲大陆1000多所宗教机构的(至少是非正式的)负责人。彼得冒险穿越比利牛斯山脉,是出于工作需要。虽然克吕尼修道院拥有当时欧洲最大的图书馆之一,现存书目中有各类手稿近600份,但他还需要一本书,一本能为他答疑解惑的新书。在法兰西、意大利、德意志,没人有这本书——从未有人将它翻译成拉丁文。这本书就是《古兰经》。

如同光明时代的其他许多故事一样,这个故事不仅是简单的学术探索,还代表了不同文化之间的复杂互动,反映出和平共存和暴力行动背后的驱动力。

彼得的前任,作为克吕尼修道院院长,已经为他的家族与莱昂和卡斯提尔国王建立了联系。这个王国的中心位于马德里西南部的托莱多。有一名克吕尼修道院的前修士担任过托莱多大主教。在托莱多的新大教堂——这座教堂曾经是中央清真寺——周围,大主教培育出一种译经文化,吸引了诸多翻译家,这一群体由讲阿拉伯语但也会读写拉丁语的莫扎勒布(摩尔人统治下的伊比利亚人）基督徒带领，也包含讲拉丁语、来到南方学习阿拉伯语的北方人。彼得最终在托莱多找到了凯顿的罗杰，他就属于后者。罗杰来自英格兰，到这里阅读花剌子米关于代数的阿拉伯语论文，以及亚里士多德作品的阿拉伯语译本。

当彼得打道回府，再次翻越比利牛斯山脉时，他手里拿着《古兰经》的第一个拉丁文译本。这个译本并非逐字逐句的直译，而似乎是罗杰对《古兰经》文本含义的理解。当然，一切翻译都是阐释。但与现在有所不同的是，在12世纪，他不是单枪匹马地自己判定，而是在一个翻译团队里工作。这个团队几乎可以肯定是由莫扎勒布基督徒、穆斯林、犹太人组成的。罗杰作为拉丁裔基督徒，是外来移民。而其他人分别信仰三个宗教，已经在这个地区、这个城市居住了好几个世纪。如果说，光明时代存在着大量相互重叠的接触网络和变革网络，为文化渗透交融创造了无尽的潜力，那么，像托莱多这样的城市，尤其是可敬的彼得所拜访的大教堂这类机构，就是这些网络的节点。

彼得的动机很重要。他活跃的时代距离耶路撒冷征服只有一代人的时间，只比特鲁瓦公会议晚了十多年。这次会议正式承认了圣殿骑士团，一个由战斗的修士组成的团体。一般来说，克吕尼的修士，特别是彼得，是在伊比利亚和东方发生的基督教神圣战争的狂热支持者。彼得的最终目的，是想借助《古兰经》来更好地理解伊斯兰教的"谬误"，从而鼓动更多基督徒，用言语、笔墨、剑与之斗争。这个由穆斯林、基督徒、犹太人共同完成的译本，意在被用作神圣战争中的武器。

暴力和共处，共存于这个时代。我们在乌萨玛·伊本·蒙奇德的朋友，那些保护他在基督教耶路撒冷的清真寺祈祷的基督教

左图：宾根的希尔德加德正在领受神圣启示，将其写在蜡版上，并和她的抄写员福尔马交谈。此图画在手抄本原本的纸页开头，以传达作者的权威，该抄本在二战时散佚或损毁。（12世纪晚期）

下图：巴黎圣礼拜堂上层祭坛后面的彩色玻璃窗。受难故事的画面正好在祭坛后面。晴天的光线透过玻璃，让人眼花缭乱。（13世纪早期）

蒙古人的安全通行牌，制于中国元代。这一标牌可能追溯到忽必烈统治时期，被赐给外交人员和旅行者，以保证其他人知道他们受到大汗保护。（13世纪晚期）

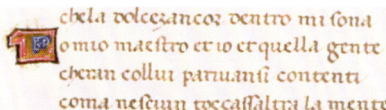

但丁和维吉尔在星空之下的岸边，即将穿越炼狱之门。该手抄本包含《神曲》全文，或许被阿拉贡、那不勒斯和西西里国王阿方索五世持有过一段时间。（15世纪中期）

所谓的加拉·普拉西狄亚陵墓的天花板,意大利拉韦纳。星空天幕被代表四福音书作者(马太、马可、路加、约翰)的符号所围住。(5世纪早期)

所谓的加拉·普拉西狄亚陵墓的马赛克画,极有可能展现的是圣劳伦斯以及将他传奇般地火烤至死的烤架。请注意,其上方是星空,下方是海。

圣索菲亚大教堂内部,伊斯坦布尔。此教堂于6世纪早期在拜占庭帝国首都君士坦丁堡建成,在15世纪被改成清真寺,之后在20世纪变成博物馆,2020年又改回清真寺。

狄奥多拉皇后的马赛克画,出自拉韦纳圣维塔莱教堂。此教堂在拜占庭人从东哥特人手中夺下拉韦纳之前开工建设,在拜占庭人夺下拉韦纳之后,与马赛克画一道完工。(6世纪中期)

左图：鲁斯韦尔十字碑，苏格兰。该碑最初可能立于野外，现存于一所小堂区教堂内。请注意，侧面的藤蔓涡形和动物图案与耶稣、抹大拉的马利亚及其他人的刻像相融合。（可能为 8 世纪）

上图：麦西亚国王奥法所铸金币的正反面。左边的图中，拉丁文"Offa Rex"（奥法国王）清晰可见。不过请注意金币上的伪阿拉伯铭文，或许铸币工匠不懂阿拉伯语，又试图仿造阿拔斯王朝哈里发曼苏尔于 8 世纪早期铸造的第纳尔的形制。（8 世纪晚期）

右图：一份法国手抄本中的大象插图。该手抄本中包括论述植物和动物的科学文本。（10 世纪）

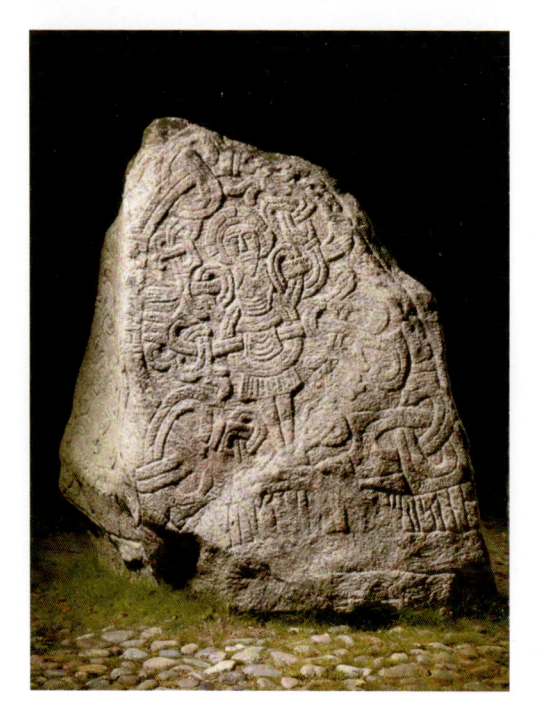

出自丹麦耶灵的雕刻竖石，表现了十字架上的耶稣形象。石上刻的如尼文表明，这类竖石是"蓝牙"哈拉尔德国王下令刻制的，以纪念其征服丹麦和挪威并皈依基督教的事迹。有一些原始的涂色还能看出来。（10 世纪）

Kongernes Jelling

出自丹麦耶灵的另一块雕刻竖石的复原品。所有这类石头应该都被涂上了明亮而有生气的颜色，或许就如这块由埃里克·桑德奎斯特在 2003—2004 年所涂的石头一样。

巴约挂毯局部,法国诺曼底。该挂毯是为了纪念1066年威廉征服而制作的。此处细节表现了哈斯廷斯的一处城寨堡的建造——工人在挖土,堆成一个土堆,在上面建筑堡垒。(11世纪)

"光辉基督"教堂(清真寺)的半圆拱室,西班牙托莱多。该建筑最初为清真寺,建于公元1000年之前,托莱多被交给阿方索六世国王后,该建筑在1085年被改为教堂。半圆拱室是在12世纪晚期加建的,不过保留了阿拉伯语铭文。(11世纪和12世纪)

亚里士多德与他的评注者交谈,手抄本插图,伊拉克巴格达。该手抄本中包含了一部讨论不同动物特点和用处的动物寓言集。(13世纪)

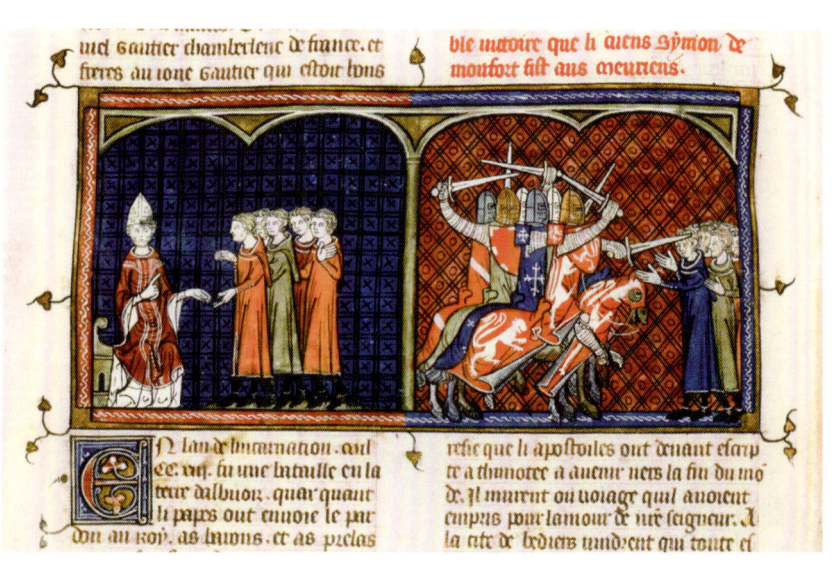

教宗英诺森三世绝罚异端(清洁派)以及十字军在法国南部消灭清洁派,手抄本插图。该手抄本出自诺曼底,包含了《法兰西大编年史》修订版内容。(14世纪中期)

神圣战士身上，看到了这一矛盾。而在大洋另一边，距离耶路撒冷 2200 英里的西方，同样的矛盾在一个截然不同的环境中展现。

在欧洲人的想象中，伊比利亚似乎一直都是怪异的地方。它既在欧洲之内，又在欧洲之外，在历史书写中，经常被当作欧洲的一部分，又有别于欧洲。关于如何研究欧洲中世纪，以及中世纪的人如何看待他们所处的世界，情况也是如此。要理解中世纪伊比利亚的穆斯林、基督徒、犹太人，以及不同宗教传统中不同群体之间由历史情境塑造的关系，就需要回顾几个世纪以来伊比利亚半岛同更广泛的地中海地区的关系。

伊比利亚半岛曾是迦太基的一个省，公元前 3 世纪末被罗马吞并，但在大约 200 年后，即公元前 19 年左右，才真正罗马化。此后，这一地区被称作西班牙行省，建立了新城，修筑了道路，当地人口并入罗马帝国。事实上，罗马皇帝图拉真（98—117 年在位）、哈德良（117—138 年在位）、狄奥多西一世（379—395 年在位），当然还有皇后加拉·普拉西狄亚，都来自西班牙行省。

在 4 世纪和 5 世纪，伊比利亚迎来了与其他行省相同的命运。随着罗马帝国中央政权收缩，罗马军团撤走，当地的罗马化居民不得不靠自己来保护自己，有时还要窘迫地与他人结盟，勉强迁就。这最终导致 5 世纪末和 6 世纪在伊比利亚形成了统一的西哥特王国。

西哥特人最初在阿基坦定居，逐渐向南推进，建立王国，这个王国到 7 世纪初横跨伊比利亚半岛大部分地区，首都是托莱多。西哥特人统治下的伊比利亚半岛，仍然是中世纪早期相互联系的地中海世界的一部分。西哥特人与北部的巴斯克人和法兰克人、南部的拜占庭人保持接触，经常发生冲突。他们统治伊比利亚近两个世纪，直到711年，阿拉伯人和北非民族来到此地，终结了西哥特的王朝世系。北非人及其盟友像海浪一样，向北席卷了这片土地，然后越过比利牛斯山脉，大约20年后，在距离今法国境内的图尔不远的地方，停止了前进的步伐。

历史教科书长期以来一直将732年的图尔战役（有时也称作普瓦提埃战役）提升至世界历史的高度，往往称其为"拯救欧洲/基督教世界"的战役，但这一描述与战役本身没什么关系。这场战役中，法兰克人击败了一支突击队，仅此而已；它的关键在于争夺阿基坦的控制权，本质上是基督徒领主之间的争斗，而伊比利亚的穆斯林士兵为其中一方所招募，与另一方作战。这才是过去发生的事实。我们今天之所以知晓这场战役，是因为仇视伊斯兰教、拥戴民族主义的18世纪和19世纪欧洲历史学家赋予它更加重要的地位。他们利用这场战役，构筑关于民族国家诞生或者关于后来虚假"文明冲突"的宏大叙事。这些宏大叙事服务于他们在当代的政治目的，使读者将伊斯兰世界视为与众不同的、非欧洲的、逼近门口的"野蛮社会"，需要依靠英勇的欧洲白人力量击退。

与之相反，当时的中世纪历史文献却不这么看。有资料显示，711年，在对抗西哥特国王的决定性的瓜达莱特战役中，来自北非的军队得到了西哥特基督徒的支持，这些基督徒拥护另一名王位竞争者。事实上，关于8世纪初的历史，最有用的资料之一就是《754年纪事》（*Chronicle of 754*），这本书将北非人的征服归结为对西哥特篡位者的惩罚，北非人与另一名西哥特王位竞争者并肩作战，在某种程度上，为一场内战画上了句号。这本书是用拉丁文写的，几乎可以肯定是出自某个为科尔多瓦的伊斯兰新统治者效力的基督徒官员之手。即便是阿拉伯语文献，如伊本·阿卜杜拉·哈卡姆（Ibn 'Abd al-Hakam）的《叙事》（*Narrative*，公认成书年代晚得多），也讲述了非常相似的故事。

这个在罗马统治下被称为西班牙行省的地方，在接下来的七个世纪中将被称为安达卢斯。居住在这里的穆斯林和基督徒的关系，总是充满矛盾，错综复杂，比我们想象中的更加混乱。我们须记住，在谈论这个地方和这一时期时，我们不仅仅是在谈论基督徒和穆斯林。这里居住着比其他许多地区更多的犹太人，他们从罗马帝国时期（甚至更早）以来就存在于此，时常受到西哥特人的严重迫害，之后留下来，在伊斯兰教统治下，寻求不那么安定的居所。

整个中世纪，三个族群在伊比利亚半岛上比邻而居，他们的关系长期以来被称为"Convivencia"（字面意思是"共同生活"）。然而，"共同生活"的历史与"再征服"（Reconquista）纠缠在一起。在大众头脑中，中世纪伊比利亚的历史往往在两个想象的世界之间摇摆不定——一个是真正的和谐共处，偶尔被宗教战争打断；另一个是真正的宗教迫害，只有在基督徒夺回"理应属于他们的"土地时才会停止。但这些都是极端的立场和理解范畴，因人们对中世纪某些拉丁文献的粗浅理解而变得更加生硬直接，被19世纪和20世纪的西班牙民族主义、当代罗马天主教极端保守主义势力奉为主流，然后又在第二次世界大战前被佛朗哥的法西斯分子所吸收。

经历过20世纪的冲突后，两个术语的内涵的对立更加尖锐。"共同生活"被描绘成中世纪软弱的象征，基督徒"被迫"容忍，因为他们力有不逮。对佛朗哥来说,"再征服"更加真实,使他同历史建立起彩虹般的联系。他依靠这种直白的理解,合法化自己的权力。佛朗哥对专制有一种怀旧之情,根据他的说法,正如中世纪基督徒同穆斯林战斗一样,他的战斗也是为了再次从共和党人、无政府主义者、共产党人手中夺回国家。毫不奇怪,这种认知框架至今依然盛行,整个西方的极右翼分子仍在以肯定的方式使用"再征服"这个词。同样不足为奇的是,一定程度上为了回应右翼对"再征服"的挪用,左翼在20世纪末将"共同生活"一词转变为一种自由主义价值观——设想的多元文化,即基督徒、犹太人、穆斯林彼此相邻,左翼视之为现代西班牙共和国的独特性和力量的历史先例。

这些认知框架的问题在于太过直截了当,更多是为某种现代政治议题服务,而不在意真实的历史。"共同生活"和"再征服"这两个术语都依赖于对政治和宗教的特殊理解,高度概念化,根本上相距甚远。在这类思维方式中,信仰是某种内在于人心的东西,其他所有事物,包括一切实践,都是政治。这对经历过19世纪宗教变革的欧洲白人来说是可以理解的,在那时,他们的宗教观向外投射,起初投向地理上的殖民地,之后投向时间上的过去。他们寻找那些感觉熟悉的事物——任何在分类中属于"信仰"的事物,都比属于"实践"的更重要。宗教被描绘成内在的、所谓永恒的事物,与任何外部的历史变化无关。

但正如我们在整个光明时代所看到的,中世纪的世界不是这样运转的。在西班牙行省,在安达卢斯,在纳瓦拉、莱昂、卡斯提尔、阿拉贡,以及后来的葡萄牙王国,在跨越近1000年的时间里,情况完全不同。当西哥特士兵在711年帮助北非军队击败罗德里戈国王时,当熙德在11世纪轻松地来回转换阵营,为基督徒和穆斯林作战时,当13世纪和14世纪格拉纳达的穆斯林游骑兵参与阿拉贡国王的收复失地运动时,或者,当加泰罗尼亚的基督徒雇佣兵前往北非为哈夫斯王朝苏丹充当侍卫时,这些事例都使我们那自鸣得意的(而且过于现代的)宗教、政治、文化分类,变得复杂起来。这些事例,既非静止友好的共存状态中的矛盾爆发,亦不意味着不同社会群体间无休止的敌意。

因此,为了解开这多样重叠的分析类别,了解伊比利亚半岛上人们的真实生活状态,让我们回到托莱多,可敬的彼得在1140年前后访问过的地方。这个城市曾经是统一的西哥特王国的首都,在711年被北非人控制,在1085年又落入莱昂和卡斯提尔国王阿方索六世手中。

西哥特王朝衰落后,托莱多起初只是大马士革的伍麦叶哈里发统治下广袤疆域的一部分。但当伍麦叶王朝被阿拔斯王朝推翻,哈里发在8世纪中叶将首都迁往巴格达时,安达卢斯做了抵抗,脱离了阿拔斯王朝。11世纪,当安达卢斯的中央权力开始瓦解时,托莱多成为一个完全独立的泰法(taifa,阿拉伯语中意为"派别"或"团体",但本质上是指小王国)。

经历这三个世纪的风云变幻,在安达卢斯内部政治纷争中,托莱多开始向北看。这意味着,当阿方索六世在1085年征服托莱多,以及可敬的彼得在12世纪抵达时,托莱多与北方的联系已经持续了好几代人。不顾(或者也许是回应)基督教西哥特人的明显迫害,托莱多的犹太人社群到10世纪时已经发展到几千人的规模。在某种程度上,这也反映了整个安达卢斯地区犹太人社群的发展情况,尽管在托莱多没有出现特别突出的犹太人物,不像10

世纪和 11 世纪的科尔多瓦和格拉纳达。科尔多瓦的诗人和艺术家活跃，哈斯代·伊本·沙普鲁特（Hasdai ibn Shaprut，10 世纪初）等人成为哈里发的顾问，被委以重任。在格拉纳达，塞缪尔·伊本·纳格里拉（Samuel ibn Nagrela，11 世纪初）和他的儿子约瑟夫是统治者的维齐尔（行政首脑），不仅充当顾问，还在战场上指挥格拉纳达军队。不过，尤其在 11 世纪马蒙（al-Mamum）的统治时期，托莱多利用其居中的地理位置，成为文化和政治流亡者的天堂。

托莱多几乎一直是流亡者的天堂。自 8 世纪被征服以来，托莱多一直有大量基督徒人口。他们的地位足够重要，而且与比利牛斯山以北的基督教学术界依然保持着联系，乃至在查理大帝统治时期，他们吸引了外界的认真关注——托莱多大主教埃利潘杜斯（Elipandus）支持的一种关于耶稣本性的理论（称为"嗣子说"），成为 800 年前后多次加洛林宗教会议的讨论焦点。的确，在这一时期，托莱多持续向北看，虽然不至于一直望向遥远的亚琛，但托莱多统治者与莱昂、卡斯提尔、纳瓦拉的基督教统治者一直保持着联系（有时是不安的联系），曾数次请求基督徒出兵，协助其对抗其他泰法。

这就是 1085 年阿方索六世夺取托莱多时的背景。1065 年，阿方索的父亲去世后，他作为次子继承了莱昂王国，而他的兄弟们则瓜分了加利西亚和卡斯提尔的独立王国。不出所料，内战很快就爆发了。阿方索帮助他的兄长卡斯提尔国王桑乔二世，从他们的弟弟手中夺取了加利西亚，但随后两个哥哥也产生了龃龉。阿方索输掉了战争，于 1072 年初逃到信仰伊斯兰教的托莱多，在那里待了几个月，直到当年晚些时候桑乔去世，才回到莱昂。然后，阿方索在短时间内再次统一了三个王国。

在机会到来时，阿方索也会进攻邻近的基督教王国纳瓦拉，不过他的主攻方向是南方。在托莱多，阿方索流亡期间的保护者马蒙于 1074 年去世，一场争夺战一触即发。阿方索趁此机会，在动乱期间挑衅托莱多边境，支持马蒙的孙子卡迪尔（al-Qadir），以此为条件向他索取好处。到了 1085 年，卡迪尔受够了一切，他既无法安抚当地贵族，又面临巨大的外部压力，想要退出这场争斗。他将托莱多和周边领土交给阿方索，以换取阿方索支持他在东南部的瓦伦西亚建立王国。于是，控制着托莱多的伊斯兰贵族打开城门，欢迎阿方索进入。

基督徒大军进城后，托莱多并没有发生什么变化。阿方索承诺，不会将犹太教堂和清真寺改造成基督教堂，每个社群——不论是穆斯林、犹太人还是拉丁基督徒——都得到了按照自己的法律规范自我管理的权利。但这一境况并未持续太久。虽然犹太人社群在一段时间内保持了一定程度的稳定，但本地的莫扎勒布基督徒——在文化上阿拉伯化的市民——仍然以来源于 8 世纪初西哥特人的礼仪举行宗教活动，被完全排除在阿方索赋予的自治权之外。有些穆斯林留了下来，还有一些改变了信仰，但大多数富有的穆斯林都逃到了南方。到 1087 年，托莱多的清真寺被占，被改造为新的大教堂。

这短短几年的历史表明，如果将"共同生活"这样的现代概念投射到中世纪历史上，会产生什么样的问题。一位基督教统治者征服了一座城市，但实际上这座城市是穆斯林居民送给他的。三个宗教在这座城里共同生活，但当统治者将清真寺改成大教堂，并撤回对三个社群所承诺的保护时，宗教之间关系就紧张起来了。

回顾1085年之后的历史，学者们通常认为，阿方索六世对托莱多的非基督徒的强硬态度，应归咎于阿方索六世的妻子康斯坦丝王后，以及她的告解神父伯纳德。伯纳德原先担任莱昂的萨阿贡修道院院长。这所修道院值得注意，阿方索在父亲死后，为逃避兄弟的屠刀，曾在那里度过了一段流亡时光，他死后也被安葬在那里。但更重要的关系在于，伯纳德原本是克吕尼修道院的修士，可能在1080年前后与康斯坦丝一同翻越比利牛斯山脉，当时她还是阿方索的未婚妻。康斯坦丝是勃艮第公爵的女儿，克吕尼修道院院长的外甥女，还是法兰西卡佩王室的直系后裔。鉴于这些关系，伯纳德在1085年阿方索掌权后就被任命为托莱多大主教，这并不令人讶异。大主教这一职位，是政治与灵性的结合。

若将责任归咎于这两个人，就会陷入"共同生活"与"再征服"非此即彼的认知框架，指责外来者煽动宗教间的冲突。或许，这在某种程度上是公平的，但"外部煽动者"引发了公民生活中的矛盾冲突这一暗示，则几乎总是包含政治动机。在上述这段历史中，康斯坦丝和伯纳德都已在莱昂扎根了很多年。而在讨论这些事件时，经常被遗忘的更重要的事实是，当伯纳德在1085年被擢升为大主教时，他所取代的，是另一位已经在任的大主教！

托莱多在哈里发和泰法时期，一直有大量基督徒人口。他们拥有完整的教会等级制度，在同一座大教堂中沿用与过去西哥特人统治时期相同的仪式。当地的莫扎勒布基督徒对阿方索的接管并不太满意，因为对他们来说，1085年进入托莱多的莱昂人是外来者，带来了不同的文化习俗、语言（拉丁语）、崇拜方式（源自罗马的教仪）。

因此，1085年任命伯纳德为大主教，必须与1087年将清真寺改建为大教堂一并分析理解，二者所针对的目标，同样是当地的基督徒和穆斯林——不仅要清除当地基督教社群的领袖，还要重新安置他们的神圣空间。这些举动多管齐下，巩固了阿方索对新首都的控制，使国王能够将自己人安插在对城市治理至关重要的位置上，这实际上是一种权力的更替。同时，这些举动还创造了一连串的关系，通过伯纳德和新的大教堂，在精神和物质上将托莱多同北方联系在一起，这种联系翻越比利牛斯山脉到达克吕尼，并通过克吕尼修士，向南越过阿尔卑斯山抵达罗马和教廷。这既反映了共同生活的社群之间的混乱关系，也体现出明确的等级制度。

这就是托莱多。至少在接下来的一个世纪里，托莱多变成了语言、宗教、社群的交会点。在这个交会点上，权力从何处来、不从何处来，都一清二楚。

与"光明时代"的概念一样，"共同生活"也应当被理解为充满人性的复杂概念。两个概念都关乎人们的选择，有时是为了相互理解与合作，有时则是出于仇恨与伤害。合作之花开放之处，也有意识形态仇恨的根须，我们既不能忽视那些芬芳的花朵，也不能忽视随之而来的恐怖。到了12世纪末，新托莱多大教堂内和周边涌现出许多官方翻译所，反映出大教堂本身的权力关系——携手合作，但等级分明。苏格兰人迈克尔（迈克尔·司各脱）是活跃在13世纪20年代最著名的翻译家之一，他与犹太学者阿布特斯·莱维塔索（Abuteus Levitaso）合作，有可能也雇用了莫扎勒布人、穆斯林、犹太人。他们的技能很受欢迎，迈克尔还被皇帝腓特烈二世在巴勒莫的宫廷延揽，因为人们认为他是魔法师和占星家——会使用黑魔法在各个语言之间切换。他最著名的工作，或许是将伊本·路西德的著作翻译成拉丁文，伊本·路西德有另一个名字，叫阿威罗伊。

伊本·路西德于 1126 年出生于科尔多瓦，是杰出的思想家。他的主要作品回应了 12 世纪初安萨里（西方称"阿尔加惹尔"）的著作，而安萨里则回应了 11 世纪初伊本·西拿（西方称"阿维森纳"）的论文。伊本·路西德试图调和伊斯兰教的一神论与希腊哲学的一神论，从而捍卫并扩展伊本·西拿的思想。为此，伊本·路西德撰写了对亚里士多德著作的评注。

这些著作将在 13 世纪对阿尔卑斯山以北地区产生重大影响。甚至就在伊本·路西德死后的一代人时间中，在还未完工的巴黎圣母院注视之下，巴黎大学的学生对他的作品如此着迷，乃至在 13 世纪初，教会管理部门担心学校会被"阿威罗伊主义者"攻占。事实上，如果没有"新"亚里士多德学派，没有伊本·路西德和与他同时代的犹太-伊斯兰思想家迈蒙尼德，托马斯·阿奎那不可能完成 13 世纪末的巨著《神学大全》。他们都同属于一个跨越国界、文化、代际、语言、宗教的宏大的知识分子网络，专注于研究亚里士多德和对这位古代哲学家的评注。

但罗马教宗和巴黎主教对这些亚里士多德和阿威罗伊研究者很不满，认为异教学说已经渗入基督教的话语论述。他们当然不喜欢大学主张独立，不希望大学有能力设置自己的课程。因此，教宗采取了行动。

巴黎主教艾蒂安·唐皮耶（Etienne Tempier）在自己的主教座［cathedra，主教所坐的"座位"，cathedral（大教堂）一词的词源］执行教宗要求，调查了 1277 年巴黎大学教授的课程。他发现有219个课程命题不属于正统教义,当即下令不得继续教授。亚里士多德、伊本·路西德的著作,甚至托马斯·阿奎那本人的一些作品,都被禁止了——过了大约50年,阿奎那在1323年被封圣后,他的作品禁令才得以部分解除。这种知识分子的"共同生活",使一些人感到威胁,他们觉察到宗教传统之间的边界正在软化,因而努力压制这种合作,以重新加固这些边界。思想的流动和交流背后的动机很重要,中世纪的人之所以了解彼此,往往只是为了反驳对方。但是,思想和族群,的确在不断流动。

第十一章

尼罗河反射的圣光

1170年前后，犹太珠宝商大卫离开埃及，前往苏丹做生意。这次路途漫长而艰辛，先是沿尼罗河南下，然后跟着旅行商队穿越沙漠。不过，虽然一路风险不小，但在红海的阿伊扎布港收购货品的预期利润却很大。大卫的哥哥摩西在开罗给他下达了明确指示，要他走到这里为止，不要再去更远的地方。但大卫抵达阿伊扎布港后，发现最近没有从印度运来新货了。于是，大卫给哥哥写了一封信说明情况，告诉哥哥自己将乘船去印度。他请哥哥安抚自己的妻子和"小家伙"，还有他的妹妹，好教他们放心，在经历了沙漠旅行的危险之后，海上航行想必更加安全。

大卫和他的家族来自科尔多瓦，后来搬到摩洛哥的非斯，最近才在埃及定居。当这个伊比利亚犹太家庭开始去亚洲南部经商时，大卫有理由认为这次航行是一个好主意。在整个光明时代，商人们穿越酒红色的海洋，在不同政体和宗教群体之间轻松穿梭。在大卫旅行之前不久，另一名犹太商人本杰明从基督教统治下的伊比利亚小镇图德拉出发，记录了他穿越整个地中海的旅程。他首先来到巴塞罗那海岸，然后穿越法国南部和整个意大利，造访了君士坦丁堡、耶路撒冷、大马士革、巴格达，接着绕过阿拉伯半岛,到达亚历山大里亚和开罗,最后经西西里岛返回伊比利亚。在旅途中他所到之处,都有犹太人愿意帮助他,这些人同基督徒和穆斯林一起生活。旅行者们通常能安全返回家乡,讲述他们的旅途故事。

但不是每个人都那么幸运。大卫在去印度的旅途中淹死了,没有到达目的地。后来,摩西说这是他生平遭遇的最大不幸。他写道,大卫的死使他卧床不起,病了一年。这对摩西的生意也是一大打击,迫使他更专心地投入医学事业。不过,他是个好医生,最终被首席维齐尔聘请为埃及苏丹萨拉丁的宫廷医生。

在一个多宗教的世界中,各宗教共存的紧张关系并不局限于伊比利亚,而广布于阿拉伯海、地中海、印度洋所冲刷的海岸。在光明时代,物品(如大卫的珠宝货物)和思想(亚里士多德和伊本·西拿的哲学)不断在东西方之间流动。一个波斯人可以向全世界阐释亚里士多德。一个英国人可以在伊比利亚研究数学,并帮助一个法国修士读懂《古兰经》。一个来自科尔多瓦的犹太人可以在开罗为苏丹服务,而他的书可以传遍全世界。

不过,正如我们之前所看到的,这些交流互动并不总是和平的,而是经常伴随着暴力和迫害。一个波斯人的书籍可能在巴黎被烧毁。一个法国修士对《古兰经》的解读可能会激发偏执的论战和十字军的谋杀。一个来自科尔多瓦的犹太人可能被寻求回归对宗教纯净基本要义的理解的穆斯林从家乡赶走。有时,这种流动并非出于自愿。在合作和暴力中,光明时代的文化渗透存在着张力和不确定性。

摩西,而非他遇难的兄弟大卫,作为中世纪乃至全部时代的重要人物之一,为今天的我们所知晓。我们更熟悉这位摩西的姓氏——迈蒙尼德,他就是《迷途指津》的作者。《迷途指津》是一部著名的哲学论文集,运用亚里士多德的逻辑来解释上帝的本质、宇宙的结构、预言和时间的作用,以及如何——鉴于这些知识以及《圣经》的戒律——做一个正确和有德性的人。不过,摩西也是商人和医生,深度参与了复杂的尘世生活。他试图调和宗教和世俗知识,用逻辑工具来厘清这个混乱的世界——在这个世界中,他的兄弟漂洋过海,一去不返。他在古希腊哲学、在更多同时代思想家的作品中找到了答案,这些思想家和他一样,试图将亚里士多德的学说应用于当下的状况。这些思想家的作品和生活,体现了一个连接过去和现在、东方和西方,以及伊斯兰教、犹太教、基督教的时代。

摩西于1135年出生于伊比利亚南部的科尔多瓦,是一位犹太法官的儿子,也是短暂崛起的阿尔摩拉维德帝国(穆拉比特王朝)的居民。阿尔摩拉维德人兴起于今摩洛哥的马拉喀什,他们将影响力从撒哈拉以南的西非地区扩展到直布罗陀海峡,然后跨越欧洲,凭借存在已久的跨撒哈拉贸易路线,建立了庞大的帝国。我们在书中可能不会花太多时间讲撒哈拉以南地区的历史,但这个地区也有自己的光明时代,有黄金、国家的形成、智识生活和冲突。由于欧洲几乎不出产黄金,每一位铸造金币的统治者,每一个注视黄金圣餐杯的崇拜者,都以某种方式享受了非洲和亚洲贸易的成果。

迈蒙尼德出生后不久,阿尔摩拉维德帝国开始崩溃。北方有莱昂的基督教国王持续施压,加上一场十字军运动夺取里斯本并建立了葡萄牙基督教王国,还有摩洛哥南部居民中兴起的新伊斯兰教运动，这些都重塑了伊比利亚南部的政治格局。

阿尔摩哈德帝国（穆瓦希德王朝）起源于北非伊斯兰传教者阿布·阿卜杜拉·穆罕默德·伊本·图马尔特。他是预言家式的人物，1120年前后在摩洛哥的山区建立了独立统治，以一个半弥赛亚式的伊斯兰教愿景号召了一批支持者。1130年他去世后，他的支持者迅速向外扩张，首先进攻同样信仰伊斯兰教的阿尔摩拉维德人。阿尔摩哈德人征服了摩洛哥，而后迅速穿越北非，跨过直布罗陀海峡，进入安达卢斯。1148年，他们征服了迈蒙尼德的城市科尔多瓦。到1170年前后，阿尔摩拉维德帝国实际上已被阿尔摩哈德帝国取代。

宗教教义革新引发的政治动荡并不罕见，但确实体现了中世纪伊斯兰教的多样性，以及其在中世纪族群之中的多种表现形式。我们反复看到，中世纪宗教信徒生活在流动的、活生生的传统中，在这种传统中，新的思想和惯习不断涌现。有时，新思想会被本地宗教当权者吸纳为正统思想。其他时候，正统派会试图粉碎或流放他们认为是离经叛道或异端的团体，或者，因宗教革新而组织起来的新团体将推翻现状，成为新的正统派。另外一种情况是，不同的宗教传统在单一的政体中找到了短期或长期的共存之道。迈蒙尼德所生活的伊比利亚和北非地区，都在这个时代或那个时代经历过上述这些可能性。

北非传教者伊本·图马尔特及其追随者特别反对拟人化的（有人性的）观念，而坚持上帝的终极不可知性。此外，他作为改革者，也被他的追随者赋予了弥赛亚的属性。大多数穆斯林都认为时间本质上是线性的，有一个终点（与其他大多数亚伯拉罕宗教传统的实践者很像）。对7世纪末的伊斯兰教而言，弥赛亚式的人物还很新鲜，但到后来就很普遍了。例如，什叶派预言了最后一位伊玛目的回归，他将为世界带来正义。而伊本·图马尔特则属于另一个弥赛亚传统。他自称（根据他的传记作者所言，当然他的传记讲述的是一位王朝创始者的官方故事）为马赫迪，也就是神授的律法制定者和精神领袖，在末日到来前现世，将使全世界皈依伊斯兰教。关键在于，伊本·图马尔特的追随者认为，如果马赫迪已经到来，就没必要再维持保护伊斯兰社会中非穆斯林地位的希姆米制度了。因此，阿尔摩哈德征服者的政策是：犹太人和基督徒必须皈依伊斯兰教，否则就得死。不过在实践过程中，这一政策有些走样。

在阿尔摩哈德人统治之前，中世纪的非洲西北部和安达卢斯南部都是多语言、多宗教的社会，受益于跨区域和跨族群的经济文化交流。不过，正如我们看到的，宗教间的共存可以孕育出跨越宗教边界的冲突，甚至与此同时，征服不一定会消灭差异。

我们真的不知道有多少犹太人被迫皈依了其他宗教。有一些证据表明，他们或多或少仍过着从前的生活，犹太商人（他们给我们留下了信件、销售单据以及其他个人和商业文书作为证明）频繁穿越边界，并不担心同胞会被迫改变信仰、被杀或被流放。事实上，在这一时期，伊比利亚穆斯林的生活可能比基督徒或犹太人更糟糕。那些在阿尔摩哈德人扩张时期不遵从其信仰的人，被打上了"异端"的烙印，因为他们不属于新的伊斯兰正统派。对伊本·图马尔特及其继任者而言，这些人似乎比"不信教者"威胁更大。此外，在最初的征服之后，新统治者似乎采纳了传统的逊尼派信仰和做法，延续了犹太人和基督徒的希姆米地位。

最后，阿尔摩哈德王朝在多大程度上强迫整个王国的犹太居民改变信仰？历史学者们对此虽有分歧，但都同意这是貌似合理或者说至少可能经常发生的情形，因为有许多犹太人因此抛弃家园，流亡他处。有证据表明，一些人确实被杀害了。著名的伊比利亚犹太学者亚伯拉罕·伊本·埃兹拉，写了一首描述阿尔摩哈德人掌权的哀歌，他在歌中列举了一个又一个城市，哀悼每个城市中生命、信仰、美好的丧失。他写道："我剃光了头，痛苦而急切地搜寻着塞维利亚的殉道者和被带走的儿子们，女儿们也被迫投向陌生的信仰。科尔多瓦被毁，像那荒凉的大海，它的贵族和圣徒在饥饿中消亡。"当然，诗歌不能用来直接证明发生的事，却能够佐证征服所造就的记忆。阿尔摩哈德人征服之后，伊本·埃兹拉最终离开了伊比利亚，在法国和意大利待了一段时间，也许还远赴巴格达。他不仅在《圣经》考证、自然科学、语法学方面留下了许多作品，还选择继续用希伯来语，而不是安达卢斯和北非的犹太-阿拉伯语（迈蒙尼德的语言）来写作。

迈蒙尼德的家族也逃走了，他们先是向南穿过直布罗陀海峡去往马格里布，最后来到非斯，并在这里定居。看来，他很可能在家族逃往北非后的一段时间内被迫皈依了伊斯兰教，但对于他实际上究竟有没有改宗，历史学者和现代宗教人士还在激烈争论。其部分原因是没有找到明确的实际证据，另一部分原因则在于，当代各个群体都想争夺他留下的遗产。

不得不承认，我们将永远不会知道他的具体经历。如果他没有改宗，那么，他至少肯定遇到过许多应阿尔摩哈德人要求而改宗的犹太人。这或许能说明他确实思考过改宗问题，并在作品中谈论过关于强迫皈依的话题。在生命的最后阶段，迈蒙尼德写信给也门的犹太人。也门的各个穆斯林派别相互敌对争斗时，那里的犹太人也经历了类似的混乱。在12世纪70年代，什叶派穆斯林反叛萨拉丁，引发了对也门的犹太人以及逊尼派穆斯林的迫害（这些动乱几乎总是对那些信仰同一宗教却在具体教义认同上有差异的团体打击最重）。一些也门犹太人改变了信仰，但部分拉比认为，选择殉教比虚假地宣称信仰伊斯兰教要好。迈蒙尼德不同意这种观点，他写道，假装皈依比死亡或真正背弃犹太教都要好。他认为，当危机结束，或者逃到不那么敌对的地方时，虚假的改宗并不妨碍一个人重回犹太教。因此，我们有理由怀疑，当写下也门犹太人的故事时，他是否也在暗指过去住在伊比利亚的犹太人，包括他自己。

迈蒙尼德最终离开了摩洛哥，在12世纪60年代末来到埃及。这时的埃及有点儿混乱，法蒂玛王朝的维齐尔向耶路撒冷的基督教国王进贡黄金，这位国王已经占领了开罗和亚历山大里亚。直到1169年，局势才逐渐稳定下来，信仰伊斯兰教的大将萨拉丁掌权，改变了世界。萨拉丁是众所周知的人物，他最著名的事迹或许是在1187年几乎摧毁了十字军建立的基督教国家，并为伊斯兰教夺回了耶路撒冷。萨拉丁是来自摩苏尔附近的库尔德人，是才华横溢的统治者和军事领袖，他起于行伍，一开始隶属于阿勒颇城统治者的军队，后来加入了大马士革的军队。萨拉丁被派去帮助平定埃及之乱，他在乱局中脱颖而出，先是成为维齐尔，后又在1171年前后成为苏丹，并设法将北非和中东的整个伊斯兰世界统一在他的旗帜之下。

一般认为，萨拉丁的统治与"小圣战"（lesser jihad）——对拜占庭和耶路撒冷的基督教统治者发动的圣战——思想的复兴相关。但我们看到，这一时期基督徒和穆斯林之间的关系是很复杂的。有时，萨拉丁与拜占庭和耶路撒冷这两个基督教势力都保持着富有成果甚至是友好的关系，甚至，他还与二者结盟，对抗其他不断威胁他的权威的伊斯兰教群体——这在当时相当普遍。犹太人口似乎也很兴旺，特别是在埃及。

迈蒙尼德在萨拉丁统治下的埃及找到了稳定。迈蒙尼德研究律法，积极参与本地区的犹太政治活动，并与家人合伙经商。在埃及的穆斯林和耶路撒冷的基督教国王发生冲突时，他还帮助赎回被俘虏的犹太人。事实上，因为他在1171—1173年担任埃及的犹太社群领袖（ra'is al-yahud），我们现在还能看到一些由他本人撰写或签署的文本，包括那些赎金收据。后来，迈蒙尼德被某个劲敌取代（但他在1195年重新夺回了这个职位）。

除了从政，迈蒙尼德还行医。他曾在非斯接受过医学培训，在这个专业领域，他不仅继承了犹太科学传统，还从希腊、波斯、叙利亚、古罗马的科学传统中获益。当然，在他所处的年代，这些知识都经过了阿拉伯语文本过滤。那时没有正规的医学院，医学研究是一种行当，通常在家族内部传承。从这个意义上说，医学更像是一种手艺。但从另一个意义上说，这种专业知识也是高度哲学化的。迈蒙尼德以他撰写的神学哲学小册子而闻名，在这个领域，他追随了伊本·西拿和伊本·路西德的脚步，二者也都是亚里士多德主义者、神学家、医生。不过，这并不是说，同时研究哲学、神学、医学是容易的事。迈蒙尼德曾经给朋友尤达·伊本·提本（Judah Ibn Tibbon）写过一封信，这位朋友是来自格拉纳达的犹太人，在阿尔摩哈德人征服后移居法国南部，因将阿拉伯语文献翻译成希伯来语而闻名。迈蒙尼德劝他不要到这里来："苏丹给我的工作任务非常繁重，我必须每天都去见他……

（而且）我每天大部分时间都必须待在宫里。经常会有一两个王室官员生病，要我为他们诊治。我只有到下午才能回家。这时候，我都快要饿死了……我发现前厅里挤满了人，有犹太人也有外邦人，有贵族也有平民，有法官也有治安官，有朋友也有敌人——一群人等着我回家。"在行医的同时从事哲学研究和政治活动，是很辛苦的。

当谈论思想的传播时，我们倾向于运用直线思维——这个人传给那个人，再传给第三个人，以此类推——也就是说，我们倾向于认为哲学家和先知这两个角色不会重合，并且宗教传统也不会与其他传统的理念有严肃的交流。但我们知道，在光明时代并非如此。迈蒙尼德和犹太教、伊斯兰教、基督教的其他亚里士多德阐释者一道，借助逻辑学来理解自己的宗教，他们的思想相互纠缠、相互矛盾，但始终相互影响。同样，在这三个一神教中，始终存在着神秘主义和预言的传统，与学术思辨传统相互重合、相互补充、相互争论。在很多时候，某一个人身上可能或多或少同时体现出这两种传统。举例来说，我们是否知道，迈蒙尼德对非拟人化上帝的本质的反思，实际上受到了伊本·图马尔特及其追随者的影响？我们虽无法断言，但二者的关注点惊人地相似。

因此，我们无法梳理出一条简单的线索，从早期伊斯兰教的思想家，例如亚洲的伊本·西拿，到阿尔摩哈德王朝时期科尔多瓦的伊本·路西德，再到迈蒙尼德，最后到比利牛斯山脉以北的基督教神学家，将一个个点串在一起，来厘清亚里士多德（甚至某种程度上追溯到柏拉图）的思想的传播路径。我们很少能准确地指出，一个作者是如何从另一个作者那里撷取思想的。这也提醒我们，朝向欧洲的思想"演进"并非历史的必然。相反，可以试着想象一张朝多个方向展开的智识传播之网，这张网与其他形式的交流重叠在一起。例如，阿布·纳斯尔·法拉比——大概是波斯的什叶派穆斯林，但学者们对此还有争论——在10世纪中期生活在巴格达，之后来到大马士革。他写了很多关于乐理、物理、数学的论文，还用阿拉伯语写了大量亚里士多德评注（将亚里士多德著作从希腊语翻译成阿拉伯语的工作已经完成了）。法拉比想要弄清楚，如何才能构建一个使个人获得幸福的社会。他发展出一套宗教哲学理论，来支撑他的分析。反过来，他的著作被大约同一时代的伊本·西拿所吸收，伊本·西拿将医学、自然科学、哲学研究结合在一起，写了数百篇小短文，运用亚里士多德的逻辑学来证明神存在的必要性，并将可以观察到的自然或科学现象同他对伊斯兰教的虔诚信仰相调和。他的影响力从他的家乡，中世纪早期的伊斯兰教亚洲地区出发，广泛传播到书籍所能流转的地方，他的文章还在必要时被翻译成其他文字。

对许多中世纪思想家而言，伊本·西拿的亚里士多德评注，比这位希腊哲学家的作品本身还要重要。例如，在阿尔摩哈德人统治下的伊比利亚，伊本·路西德担任科尔多瓦的首席法官和哈里发的宫廷医生（他和迈蒙尼德有很多相似之处，他们是信仰不同宗教的大约同时代人，都行医，用相似的哲学工具，探寻着相似的问题）。在涉及亚里士多德形而上学的那些错综复杂的问题时，他和伊本·西拿经常产生分歧，而这些分歧从思想史的角度看也并非小问题。请注意，在伊本·西拿去世后的一个世纪内，他的作品已经从伊拉克传到了伊比利亚。这揭示了一个持续不断的信息流网络，其中包含相当活跃的图书贸易，关于亚里士多德的学术辩论不过是其中的一小部分。

迈蒙尼德就身处这个网络之中。他写了很多医学和哲学论文,但最有名的作品当数《迷途指津》。这本书以书信的形式,写给一名在学习圣典与学习哲学之间犹豫不决的学生。在信里,迈蒙尼德经过扩展论证,认为神学和哲学两种思想模式能够统一。他首先分析了神性的本质,批评神学的拟人化(再一次,这很可能是从阿尔摩哈德人那里借鉴的思想)。他说,上帝并不仅仅是拥有神力、像人一样的存在,而是不可言喻的、若非通过否定则无法描述的存在。上帝超越了人类的理解边界,人类所使用的术语不足以描述上帝——例如,上帝远远超出了"善",因而使用这个词会有损上帝的本质。因此,要从上帝不是什么——不是软弱、不是邪恶——开始说起,并尝试将剩下的部分理解为神性。

因此,迈蒙尼德论证的核心在于,反对将上帝视作超人,而要将知识作为认识上帝并爱上帝的最佳途径。逻辑学提供了一条出路,一把解开关于罪恶、预言挑战、《圣经》叙事和神圣法律的复杂性甚至矛盾点的问题的钥匙。就像奥古斯丁和伊本·西拿以及遵循众多学术传统的许多中世纪知识分子一样,这位史上第二位"摩西"(迈蒙尼德)认为古典学问和方法同他的一神论之间没有矛盾。

在巴格达、叙利亚、埃及、北非、伊比利亚,亚里士多德牢牢地占据了学术论争的主题——无论是在那些争论形而上学分析中细微差别的人之中,还是在所有亚伯拉罕宗教中视亚里士多德学说为异端的人之中。如此,地中海北岸也被吸引到这些话题中,又有什么可奇怪的呢?在13世纪,托马斯·阿奎那等学者将亚里士多德的思想(通过犹太、阿拉伯评注者的过滤,其中当然包括迈蒙尼德)引入拉丁基督教的学术圈。事实上,即使在1229年巴黎大学禁止教授亚里士多德及其评注者的学说之后,就在南方,图卢兹的新大学还大胆地招收对此禁令心怀不满的学生,并吹嘘说,"那些想要深入研究自然奥秘的人,可以在这里读到巴黎所禁止的亚里士多德著作"。

中世纪的人,从伊拉克(Iraq)到伊比利亚(Iberia)再到爱尔兰(Ireland)(首字母都是I),从克吕尼(Cluny)到开罗(Cairo)再到君士坦丁堡(Constantinople)(首字母都是C),都未遗忘关于中世纪之前希腊人和罗马人的知识。所有人都意识到自己在借鉴前人的著作,在跨越宗教的界限,同时还能保证不威胁自己的学术传统。从某种意义上看,用亚里士多德的理论来回答一神论者关于神性本质的问题,就是对古典哲学方法极有想象力的运用。中世纪的宗教机构并不反对科学,相反,正是这些机构在保存、翻译、改编、应用古代流传下来的学说,以解决对他们而言非常重要的问题。

迈蒙尼德的故事,不仅关乎有史以来最伟大的哲学家之一,还关乎民族和思想的跨边界流动,关乎逻辑和信仰的相互融合,关乎中世纪的思想家如何理解自身与过去的关系。在这个故事中,不仅我们看到了古典时代的元素,故事中的人也在明确谈论古典时代。据说,在12世纪初,沙特尔的贝尔纳说过,他和他的学生不过是"站在巨人肩膀上的矮子"——他那个时代的人之所以能看得比前辈更远,不过是因为被前辈托举起来罢了。虽然这并不是那个时代的默认看法,但这的确揭示出,贝尔纳和同时代的人有自知之明,了解前人赐予的恩惠,以及自身的长处。他们借前人之力站在高处,他们也确实比前人看得更远、更多。贯穿整个光明时代,思想一直在流动。创造力的闪光时刻并不独属于伟大人物。光明时代投射出宽广的光芒,让我们看清了其他时代和其他人,让我们意识到,原来他们也参与了上述这一切,以及更多。

第十二章

长着雄鹿角的漂亮白雌鹿

雌鹿带着小鹿安静地走在树林里。它的躯体美得惊人,全身覆盖闪闪发光的白毛,高耸的鹿角从头顶跃出。林间的深绿与动物的耀白形成鲜明对比。

但突然间,出现了一抹血红。

一支箭射中雌鹿的额头,鹿行将倒地,但羽箭迅速反弹回来,射向弓箭手。弓箭手被自己的箭射中了大腿,痛苦地叫了一声,从马背上摔下来,落在那只受了重伤的雌鹿旁边。

这时,鹿开口说话了。

它对弓箭手吉热马尔(Guigemar)发出诅咒,说他的伤口将永远不会痊愈,直到他找到"一个愿意为你的爱而承受多于其他所有女人所知的痛苦和折磨的女子"。弓箭手震惊了,不是因为白色雌鹿开口说话,也不是因为雌鹿长了一对雄鹿的角,还不能被箭射穿。不,令他震惊的是,他听到他居然有可能找到一个将如此爱他的女子。

吉热马尔下定决心,在找到这个女子之前不能死去。他踏上旅途,寻到一艘魔法船,船上有一张床,因而决定在这里休息。睡梦中,这艘船自动起航,把他带到一座隐蔽的塔楼,塔楼墙上挂着描绘古代场景的壁画,与古典诗人奥维德有关。在这座塔楼里,有一个年轻的妻子,被比她年长许多的残酷丈夫锁了起来。

她发现了吉热马尔,怜悯他,照料他,使他恢复了健康。当然,他们很快就坠入爱河。当他们向对方告白,并"做出了别人通常会享受的最后行动"时,吉热马尔终于"去除"了"大腿上的伤痛"。(如果你看到这里还不太明白的话,这其实是一个关于性爱的故事。)

无论如何,吉热马尔躲避着女子的丈夫,在塔楼里住了一年半。但二人的通奸关系最终还是被她丈夫发现,吉热马尔被迫回到魔法船上,起航驶向海中。在他再次踏上回家之路前,他的情人在他的衬衫尾部打了一个结,而他则在她的腰部系了一条腰带。他们鼓励彼此,若遇到能够解开这个守贞之结或腰带的人,就去爱那人。

尽管分隔两地,但他们仍然爱慕彼此。直到有一天,魔法船奇迹般地重现于塔楼下,女人逃了出来,但刚冲上岸就被抓住了——这次她遇到了一名骑士,他向她求爱。女人向他展示了腰带,但他没办法解开它。骑士不知道该怎么办才好,决定将女人关起来。直到有一天,这名骑士举行骑马比武大赛,吉热马尔恰巧出现了。女人立刻认出了吉热马尔,解开了他衬衫上的结。吉热马尔一时没反应过来,不敢相信面前的女人就是自己的情人,直到看见她的腰带并将它解开。二人终于团聚了,他们要求骑士释放她,却被他断然拒绝。于是,吉热马尔带人围攻城堡,杀死了城堡里的所有人。最后,这对恋人骑着马,奔向夕阳。

这个12世纪末的吉热马尔的故事描绘了一个多姿多彩的世

界,有魔法船、英勇的骑士、邪恶的敌人、困苦的姑娘——这一切都产生于那只白得耀眼的林间双性动物。这个故事既有些奇怪,又令人熟悉。但归根结底,这是一个关于爱欲的故事——浪漫的爱情,有激情,也有性。的确,中世纪的人们有性爱,享受并经常思考它,或许会更多地描写它,同时仍不忘自己的基督徒身份。但是,将这对情侣牢牢牵住的爱欲,以及通过墙上的画诱导他们的古典罗马诗人奥维德,与一个试图将他们分开的社会产生了对撞。在这个故事中,我们体验到了偶然的相遇,被嫉妒和危险的年龄差距所吞噬的无爱婚姻,其他善妒的求爱者,以及战争的危险。

从表面上看,似乎是骑士拯救了姑娘。毕竟,这个故事的名字就是骑士的名字。但表象有欺骗性。也许这并不是一个关于"他"或者"他们"的故事,而是关于"她"的故事。与其说这个故事是单纯为了消遣,不如说诗人想要借此展现那个时代的女性所拥有的力量。吉热马尔和读者,都对一个男人竟然以关押这种方式对待自己的妻子感到震惊,因为这被视为不同寻常的虐待之举。若仔细观察,就会发现,这位女子先是被关在塔楼里,后来又被关在城堡里,但她的能动性还在,她有能力采取行动,左右事件的走向。她治愈了吉热马尔,她选择了爱他,她逃离了自己的丈夫,她抵制住了第二个监禁者的引诱,她认出了自己的爱人,并最终同他共度一生。然而,即便如此,她甚至没有得到一个名字。

吉热马尔的故事蕴含着我们谈到所谓"12世纪文艺复兴"时与其相关联的所有元素。毫无疑问,12世纪是欧洲历史上的重要时期。这个时期经历了城市化,经济、人口的快速增长,君主集权的加强,艺术和文学创作的增多。这是一个浪漫主义和史诗的时代,是大学兴起的时代,是集市转变为固定市场再发展成繁荣城市的时代。但用"重现"(reemergence)来描述这一时代,却是不恰当的。

"12 世纪文艺复兴"这个术语,通常与 1927 年查尔斯·霍默·哈斯金斯的同名著作联系在一起,这部著作在中世纪史学界仍然阴魂不散。在我们观察历史时,我们仍然会看见有高峰和低谷的时间流动,看见无法避开的幽灵过山车,它如预期的那样移动,只是为了引导我们走向新的重生,即新的"复兴"。加洛林"文艺复兴"是要带我们走出罗马"衰落"的阴影,12 世纪"文艺复兴"则是要带我们走出维京人侵袭的阴影。平心而论,哈斯金斯,以及 19 世纪末和 20 世纪初的其他许多人,都反对一种观念:欧洲中世纪是停滞、衰退、缺乏稳定政治和繁荣文化的时代。这种老掉牙的说法认为,文明只有在 14 世纪和 15 世纪才在意大利复兴,即大"文艺复兴"。

哈斯金斯反对这一更早的成见,认为 12 世纪的欧洲见证了自身的重生——繁荣的文艺界、新兴的学校、中央集权化的国家。这个时代确实有十字军运动,有皇帝和教宗,有哲学和学术论文。12 世纪见证了经院哲学的发端和亚里士多德研究的复苏,见证了明谷的贝尔纳的神秘主义神学和强烈的宗教虔诚。亨利二世(1154—1189 年在位)和"狮心王"理查(1189—1199 年在位)等英格兰国王,在诸如亚瑟王等前辈传说的支持下,扩大了他们的实际权力和权威主张。

但这里有两个问题。首先,哈斯金斯(包括身处 21 世纪的我们）被一个特定的政治模式框住了。"文艺复兴"关乎稳定的中央集权政体——9世纪有一个，因为查理大帝建立了帝国；12世纪有一个，因为有即将转变为现代民族国家的集权化君主政体；14世纪有一个，因为意大利的城市在良好的治理下逐渐繁荣。（其次）但是，历史上除了伟大白种人和与伟大白种人相称的伟大事迹，还有更多别的东西。历史学家琼·凯利（Joan Kelly）在思考14世纪和15世纪历史时，提出了著名的问题："女性是否有文艺复兴？"她的最终答案是没有，因为这关乎用何种标准来评判假定的"重生"。如果真正关注女性，就会发现在历史走向公元1500年时，她们的生活状态明显恶化了。

的确，哈斯金斯对"文艺复兴"的狭隘理解与第二个问题有关。在反驳中世纪欧洲是"黑暗时代"的论证中，他无意间创造了一个新的"黑暗时代"。他将聚光灯投向中世纪的学校，以及进入这些学校的男人，而将这个时代的其他部分——更不用说此前的几个世纪、方言文化、女性、地中海世界的其他居民（非基督徒和非白人）——留在阴影之中。而阴影之中的人们其实留下了很多事迹。因此，如果我们仔细寻找，并进一步照亮这个时代，就会看到，在明谷的贝尔纳旁边站着宾根的希尔德加德，在亨利二世的宫廷中不仅有他的妻子阿基坦的埃莉诺，而且还有古法语故事《吉热马尔》的作者法兰西的玛丽。

我们对玛丽这个人所知甚少。除了《叙事歌集》（*Lais*，本质上是短篇故事集，《吉热马尔》便是其中之一），她还写了三部作品，在这个大多数作者都是"佚名"的时代，她在四部作品中的三部里，都称呼自己为"玛丽"。很明显，她是宫廷社会的一部分，几乎可以肯定是围绕着亨利二世工作，她用故事来判定她所处的世界。例如,《吉热马尔》中所有的奇幻元素,都显示出她对贵族文化、王朝政治压力、日常生活中的家庭结构有深刻的理解。另一首叙事歌《朗瓦尔》(Lanval)同样显示出,她对 12 世纪英法两国的宫廷生活和更广阔的学术界很熟悉。更重要的是,这首叙事歌可以被解读为一种微妙的政治和社会批判,或许更像是一首写给(to)宫廷的而非在(at)宫廷中写出来的诗,是一份诊断报告或一个警告,而不是赞歌。

朗瓦尔的故事发生在扩展的亚瑟王的时空中,骑士朗瓦尔被国王不公地遗忘,没有妻子,也没有自己的土地。然而有一天,朗瓦尔遇到了一位来自异乡的魔女(也许是一位仙后),他们迅速坠入爱河并发生了关系。她要他发誓保守秘密,说如果他泄露了他们的关系,她就会永远离开他。朗瓦尔同意了,并回到宫廷,继续做高尚的事。

他的新姿态引起了别人的关注。著名的圆桌骑士高文和尤文邀请他加入他们的圈子。甚至桂妮薇尔王后也注意到了朗瓦尔,被他的功绩所折服,试图勾引他。但朗瓦尔拒绝了王后。习惯了任意妄为的桂妮薇尔嘲笑他,质疑他的性能力,认为这是他拒绝她求爱的唯一原因。朗瓦尔却不为所动,反驳说他的女朋友可比王后漂亮多了。这让桂妮薇尔大受折辱,发誓要报仇,于是她说服亚瑟王相信朗瓦尔试图勾引她。亚瑟王怒不可遏,逮捕了朗瓦尔。审判迅速举行,朗瓦尔的仙后在关键时刻赶到宫廷,救下了他。所有人都认为她是世界上最美丽的女人。朗瓦尔和他的恋人双双骑着马,奔向夕阳。

在玛丽写作的时代——很可能是 12 世纪 70 年代,在(或者靠近)亨利二世的宫廷——亚瑟王传说在整个安茹王朝世界已经相当有名了。最早提到我们今天所认为的"亚瑟王"的人之一,可以追溯到9世纪,他就是威尔士的修士内纽斯(Nennius)。然而,亚瑟王传说在12世纪随着蒙茅斯的杰弗里、诗人韦斯、诗人特鲁瓦的克雷蒂安的新作品爆发,才真正流传开来。几乎所有关于亚瑟王的作品都与亨利和埃莉诺有某种联系。因此,玛丽用亚瑟王的故事,会引发她的宫廷听众的共鸣。

我们通常倾向于认为,亨利二世用这些传说为自己的利益服务,宣称自己传说中的祖先是"不列颠"国王,将自己的宫廷比作想象中的卡美洛的宫廷。这个说法很有道理,因为亨利在整个统治期间一直在寻找一位光荣的前辈,帮助合法化自己的统治,并利用传说故事宣称对英格兰乃至威尔士的统治权。1154年亨利掌权之前的一段时期,现在被称作"大混乱时期",不列颠受内战折磨,因而亨利二世当然需要一个光环,以赋予他统治合法性并强化政治稳定。为找寻这一光环,他将目光投向过去。我们曾经在查理大帝身上看到过这种情形,他就将目光投向了罗马皇帝和以色列国王。但到12世纪中叶,这些手段已经被别人用过了。法兰西国王和德意志皇帝现在都在争夺查理大帝的遗产。英格兰以及不列颠,需要一个属于自己的传奇英雄,于是亚瑟王就被"发现"了。

但《朗瓦尔》的与众不同之处在于对国王宫廷的批判。这个故事展示了一个混乱的王国,其中有不被承认的高贵骑士、无能的国王、骄纵的王后。亚瑟王在这里是软弱的。他无视(然后恶劣地对待)一个忠诚的仆从,屈从于王后的意志,还不能掌控法律的实施。桂妮薇尔好色、不忠,还很小气。除了朗瓦尔,其他圆桌骑士都反复无常,更关心自己的名声而不是善行。这个故事中的英雄是外来者和贵族——无私的仙后、挂名的忠诚骑士、在审判中同情朗瓦尔的男爵们。这个故事试图干预国王的事务，或许是警告他要小心自己的王后。

因此，玛丽创作《朗瓦尔》的时间点很重要。1173—1174年，亨利二世身陷内战，这恰好是玛丽的《叙事歌集》问世的时间。亨利二世的儿子们在亨利之妻埃莉诺的支持下造反。埃莉诺警惕于丈夫的帝国不断扩张，这与她儿子们的关切相合，因为他们都想从中分得权力。在这里，我们看到了加洛林王朝内战的影子。就像 9 世纪一样，这场由统治者之子发起的叛乱最终宣告失败。亨利的儿子们求和，埃莉诺被俘，在亨利的余生中被关押，直到她的儿子理查在 1189 年夺取王位时才获释。

埃莉诺的声誉受到的影响更大。在她生前就流传着所谓"黑色传说"，指责她犯下一系列通奸罪行，对象还往往是她的血亲。宫廷里甚至有人窃窃私语，说她的家族是恶魔的后代。就像在《朗瓦尔》中，国王宫廷的混乱由王后背锅一样，埃莉诺一生中也一直受指责，人们指责她挑起了 12 世纪 70—80 年代的英格兰内战。

埃莉诺出生于 1124 年，她的父亲是阿基坦公爵威廉十世。她似乎接受过特别的教育，在 1137 年父亲去世时继承了他的领地。法国国王路易六世（1108—1137 年在位）成为她的监护人，并将她许配给自己的儿子，未来的国王路易七世（1137—1180 年在位）。路易七世想得到她的领地，而她很有政治头脑，很快就成了他最信任的顾问。但这段关系并没有持续很久，他们的婚姻在 1147 年她陪同他参加十字军时达到了顶点，也随即陷入低谷。这次出征是一场灾难，一场惊人的灾难。这对夫妇决定一同出征，很可能是精明的政治举措，这样可以确保从埃莉诺家乡来的军队有强力的代表。此外，虽然教会人士一般不欢迎女性随军出征，但实际上女性常常这么做。因此，之后有人指责女性参军注定了失败的结局，就很有些虚伪的味道——这更多是出于埃莉诺的"黑色传说"。

的确，那次十字军运动的失败——几乎是全面失败——应该归咎于路易和他的顾问。埃莉诺听取了当时统治安条克城的叔叔的建议，催促丈夫率军攻打阿勒颇。但路易不同意，决定攻打大马士革，这个城市长期以来与基督徒保持和平，对阿勒颇抱有敌意。丈夫和妻子之间的争执，因朝臣们的窃窃私语而加剧（有传言说埃莉诺与安条克的叔叔通奸），这些朝臣认为埃莉诺失势后自己就有机会上位。最终，这些导致二人婚姻破裂。十字军运动失败后，他们返回巴黎，在1152年离婚。

埃莉诺马上就再婚了，这次的对象是金雀花王朝的亨利，他是诺曼底公爵，即将成为英格兰国王（亨利二世）。起初，他们之间似乎建立了真正的伴侣关系。埃莉诺在婚后前20年里享有巨大的权力和声望，多次在亨利缺席的情况下担任摄政，还为他生了几个孩子——包括后来的理查一世国王、约翰国王（1199—1216年在位），以及未来的卡斯提尔王后和西西里王后。她始终对这些孩子倾注母爱，如前所述，有些时候还同他们一起反对他们的父亲和自己的丈夫亨利。

因此，我们在《朗瓦尔》里看到的，可能是1173—1174年那段历史的（有些扭曲的）反映。一个无法集中注意力的国王，已经掌控不了自己的臣属，他们的忠诚也值得怀疑。不过，王后桂妮薇尔才是真正的坏蛋。她耍阴谋诡计，好色成性，心胸狭窄，睚眦必报。在《叙事歌集》某个地方，玛丽说，她写作是为了捍卫自己的名誉，回击那些因满心嫉妒而诋毁她的散播谣言者。投射到《朗瓦尔》里的，可能就是埃莉诺"黑色传说"的缩影——玛丽借此警告，这个有权有势、野心勃勃的女人，怀着自己的计划，在丈夫的骑士（隐喻他的孩子们）之中挑拨离间。

如果这确实是对国王正义的告诫，对王后任性的担忧，那么，玛丽并不是第一个提出类似建议的女性。在1170年底之前的某个时候，修女宾根的希尔德加德（卒于1179年）写信给亨利二世，敦促他提防暴政，主持公道，远离佞臣的谣传。希尔德加德还单独写信劝告埃莉诺不要三心二意，而要通过皈依上帝，寻回坚贞。但这与玛丽不请自来的建议不同，亨利和埃莉诺是主动给希尔德加德写信求助，他们都认为她是当时欧洲最强大、最有影响力的思想家之一。

我们对希尔德加德的早年生活所知甚少，只知道在1106年，她似乎与本地隐修士朱塔一同被监禁（就是被围在小房间里）在美因茨西南边的迪西博登堡。当时，希尔德加德只有8岁。1113年，当她正式成为修女时，这处隐修之所实际上已经成为一所兼收男女修士的修道院的一部分，我们在中世纪早期的不列颠曾见过这种修道院。1136年，朱塔去世，希尔德加德成为那里的修女领袖。

1150年，她让修女们搬到新的地方，将她们与原来的修道院隔开。在那里，她一直居住到1179年去世。她与当地大主教爆发过争执，她的修道团体还在1178—1179年被逐出教会，但她一生中大体上与神圣罗马帝国皇帝"红胡子"腓特烈一世、罗马教宗，以及欧洲许多极有权势的男女保持着特殊联系。她一生都在写作。

她自称从5岁起就看到了来自上帝的异象,这些设想的启示时刻,成为她大部分作品的基础——特别是她在1141—1151年写下的篇幅最长、最著名的《认识主之道》(Scivias)。这部作品,尤其是其中关于异象的描述,引起了教宗的注意,他派出一个委员会去调查。委员会对调查结果感到满意,于是教宗命令希尔德加德公布其他所有的异象。她照做了。她的书信是现存最重要的中世纪历史资料之一,其中有她同国王、皇帝、教宗和12世纪欧洲最重要的名流之间的来往信件。此外,她还撰写了关于音乐、科学和医学、圣徒传、修道生活以及大概是最重要的神学的论文——与教会的改革和宗旨直接相关。

对女性而言,最后一项是危险的研究领域。在12世纪的基督教世界,专门的女性宗教人士当然不少见,但绝大多数圣洁的女性,都是通过行动而非写作来实现神圣思考的。阐释上帝的计划,通常是专属于男性的能力。《圣经》评注在这一时期大受欢迎,有学识的基督徒(同样大部分是男性)研究《圣经》,不仅是为了更好地理解神圣历史,也是为了知晓神圣的当下和未来。希尔加德通过描述异象而加入这种对话之中,她的能力非比寻常,避开了父权制对女性权威的限制,首先(通过异象)从上帝那里获得了直接授权,然后得到了教会等级的肯定——1147—1148年的教宗谕令,稍后甚至有著名修道院院长明谷的贝尔纳的隐约认可。难怪皇帝、国王、教宗都咨询她的意见。

比如说,她写给亨利二世的信,不只是简单的精神安慰和警告,而是关于如何治理王国的劝诫。她告诉他如何做国王是最好的。亨利二世并不是孤例,她还给神圣罗马帝国皇帝康拉德三世

（1138—1152年在位）和"红胡子"腓特烈一世（1152—1190年在位）写过类似的信。这种劝诫是一种古老的文体，至少可以追溯到查理大帝时代，但希尔德加德颠覆了传统，用慎重的话语，将作为女性的自己插进对话之中。她在所有著作里都将自己描绘成受教育不多的谦逊之人。她在致贝尔纳的信中写道："我对《诗篇》、福音书和其他书卷有一种内在的理解，但我不是用德语来学这些知识的。实际上，我根本没有受过正式的训练，我只会阅读最基本的（拉丁语），当然也不会深入分析……我没有受过外部材料的教育和训练，而只是从精神上接受了内在的教育。"不过，她在信件和异象描述中大量引用古希腊和拉丁作者的话语以及《圣经》典故，后者直接涉入了可追溯至教父时代的修道院《圣经》评注的悠久传统。

因此，我们应当得出结论，虽然她并不是玩世不恭的人，但她的谦逊是一种姿态。这一时代的男性也一直摆出这种姿态。希尔德加德是父权制社会中的女性，即便我们承认她的能动性，也无法抹消父权制的存在。这就意味着，考虑到她所处的社会环境，凯顿的罗杰或托马斯·阿奎那这样的男性可以从训练中获得权威（auctoritas），但希尔德加德的权威不能来自她所受的教育以及关于如何在基督教传统中解读《圣经》的训练。她面对贝尔纳时，必须反复展示谦恭姿态。她的权威必须得到双重认证，必须通过她的异象，从她作为"先知"与圣灵的联系中来，甚至还要得到教宗认证加持，才能持续保有。

但是，一个女性的权威总是靠在刀刃之上。即便在希尔德加德的名声和权威达到顶点时，她也受到了质疑。这位享有国王、皇帝、教宗祝福的女先知，仍然在1178年被美因茨大主教施以绝罚。这个事件的起因是希尔德加德允许一个被绝罚之人埋在自己所辖修道团体的圣地里,她认为他在死前已经同教会和解。而大主教却不同意,就对希尔德加德颁布了绝罚令。希尔德加德首先援引自己作为先知的权威,表明她知道自己所为是正确的,但她失败了。在关于权威和等级的争论中,希尔德加德总是处于下风。只有当她谦卑地服从大主教的权威时,绝罚令才被解除。希尔德加德或许拥有过权力和威望,但在12世纪,即使是女先知也必须明白自己所处的位置。

希尔德加德的故事很适合作为本章的结尾。她和埃莉诺一样,游走在权力的最高层,掌握了自己的命运,却仍遭当头棒喝,被提醒她们面临的各种限制。我们看到,埃莉诺和希尔德加德都在12世纪70年代陷入低谷,这不奇怪,因为欧洲的历史也是在大约那个时候来到了转折点,那些曾经仅限于外部的威胁开始渗入基督教世界。权威需要受到更严格的控制,那些能够授予权威的人也要受到更严格的规制。社会秩序和稳定所面临的威胁更加真切。这个时期,假先知而非女先知在世间大行其道。清理社会、保护基督教世界安全的唯一方法,就是用火来净化它。

第十三章

火中的城市

1202年11月，一支意见不合的军队在扎拉城墙外扎营，这座城位于亚得里亚海滨，受到匈牙利国王的保护，但威尼斯共和国对它提出了权利要求。威尼斯组建了一支庞大的舰队来运送这支军队，打算首先夺回"它的"这座城市，宣布在舰队开拔之前需要收服扎拉。军队的大多数将领都同意这样做，但有一部分持异见者坚决反对，为首的是贵族西蒙·德·蒙福尔，还有塞奈谷（Les-Vaux-de-Cernay）修道院院长居伊。他们说，这支军队是以埃及和耶路撒冷为目的地的十字军，应当与穆斯林作战。士兵们佩戴十字架，不是为了攻打基督徒同胞。他们还警告说，如果军队继续前进，就会被罗马教会施以绝罚。的确，最初号召远征的教宗英诺森三世（1198—1216年在位）曾明令禁止军队攻打扎拉。

但他们的警告没有得到重视，军队最终占领了扎拉。一位遭到流放的拜占庭王子察觉到机会，与军队达成协议，向君士坦丁堡挺进，使这次远征进一步偏离了原定计划。于是，军队主力离开扎拉，围攻了君士坦丁堡，这就是我们所知的第四次十字军运动。这故事说起来很复杂，那位拜占庭王子也没有什么好下场

(最后被勒死在狱中），最终一位来自佛兰德的伯爵在君士坦丁的宝座上加冕为罗马皇帝。不过，现在让我们将注意力转移到那些持异见者——西蒙、塞奈谷修道院院长、院长的侄子彼得（他也是修士），以及其他许多人——身上。他们拒绝参与这场战争，在扎拉离开了远征军，乘船前往圣地，完成他们的朝圣之旅。

在扎拉发生戏剧性的内讧之后，过了七年，又有一支十字军驻扎在另一个基督教城市外。那是在法兰西南部的贝济耶。贝济耶主教试图通过谈判和妥协解救他被围困的城市，他打算让市民将城内的不敬神者和异端分子交给城外的十字军。但市民拒绝妥协。最终，这座城被攻破，城墙被推倒，居民遭到屠杀。

在这场大屠杀中，一些士兵来到十字军中的西多会修道院院长跟前，询问他如何才能把善良的基督徒和魔鬼的孽种区分开来。据说，这名修道院院长答道："把他们都杀掉，上帝会知道谁是他的子民。"士兵们兴奋地服从命令，屠杀民众，包括那些逃到城中圣纳泽尔大教堂避难的人。基督徒的刀剑刺出基督徒的血，染红了那片圣地的中殿。西多会修道院院长不久后写信给教宗英诺森三世，坚称十字军没有放过任何一个人，充当了神圣复仇的代行者，不分等级、性别、年龄，杀死了 2 万人（有夸张，但与事实相差不远）。到了 1217 年，一名评注者肯定考虑到了在贝济耶发生的事件，在一条教会法评注中信心十足地断言："如果能证明某个城市里有一些异端分子，那么所有的居民都可以被烧死。"

接下来还有更多的屠杀，这场扫除异端的特殊战争，也就是俗称的"阿尔比十字军运动"，将持续 20 年。在这段时间里，一些编年史家记录了这些所谓"光荣"事迹，焚烧异端分子的火堆照亮了他们的书页。其中一名编年史家十分赞许在贝济耶作战的

"基督的士兵"的行动，还与那支军队并肩行进。他不是别人，正是塞奈谷修道院的修士彼得。这支军队的将领之一正是他的叔叔，塞奈谷修道院院长。带领军队在法兰西南部搜寻异端分子的贵族之一正是西蒙·德·蒙福尔。那么，呼吁向法兰西南部的异端开战的人是谁？正是教宗英诺森三世。

1202年在扎拉的主要异见者，用教会的绝罚来威胁军队，即便离开军队也不愿杀害同胞——而同样是他们，现在热情地支持1208—1209年在法兰西南部的暴力镇压。

那么，是什么改变了他们？

这一改变（如果确实有的话）与第四次十字军运动后，西蒙、修道院院长居伊、修士彼得启程前往圣地时发生的事情有很大关系。一名亲历者曾写道，因为十字军围攻君士坦丁堡的行动失败了，军中的神职人员决定召开一次会议。他们认为，似乎是上帝的惩罚，才造成了他们的失败。军队想知道，这次军事冒险是否真的是"上帝的旨意"。主教们用慷慨激昂的演讲告诉军队，他们所行的事业是正义的——守卫君士坦丁堡城的拜占庭人是"叛徒、凶手、不忠之徒……比犹太人还要坏。（因此军队）不应当害怕攻击希腊人，因为他们是上帝的敌人"。

历史不会重演，却在这里发出了清晰的回响。主教们使用的话语与所谓的第一次十字军运动中的话语很相似。当时，拉丁基督徒向东方进军，首先袭击了莱茵兰的犹太人，然后又使耶路撒冷的街道沾满了"基督之敌"的鲜血。一个世纪之后，在这里，这种话语又被重新提起。正如欧洲士兵在11世纪90年代开赴君士坦丁堡保卫基督徒伙伴一样，他们在1204年洗劫了这座城市。

新罗马的大火熊熊燃烧了好几天。

这里的问题并非暴力扩大的问题,也不是杀害谁的问题。自古以来,基督徒一直在杀害其他基督徒,整个中世纪一直如此,之后还在持续。人们更关注的是,如何确定什么样的暴力才是合法的,谁能决定何时使用暴力,如何把握暴力之罪,以及在什么情况下可以合法杀人。我们知道,希波的奥古斯丁在许多个世纪之前就阐明了两个指导性原则,历史学者或许会夸大中世纪的人对这些原则的坚守,但它们仍然是重要的理论框架。

其中第一个原则是"正义战争"——使用武力应当是为了保护公民不受外部侵害,目标是在此后实现和平。第二个原则"强迫进来"(compelle intrare)来自具体与《路加福音》(14:15—24)有关的经文评注。其中,耶稣对门徒讲了一个寓言故事:某人打算举办宴会,他邀请了所有人,却没有一个人出席,他忍无可忍,于是让自己的仆人出去找那些受邀者,强迫他们进来。对奥古斯丁来说,这个寓言意味着对他所处时代非常重要的东西,那个时代的一个特征是有各种各样的基督教信仰,但还没有一个占主导地位的正统信仰,能够将其他信仰划为"异端"。这个寓言就是有关这些基督教信仰的:请客之人代表了正统信仰,宴会代表天堂,拒绝赴宴者代表异端分子,强迫迟到者顺从的仆人则代表行使权力者。当谈到在基督教社群中执行纪律时,奥古斯丁认为,为了确保宗教信仰的正确性,一切武力都是合法的。

这有助于我们厘清在 800 年后的 13 世纪所发生的事情。"正义战争"概念是向外的,关乎基督徒如何应对其他群体;"强迫进来"概念则是向内的,限于同一个智识社群之内,关乎基督徒如何与内部的异端群体打交道。因此,关键问题变成了,应该由谁来定义谁在"内部"、谁在"外部"。

就西蒙·德·蒙福尔和塞奈谷修道院的修士而言，在那个时代，这是个简单的问题，有简单的答案。对他们而言，教宗，也只有教宗一人，能够定义基督教的边界。英诺森三世（一开始）认为扎拉人和拜占庭人应当适用"正义战争"原则，而贝济耶、阿基坦其他地区和朗格多克的居民则适用"强迫进来"原则。

教宗并不总是拥有这种实际权力，尽管他们长期以来一直声称自己拥有。例如在7世纪，教宗努力维持对罗马的控制，却在一定程度上被君士坦丁堡的宗教狂热所侵蚀。在9世纪，法兰克国王试图在自己周围画出"上帝选民"的界线，从而将他们遭遇的（以及征服的）其他基督教民族排除在外。在10世纪，修士往往成为教义争论的仲裁者。这种情形一直持续到11世纪皇帝和教宗爆发冲突。在这场"叙任权之争"（关于谁有权力向新主教"授职"，谁能够将某人提拔到那个有权势、有声望的职位）中，争论双方都收编了许多宗教领袖，称对方为伪基督徒，还引发了流血事件。

这场辩论的结果有利于教宗一方，再加上由教宗乌尔班二世发起并遭到皇帝抵制的1099年耶路撒冷征服之战，让权力的天平在一段时间内决定性地偏向了教宗。至少在理论上，地上的国王和皇帝仍然掌管人们的身体，而教宗则负责守护人们的灵魂。通往天堂的道路依赖于教会等级，依赖于教会的神父、修道院院长、主教。与之前所不同的是，欧洲的基督徒更加普遍地认为，罗马主教，即教宗本人，位居这个等级的顶端。

变革中的个体是否要对改变道路或历史负责？换言之，他们是否只是系统性变革中的催化剂？要确定这一点总是很难。12世纪教宗的广泛权威及深重焦虑,在历史上最年轻的教宗的当选中达到顶峰。这位塞尼的洛塔尔在1198年教宗塞莱斯廷三世去世后当选为教宗,尊号为英诺森三世。他当时还不到40岁,其当选的个中缘由我们不得而知。1160年,洛塔尔出生在罗马郊外的一个贵族家庭,很早就成为神职人员,并在罗马或其周边接受了良好的教育,到大约15岁时去巴黎学习。巴黎圣母院旁边的大教堂学校在那时还算不上正式的"大学",不过被公认为欧洲最好的学校,吸引了来自欧洲大陆各地的学生和教师(全部是教会人士)。在这里,可以学习我们所熟悉的老朋友亚里士多德的学问,阅读他的阿拉伯和拉丁评注者的著作。

接受教育之后,洛塔尔走上了几个世纪以来许多类似的文科学生所选择的道路:上法律学校。在欧洲最古老的大学、罗马法和教会法研究的中心博洛尼亚大学,他与教宗的随从建立了联系,并在1189—1190年被任命为罗马圣塞尔吉乌斯和巴克斯教堂的枢机助祭。洛塔尔凭借在前任教宗领导下的教宗核心圈子的优越地位,在前所未有的年轻年纪被枢机同僚选举为教宗。

成为教宗后,洛塔尔痴迷于神圣战争。1187年,耶路撒冷被萨拉丁率领的穆斯林大军夺走,而为夺回耶路撒冷发起的史无前例的大规模远征则是一次可怜而彻底的失败。这支远征军当时欧洲最强大的三位统治者率领,获得了大量资金,兵力雄厚,最终却几乎无所作为,只夺回了地中海沿岸的一些城市,并防卫了那里为数不多还在坚持的城市。英格兰国王理查一世(和许多法兰西国王)花了数年时间与萨拉丁作战,却从未抵达耶路撒冷。神圣罗马帝国皇帝"红胡子"腓特烈一世第一个出发,但在安纳托利亚渡河时淹死了,他的军队就此瓦解。法兰西国王腓力二世·奥古斯都（1180—1223年在位）抵达东方后，开始协助夺回阿卡城，却在不久之后"病倒"，遂掉头回家，攻击理查国王在法兰西的领地。最后，耶路撒冷仍然掌握在萨拉丁手中。

于是，英诺森号召发起另一场战争，就是攻打扎拉之后又前往君士坦丁堡的那场战争。在战争的整个进程中，教宗对战争走向十分恼怒，直到十字军攻下君士坦丁堡的那一刻。他威胁军队不要攻打扎拉，遭到拒绝后，又对军队颁布绝罚令。当十字军前往君士坦丁堡而不是他们所承诺的埃及时，教宗表示十分失望，警告他们不要继续向前走——而是要与真正的基督之敌作战。尽管如此，十字军仍坚持己见，英诺森不得不吞下恶果。

直到这时，英诺森的语气才突然发生巨大变化，这也证明关于暴力的观念是可以随着事态发展而改变的。1204年11月和1205年1月，他给十字军各写了一封长信，赞叹上帝的功业是如何以神秘的方式展开的。征服君士坦丁堡推动了神圣历史向前进，将"希腊人"（拜占庭人）和拉丁人团结在一个教会之中，共同对抗上帝之敌。他说自己是通过阅读同时代《圣经》评注者对《启示录》的评注而认识到这一点的。回想起1099年发生的事件，英诺森对末世的到来充满希望。

中世纪的人如何思考天启、神圣暴力及其在历史中的位置？他们的思维模式常常被忽视——宗教信仰常常被视为掩盖了"真实"的经济或政治因素的烟幕——或者被用来证明他们是不假思索的宗教狂热者。这两种看法都不符合实际。中世纪的人确实建造了一个精神世界，以试图理解现实生活，并以此指导他们的行动，不过所有时代的人都会这样做。中世纪的人所借助的一个源头就是《圣经》。

修道院院长、《圣经》评注者菲奥雷的约阿希姆（Joachim of Fiore）著述颇丰，他对神圣历史的发展进程提出了新的看法。一般来说，我们认为基督教的时间是二维和线性的：它从某处开始，必然地走向另一处。不过，至少古代和中世纪的人的时间概念是更加立体的，这或许更好。历史的确是从某处（创世）开始，并向某事（最终审判）前进，但二者之间是一个巨大的混沌阶段。耶稣死后，神圣的时间变得有些混乱，成为充斥着陈词滥调、不断回转循环的空白，直到《启示录》中的事件发生。

约阿希姆为这片混乱带来了秩序。在他看来，时间被划分为三个相互有所重叠的"阶段"，对应"三位一体"——圣父、圣子、圣灵。约阿希姆的思想对12世纪末和13世纪及之后的欧洲的吸引力之大，怎么强调都不为过。这主要是因为他和之后的英诺森三世指出，世界目前正处于第二阶段和第三阶段（最终阶段）之间的重叠期。最终阶段，也就是圣灵的阶段，其特征将是所有基督徒的统一，这既是为了拯救他们的灵魂，也是为了将他们团结起来，共同对抗外部的敌人（魔鬼的仆从）。任何离群者都必须聚集起来，加入这一队伍。

但当现实与人的感觉不一致时，问题就产生了。至少，这会迫使人改变看法。英诺森很快就发觉希腊人并不打算马上归顺罗马。另外，东欧的保加尔人入侵拜占庭控制下的希腊，在哈德良堡之战中击败了拜占庭帝国军队，杀死鲍德温皇帝（原佛兰德伯爵），严重动摇了新政权的根基。英诺森开始将失去上帝的眷顾归咎于十字军攻占君士坦丁堡时犯下的恶行，他特别关注他们掠夺教堂以及据称屠戮修士、神父，奸淫修女的行为。但他从未放弃对末世的希望。毕竟，末世的确切日期可以无限推迟。上帝不会犯错，但人会误读上帝留下的信号。或许英诺森误判了拉丁教会对拜占庭人的感召力。但就在几年之后，法兰西南部出现了一群不听话的基督徒。这在英诺森看来是上帝的另一个信号，是推动神圣历史向前进的又一个契机。

在中世纪欧洲，异端并不新鲜。不过，当时在法兰西南部发生的事情与以往性质不同。根据现有的资料，我们倾向于将所有这些持异见者统称为"清洁派"，认为他们信仰一种形式化的二元论神学——将"属于此世"的事物与"灵性"的事物截然分开。例如，清洁派教徒主张应当禁欲、吃素等等，为此建立了形式化的制度框架。不过，这些都是由数百年来清洁派（他们自称为"好男人"或"好女人"）的敌人的著作所构建的图景，实际情况要比这复杂得多。

世上并不存在什么"清洁派信仰"，不过，却普遍存在一种对教士阶层根深蒂固的敌意（"反教权主义"）。这种敌意部分源于对神职作用的怀疑，部分源于对弃绝世俗财富的更纯粹的"使徒"生活方式的渴望。这些思想并不只存在于图卢兹伯爵的领地。事实上，批评过于世俗（好色、贪吃、贪婪）的神父和修士就是中世纪文学尤其是寓言——短小的道德故事，通常极其粗俗，近乎色情——的主要内容，目的是给人们教训（例如不要与教士发生性关系，如何给丈夫戴绿帽等）。不过，在法兰西南部，似乎确实存在一种有趣的平民信仰，使英诺森三世这类受过大学教育的精英教士感到震惊和恐惧。

当然，这并不是说整个法兰西南部的主教和神父都支持和推动了不同信仰体系的产生（虽然他们经常遭到北方同行的指责），也不是说这一地区的居民不是基督徒。相反，在第一个千年之后，人们对"异端"的关注激增,并一直持续到中世纪晚期,至少有部分原因是,不同的人的确十分在意别人对待宗教信仰的态度和行为。例如,13 世纪"圣灰狗"(一只真实存在的狗)圣吉尼福(St. Guinefort)的故事,有时被视为农民迷信的例子,但仔细观察就会发现,其中蕴含着类似正统信仰的成分。在里昂附近的某个地方,吉尼福受到当地居民的崇敬,有故事讲道,吉尼福从一条大蛇口中拯救了一个婴儿,但婴儿的父亲回家时误解了这一幕,杀死了这只狗。从本质上讲,已经发生的情况是,忠诚猎犬的口头比喻说法与人类圣徒混为一谈,强调了阶级对立因素(忘恩负义的主人)。这实际上是传统的基督教仪式、圣徒故事与一些口头传说元素的结合,而这些元素在相当长的时间内都是混合在一起的。只有当来自巴黎大学的一名托钵修士偶然路过这一地区寻找异端时,它才被挑出来作为"非正统"信仰(我们现在知道其原因了)的例证。

在大部分情况下,13 世纪的教会人士通过阅读罗马经典和教父著作来接受教育,试图透过当下来观察过去的斗争,使用古老的词汇来描述自己所处的世界。比如说,许多对所谓"清洁派"的指控,都逐字逐句沿用 3 世纪和 4 世纪的人对早期基督徒的指控。过了 1000 年之后,我们还能从中读到新"多纳图派"和"摩尼教徒"这样的词。英诺森三世所代表的知识界提供了他们看待世界的框架,这个框架局限于对英雄的基督教历史的怀旧之情。

基于这种思维方式,这部分刚愎自用的基督徒,似乎对世界各地的良善基督徒构成了生存威胁。12 世纪中叶,克吕尼修道院院长曾询问圣殿骑士团团长:"你和你的人应该同谁作战?是不认识上帝的异教徒,还是口头上向上帝忏悔,行动上却违背上帝的基督徒？"这不过是一个包含明确答案的修辞式疑问；伪基督徒才是更大的威胁。

在图卢兹周边地区，麻烦已经酝酿了一段时间。到贝济耶大屠杀发生之时，"好基督徒"（图卢兹人自称）在设防的城镇中已经生活了好几代人。起初，来自北方的传教士，以西多会修士为主，被派到此地改造神职人员，并与他们所遭遇的任何"好基督徒"辩论。但"异端"和"正统"往往很难辨别，因为现实生活与这些北方教会人士头脑中的想象总是不一致。

英诺森三世改变了一切。他所效法的榜样来自《马太福音》（13：24—30）。在其中的寓言故事中，一个农夫的田地遭到仇家破坏，这意味着他的田里既有麦子，也有杂草。结果，农夫让这两种植物都生长，直到收获时把麦子保存下来，杂草则被收集起来烧掉。

英诺森认为这是针对自己所处时代的寓言。教会播撒种子，希望基督教信仰能够茁壮成长，但魔鬼及其代理人却介入其中，散布异见（杂草）。这些持异见者很难与好基督徒区分开来，所以要让这片区域自由发展。只有在收获的时候，即末世（这里再次出现）来临之时，二者才会被分开——异端分子将被暴力摧毁，好基督徒将聚集起来，得到拯救。英诺森从未放弃对末世的希望。教会已经播撒了种子，魔鬼也已经污染了田地，现在法兰西南部地区的作物和杂草已经分不清了。

在担任教宗的头 10 年，英诺森加强了在这一地区的布道工作，甚至批准成立了一个由卡斯提尔人多米尼克·德·古斯曼领导的新流浪传教士团体，这个团体发誓守贫和苦行，后来很快成为多明我会。这些传教努力似乎取得了一定成效，杂草得到了控制,直到1208年。

当年1月,一位教宗使节被谋杀。图卢兹伯爵在协助镇压异端方面已经与教廷产生了矛盾,他或许参与了这次谋杀,或许没有,但肯定不会对教宗使节的死感到悲伤。教廷要求法兰西国王腓力二世·奥古斯都干预,却遭到拒绝。然而,英诺森找到了其他参与者,来自法兰西北部的贵族,他们乐于粉碎基督的敌人,同时也(可能)通过武力征服来扩展他们在南部的领地。精神和物质总是携手并进。这支军队向南行进,第一站就是贝济耶。到收获的时候了,该焚烧杂草了。

镇压"清洁派"或阿尔比派的战争从1208年持续到1229年。这场战争打打停停,其间,英诺森于1215年11月在罗马拉特兰宫召开了大型宗教会议。一大批人参加了会议,有主教、大主教、枢机主教、修士、修道院院长,有法兰西、匈牙利、耶路撒冷、阿拉贡、塞浦路斯国王的代表以及德意志和君士坦丁堡皇帝的代表,还有在法兰西南部参与"神圣战争"的领导人。到这月月底,会议达成了71条教规,它们被普遍采纳。

第1条教规的开头是关于"信仰"的声明——不过,拉丁语中的"fides"(信仰),其意义与其说是宗教信条(虽然也是信仰的一部分),不如说是指忠诚。此声明确认了三位一体的教义和耶稣的人性,以及牺牲的重要性。随后,声明称,"存在一个由信徒组成的普世教会,而在教会之外绝无救赎"。不过,宗教会议对所有听众保证,这个普世教会是向所有人开放的。通过洗礼,任何人都能加入教会,而忏悔则可使任何脱离教会之人回到教会。教规的其余部分强调并进一步阐明了此声明,界定了"正统派"和

"清洁派"的区别，谴责那些因疏于监督而致使异端横行的教士，证明针对异端分子的暴力是正当的。然后，这些教规兜了一大圈，在第 71 条教规即此次会议达成的最后一条教规中回归原点。

在第 1 条教规界定了教会共同体的范围之后，这个现在统一的共同体开始向外看。第 71 条教规呼吁发起神圣战争——一次前往圣地的新远征。宗教会议呼吁所有好基督徒忏悔他们的罪行，将信仰带回教会，并对上帝之敌发起进攻。上帝将把胜利赐予他纯洁的追随者，但"对那些拒绝（为神圣战争）提供帮助的人……教廷坚决反对，在末日到来之时，他们将在一个可怕的审判官面前，向我们做出交代"。英诺森三世和宗教会议是在提醒听众，麦子已经和杂草一起长成，收获的时刻已经来临。时间不等人。第一批杂草已经在君士坦丁堡被烧毁，然后是在贝济耶。下一个，也是最后一个等待收割、等待焚烧的城市，应该就是耶路撒冷。

第十四章

彩色玻璃和焚烧书籍的气味

当阳光穿过巴黎圣母院大教堂南边华丽的彩色玻璃窗时，一连串蜡烛也照亮了圣礼拜堂内部。圣礼拜堂也有漂亮的彩色玻璃墙，向天空高高拱起。但火光不仅在照亮，也在吞噬。它引导着收割麦子的人，让他们摧毁被认作杂草的一切。

13世纪的巴黎向我们讲述了关于建筑和权力、王权和地方权力相互作用的故事，也展示了思想构建一切事物的方式。新一代统治者路易九世（1226—1270年在位），利用12世纪法兰西的法律、经济、政治发展成就，创造出新的统治形式，使他超出前辈想象的一切可能，更加牢固地控制法兰西更多地区。他决定建造一座新的礼拜堂——圣礼拜堂，来装饰他的宫殿，这是中央集权的一个举措。礼拜堂内部高耸的彩色玻璃墙，详细描绘了荆棘冠这一基督教世界最神圣的遗物，如何从耶稣的头颅转移到君士坦丁堡的新罗马，最后抵达法兰西国王的圣礼拜堂，以此讲述了关于"皇权转移"的故事。

从塞纳河心的西岱岛望向河对岸，在即将完工的巴黎圣母院正对面，也许在建造中的圣礼拜堂的视线范围内，一堆大火在塞纳河右岸燃烧，火光四射，吞噬一切。1241年6月，人群聚集在沙滩广场上,这是一个很宽阔的广场,位于现在的巴黎市政厅外面。人们常常聚集于此,因为这里是中世纪巴黎公开处刑的场所。但这次聚会有点特殊,人们到这里来不是为焚烧尸体,而是为焚烧书籍——约20车被认定为威胁和异端的书:《塔木德》。

理论上,我们在上一章谈到的针对"清洁派"的神圣战争已于10年前结束,但异端仍然是——也将一直是——教宗英诺森三世的继任者高度关注的重点问题,而且不局限于法兰西南部。教会仍然需要收割者将麦子和杂草分开。教宗格里高利九世向整个欧洲派出新的修道团体,以"查出"(inquisitio,"宗教裁判所"由此而来)异端。这些新的修道团体以其创始人的名字命名,分别是多明我会和方济各会。

多明我会,也被称为传道兄弟会,我们在法兰西南部已经见过。方济各会创立于大约同一时期,以创始人阿西西的方济各(卒于1226年)之名命名。方济各是意大利中部一名丝绸商人的儿子,据说早年过着享乐的生活,但在遇到一个乞丐后,就致力于颂扬贫穷的美德,向所有听众——包括人、鸟、狼(他的一名传记作者如是说)——宣扬自己的生活方式。在1215年第四次拉特兰公会议上,他获得教宗英诺森三世许可,成立了一个过清贫生活、专注传教的修会。当然,正如我们在上一章中看到的,教宗关注的是"清洁派"的威胁和十字军运动。的确,方济各和多米尼克的追随者很快遍布整个欧洲,他们对异端分子布道,试图让他们回归正统。这两个修会对中世纪欧洲的智识和精神生活至关重要,启发了新的奉献和皈依模式(从不积极的宗教实践到更加积极的宗教实践),并成为跨大陆联系、冲突的媒介。特别是,多明我会还承担了为教宗打击异端的任务,因无情追捕那些被认为有问题的正统派而赢得了绰号"主的猎犬"(Domini canes,与多明我的拉丁语名 Dominicanus 近似)。

随着宗教裁判所在欧洲各地点燃火堆,1239 年格里高利九世要求整个基督教世界的统治者调查某一本书是否含有异端思想,担忧其偏离了《圣经》的真理,也许就不奇怪了。大多数人忽视了教宗的命令,但年轻的法兰西国王路易九世却热情回应,委托一个法庭来审理。他的母后将主持审判。

于是,在 1240 年,这位年轻的国王响应格里高利号召,严肃认真、逐字逐句调查了《塔木德》。控方由巴黎大学校长领导,还有巴黎主教、桑斯大主教和一些托钵修士。被告并非所谓的基督教异端分子,反而是住在巴黎的犹太拉比,其罪名是使用《塔木德》;使用该书的犹太人是犹太教内的异端,这部关于犹太法律和传统的评论集偏离了《希伯来圣经》的教义。

当然,这场争论的结局已经注定:决不允许巴黎的犹太人获胜。虽然犹太人理论上在基督教欧洲受到保护,但这种地位仍然被教义的对立所限制,而这种对立可能(而且经常)会迅速滑向针对肉体的暴力。我们熟悉的奥古斯丁很久以前就认为,犹太人的从属地位"证明"了基督教信仰的真理性,历史已经通过以色列圣殿的毁灭和基督教的兴起证明,上帝对世界的计划是"惩罚"未能接受耶稣的犹太人。在中世纪的基督徒看来,应当时常提醒犹太人牢记他们的从属地位,而且往往要通过暴力行动,包括骚扰、隔离,甚至攻击和谋杀来提醒。因此,在这场教宗要求的审判中,在法兰西国王的支持和教会人士的参与下,从没有人质疑过审判的结果。

大多数基督徒陪审员都同意,《塔木德》亵渎神灵,应该被禁止，所有抄本都要被烧毁。因此，在1241年6月，成百上千本《塔木德》抄本被运到沙滩广场，堆成一堆，随后点燃。火焰应该蹿得很高，火光映到河对岸巴黎圣母院的彩色玻璃上。罗滕贝格的梅厄（Meir of Rothenberg）拉比目睹了1241年的焚书事件，他在13世纪晚些时候感叹道："摩西打碎了石板，另一个人又重复了他的愚行／把律法付之一炬……／我看着他们聚拢从你那里掠夺之物／运到公共广场中心……将高天中上帝的成果烧毁。"梅厄拉比痛苦地回忆道，这火焰蹿得那么高，将光明之城照得如此亮，却"令我和你留在黑暗之中"。

巴黎并非一直是王权的中心，事实上，它只是在最近才成为王权的中心。中世纪欧洲的许多统治者都自称为王，但这个头衔并不会给他们带来任何权力。关键在于，这些国王能够在多大程度上调集士兵，获得稳定的收入来源，或在自己的法庭之外行使司法权。因此，国王巡行四方，以听取臣民的请愿，使他们的存在能够被臣民看到，从而宣称他们拥有权威。例如，加洛林王朝分裂后，西法兰克国王（"秃头"查理和他的继任者）不断搬家，王权就集中在诸如贡比涅的宫殿、桑利斯的主教区、圣德尼修道院等地方。此后的卡佩王朝终于（在犯了早期的错误之后）在"虔诚者"罗贝尔二世（996—1031年在位）的领导下掌握了权力，他们将注意力集中于卢瓦尔河周围，更靠近奥尔良市和弗勒里修道院的地区。在罗贝尔的孙子腓力一世（1060—1108年在位）统治时期，到1100年后，国王的注意力才持久聚焦于法兰西岛和巴黎周围。

腓力修复了王室与巴黎北部圣德尼修道院的关系，部分原因是要应对诺曼底公爵和佛兰德伯爵等大领主对王权的威胁，但他确实看重圣德尼修道院对王国未来的重要性——他把儿子（未来的路易六世）交给修道院的修士照看和教导。在这期间，路易与一个年龄相仿的修士结下了亲密的友谊，这段友谊伴随了他的余生。这个名叫叙热（Suger）的修士，在1122年前后成为圣德尼修道院院长，被阿基坦的埃莉诺视为眼中钉。叙热在王室宫廷和教廷上倾注了大量精力，还将担任路易六世的儿子和继承人的摄政，他不仅改变了圣德尼修道院的景观，也改变了巴黎的城市面貌。他认为，通过重塑空间，通过宏伟的建筑和明亮的光线，可以提升国王的地位——不仅仅是某个具体的国王，还有基督教王位概念以及王权和教会的关系。当然，与此同时，他所在修道院的地位将与王权一同提升。

叙热在后来的著作中写道，他成为圣德尼修道院院长时，修道院的物质条件非常糟糕。于是，他立即着手重建工作。在某种程度上，这是一种套话——在伪远见的领袖领导下实行必要"改革"的一种主张（即便其中包含了部分事实，一位亟须证明自身合法性的领袖，也需要一个据说只有他才能解决的问题）。不论如何，重建——从根本上重新设计——的圣德尼修道院教堂在12世纪40年代初完工，高高耸入云霄。长期以来，这座建筑被人们视为哥特式风格的发源地，这种风格摆脱了作为支撑结构的厚重墙体，因为厚重墙体往往有很少空间开窗，因此光线不容易透入。

叙热的教堂焕发着光彩。这是有意为之的。叙热的计划，是要建造一个神圣的空间，将观众从人间带往天堂，以此支持君主是上帝在人间的代理人这一主张。中世纪的君主通过各种手段提升自己的地位：武力、税收改革、司法控制。但为了让王权永续，他们需要一种叙事。这就是像叙热这样的教会人士以及他们花钱所制的艺术品的作用所在。例如，叙热委托工匠在他的教堂窗户上描绘出法兰克列位国王的形象，以及1099年收复耶路撒冷的故事。他把钱投入教堂，仔细记录他需要的黄金和宝石的重量。后来，像明谷的贝尔纳、阿西西的方济各这样的教会财富批评者或许会认为叙热炫富是不道德的，但叙热并不是伪君子，一边宣扬贫穷的美德，一边过着奢华的生活。不如说，这位严肃的教士看到了光明，看到金光穿过彩色玻璃并在宝石上反射的光芒，他认为这是尘世中最接近于再现天堂的方式，或是将人从尘世中提升到天堂的方式。

对"黑暗时代"理念的支持者来说，即便是高耸的拱顶、闪亮的金属、发光的彩色玻璃，也是衰落的标志。"哥特式"这一术语是16世纪意大利人乔尔乔·瓦萨里创造的，是对中世纪艺术的负面描述，瓦萨里斥中世纪艺术为野蛮人的艺术，就像洗劫罗马的野蛮人一样。后来，这些宏伟华丽的教堂成为剥削的象征，用来证明富人如何利用宗教来压迫劳动者。因此，抛开现代偏见，着眼于这些教堂本身来体验中世纪的艺术和宏伟，更加重要。叙热就在他的著作和他委托制作的艺术品中给出了最好的例证。

例如，在教堂的青铜门上，叙热让工匠刻下一段话："不要惊叹于黄金和花费，而要惊叹于作品的工艺。光明是高尚的作品，但为了散发高尚的光明，这作品应当照亮人们的心灵，使他们通过这些真实的光线抵达'真正的光明'（True Light）处，在那里基督就是'真正的门'（true door）。"在光明时代，观众带着神圣设计的认知模式——这种模式将促使大教堂的建造者创造出能够最大限度利用光线的空间——可以如寓言般被送往另一个地方，到达天堂。

但权力和美一样,很难稳固如常。圣德尼修道院的重建引发了巴黎及其周边地区的建筑"军备竞赛",贯穿了12世纪末和13世纪初。随着巴黎成为王权的中心,它的各个组成部分都在争夺王室的宠爱,争取成为联系君权与神权的核心。巴黎的主教打响了第一炮,他们决定,在圣德尼修道院重建工程大体完工后,就重修自己的教堂——圣母院大教堂,这几乎可以肯定是对圣德尼的回应。

巴黎圣母院在近一个世纪后的1250年前后完工,当时的建筑与2019年4月惨遭意外焚毁的那座标志性建筑并不完全相同。这座建筑更加完整地展示了圣母马利亚(Notre-Dame的意思是"我们的女士")在神圣救赎历史中的角色,展现了巴黎主教如何维护圣母的遗产,并将她同巴黎,进而同国王,继而同整个法兰西王国联系起来。

我们从现代视角观看中世纪教堂光秃秃的石头和宏伟空旷的空间,有时会忘记,它们存在的目的——就像英国田野上的十字碑一样——就是形成完整的感官体验。用丽贝卡·巴尔策(Rebecca Baltzer)的话说,在游客眼里,石头立面的雕塑起到了"巨型广告牌的作用,上面的图画描绘了观众应当了解的关于救赎的一切知识"。圣母院的雕塑讲述了一段历史,从以色列国王和犹大后裔,到道成肉身,再到巴黎的第一位主教德尼,一直到最后的审判。进入教堂后,游客们闻到焚香的气味,耳边是近乎永恒的弥撒歌声。这种礼拜仪式中的吟唱,是要通过主教且由主教及于国王,来构建圣母与13世纪的巴黎的联系。再往里走,或许会走到存放圣徒遗物的地下室,可以体会到圣洁的力量。事实上，教堂经常要派人在圣物周围看守，担心虔诚的访客会咬掉圣物匣上的珠宝，或布片，甚至是其中的骨头。站在空荡荡的中殿里，特别是在晴朗的日子，游客们能够感觉到有颜色落在自己的皮肤上。

在新的哥特式风格中，一切都在向上攀升，教堂中殿的天花板往往超过十层楼高。尖尖的拱顶和被称为"飞扶壁"的外部支撑，减轻了天花板的重量，并将其向外分散，使墙壁从堡垒式的敦实变为空灵和轻盈。在由木头构成的世界里，石头使人铭记；但对一个还没有电的世界来说，更重要的是光。这不是一个只靠火来照明的世界，而（更重要的）是一个被太阳照亮的世界。让阳光进入室内，让室内熠熠生辉，是为了捕捉一些神圣的东西。因此，厚重的石墙被半透明和有光泽的彩色玻璃取代了。

基督教堂是东西向的，入口在西边，祭坛在东边。在大多数大教堂里，彩色玻璃安装在中殿的南北两侧，北墙展示《旧约》场景，南墙是《新约》场景。这是一种神学的声明：在巴黎，就像北半球的其他地方一样，任何建筑朝南的一面受到更多光照，因此，当《旧约》处在阴影中时，《新约》会被太阳照亮。

1200年前后，巴黎的圣母院大教堂吸引了人们的视线焦点，不仅仅是因为主教和建筑本身。从1100年前后开始，精英教育就开始从各地的修道院转移到大教堂及其所在的城市。更大的城市规模、稳定的经济、更有组织的宗教和政治结构，使这些城市成为更具吸引力的教育场所。当时，从这些新的大教堂学校毕业的学生，受到教会人士和贵族的热捧。在这个识字率不断提高、遵循更复杂的宗教和世俗法律的世界，教会人士和贵族都在寻求他们的协助。附属于圣母院的学校在12世纪不断发展，开始放出最闪耀的光芒，吸引欧洲各地的年轻学子（包括女性！）来到巴黎。

在 1200 年发生了一场酒吧斗殴。一个住在塞纳河左岸、在圣母院大教堂学校学习的德意志学生，和他的朋友出去买酒。据说，酒馆老板想骗他，惹恼了他和他的一群朋友（糟糕的是，他们当时很可能已经喝醉了），导致他们袭击了酒馆老板，砸毁了酒馆。于是，老板找到世俗当局，后者召集了一队人马，在随后的混战中，他们杀死了一些学生作为报复。学校的教师为了声援学生，开始罢课，还威胁说除非国王出面主持公道，否则就要把学校搬到其他地方。国王出面了。世俗当局及其武装队被关进监狱，国王腓力二世·奥古斯都颁布了一项保护学校、教师、学生的法令，承认圣母院学校的教师和学生是一个集体，享有合法的权利。我们可以称他们为"团体"，他们则称自己为"大学"（universitas）。

虽然"大学"这个词直到 13 世纪晚期才正式用于这所学校（未来的巴黎大学），但该学校始终享有国王的支持。由于它是从大教堂发展出来的，主教及其仆从也渴望继续行使对这个集体的控制权，掌控经他们改造的大学，就如掌控经他们改造的高耸入云的大教堂那样。

在这之后又发生了酒吧斗殴。

1229 年，另一伙学生因酒的价格与另一个酒馆老板发生了分歧。学生马上被打了一顿，但他们第二天又回来报仇，砸了那家酒馆。历史不会重演，但有时也会产生回响。太后卡斯提尔的布兰奇充当儿子路易九世的摄政，她下令逮捕学生，让王家军士扫荡了学生宿舍区，打伤了许多人，还杀死了几个人。教师们又一次团结在学生这边，要求伸张正义。但这次太后、在巴黎的教宗使节、巴黎主教都拒绝了。根据当时的编年史家马修·帕里斯的说法,这一切都是因为"教宗使节的小弟弟"(据传他与太后有染),但这三人都有反对大学的理由:太后是因为最初逮捕学生的命令是由她下达的,而教宗使节和主教则是因为他们希望遏制学校日益增长的权力。这个集体——"大学"——被解散。教师和学生在1229年春天离开巴黎,发誓至少在六年内不再回来。一些人去了法国的其他大教堂学校,另一些人加入了牛津大学,还有一些人"回家",去了意大利或西班牙。

国王、太后、教宗惊骇于大学关闭,因为在当时,学校也是本地社群繁荣和声望的来源。这次危机直到1231年才得到解决,教宗颁布了一道谕令,切实承认了大学的自治权,限制了国王和主教对教师和学生的权力。这道谕令开头说道:"巴黎是科学之母……文学之城,明净闪耀,本身就是伟大的城市,又在教师和学生中点亮了更大的希望。"恶魔始终在扰乱大学,使欧洲陷入黑暗。而教宗希望通过允许自由权、正式承认大学,来恢复巴黎的光芒。

但这所新大学,并不是将那座13世纪30年代修建的大教堂抛在后面的唯一事物。甚至在建筑学意义上,巴黎圣母院还未完工就已经被超越了。建筑和圣像方面的军备竞赛仍在继续,只是这次转移到了塞纳河同一岛屿的另一边,转移到了国王路易九世委托建造的新礼拜堂,也就是后来的圣礼拜堂。

到路易九世掌权的时候,巴黎已经是无可争议的王权中心。路易从前任国王的集权举措——他们推行了大量的官僚、法律、财政制度改革措施,以加强君主对臣民的控制——中获益匪浅。一些历史学家称之为行政王权的崛起,但这个过程并不是一帆风顺的。英格兰爆发了几次激烈的内战,其中一次的结果是签署了

《大宪章》,从理论上限制了王权。在许多方面,反对"清洁派"的战争——主要为教宗而战,不过军队人员来自法兰西国王的领地——可能在最后阶段转化为内战,最终是要确保王室对法兰西南部的控制。到这个时候,国王的权力集中于巴黎,更确切地说,是位于巴黎市中心、塞纳河中央的岛屿。

13世纪初,法兰西国王已经将位于岛屿西端的西岱宫作为主要居所,从这里可以看到河对岸日渐增高的巴黎圣母院。但到了1238年,这座宫殿突然变得不够住了——并非住不下国王本人,而是住不下传说中的"万王之王"。在那一年,路易挫败了一次政变,在一次为陷入困境的拉丁帝国减免债务的复杂交易中,从君士坦丁堡购买了一批耶稣受难的圣物,其中最重要的就是荆棘冠。

拜占庭皇帝和中世纪所有基督教精英一样,经常贩运圣遗物,不过通常是在原物上刮下一小块,作为礼物送出去。就真十字架的木碎片、圣血滴或微小的骨片来说,这是相当容易做到的。而荆棘冠、真十字架的木块和其他有关耶稣受难的圣物的转移(translatio),就要基于这些传统做法并且超过这些传统做法一个量级。当圣物移动时,它们将重构人们想象中的世界地理格局,或至少为这种重构提出可能的论证。路易及其支持者可以声称,基督教世界的中心、基督本人和耶路撒冷,是同这些圣物一起转移的。正如《圣丹尼尔生平》宣称君士坦丁堡在5世纪已经成为新的耶路撒冷,现在路易可以宣称耶路撒冷已经迁移到更远的地方,从君士坦丁堡迁移到了巴黎。艺术尝试和政治仪式巩固了这种说法。迎接荆棘冠进入巴黎的是一支庄严的队伍,由国王带领,他赤脚走在路上,只穿一件外衣,或许亲自背着圣物匣。荆棘冠在圣母院停了下来,但只停留了片刻。它有另一个最终目的地:

国王宫殿中的私人礼拜堂，当时是供奉圣尼古拉的。

购买圣物后不久，路易就着手重建他的宫殿礼拜堂（圣礼拜堂），为荆棘冠的到来做准备。虽然礼拜堂在圣物抵达时还没有完工，不过在1248年就举行了祝圣仪式。国王在游行中的行为也是有意的，标志着他所设想的城市大教堂（及其主教）与国王的圣礼拜堂之间的关系，这种关系体现在石头和玻璃中。圣母马利亚固然很重要，但仍比不过上帝之子本身。

圣礼拜堂建成之前，就已经获得了教宗的特别豁免，可以不受主教管辖，这意味着岛屿对面的巴黎主教对它没有控制权，它只属于国王和教宗。虽然这是王宫内的私人礼拜堂，但在特殊的节日里，一般平民似乎也可以进入。身处其中，人们可以看到几乎完全由彩色玻璃砌成的墙壁。灿烂的蓝色和红色使圣物匣的金色熠熠生辉，且自身照亮了装点在墙上的五彩斑斓的画。

圣礼拜堂讲述的是关于王权的故事。墙壁两侧是使徒的雕像，彩色玻璃描绘的是救赎史故事。不过，这个故事的核心是耶路撒冷及其"转移"。从西北角开始，北墙的镶板块讲述了《旧约》从《创世记》到《士师记》中关于争夺圣地的故事。东端，围绕着祭坛和圣物荆棘冠，我们来到了寓言和历史故事的高潮。在这里，耶稣的家系——讲述了耶稣祖先的故事——与先知以赛亚、福音书作者约翰、耶稣的童年——配对。耶稣受难的故事呈现在祭坛的正上方。最后，更加明亮的南墙（无论从象征意义上还是实际上），更直接地指向王权，上面有《旧约》中的统治者，还用一整扇凸窗描绘了路易九世在法兰西接收圣物的情景。每扇窗都装饰着法兰西王国的百合花纹章。

这很明显。我们以前看到过救赎史，但圣礼拜堂描绘的这个救赎史的终点是路易九世成为"最具基督徒品格的国王"(christianissimus rex)。艺术史学家爱丽丝·乔丹(Alyce Jordan)甚至指出,彩色玻璃窗上描绘的《圣经》场景有时会把神父从故事中抹去。例如,在南墙的加冕场景中,国王不是由神父而是由王权的典范(以色列国王)加冕,并且他们接受的不是贵族的欢呼,而是全体人民的赞誉。这种艺术将世俗统治者定位为神圣的代理人,不需要神父、主教、教宗作为传话者。由圣德尼修道院院长开启、由巴黎主教延续的神圣建筑军备竞赛,在这里被一位国王终结了,他把它们都干掉了。

到了 1250 年,随着一座高耸入云的新大教堂和巴黎市中心一座光辉的独立礼拜堂问世,法兰西摆脱了巴黎以北的圣德尼及其修士的保护,也不再受圣母和她的主教的保护。法兰西有了新国王,一位站在烛光中、沐浴着蓝色和红色的国王。他注视着他的前辈,《旧约》和《新约》中的以色列国王。

1240 年,针对《塔木德》的判决下达了。但本该于一年后进行的焚书行动差点就取消了。历史总是存在偶然,有本不该做出的决定,有些事本会有不同走向。桑斯大主教是这次"审判"中最有权势的陪审员,他出面调停,说服国王将书籍归还给犹太社群。教宗也表示,将继续审查《塔木德》中的"冒犯性"材料,但不会禁止也不会烧毁《塔木德》。

然而,尽管有教宗的命令和大主教的反对,一车又一车的《塔木德》还是在路易的命令下于 1241 年运抵沙滩广场。路易将他所学、所教的知识都记在心里,就像他接受修道院、教堂、宫殿、礼拜堂讲述的故事一样。"最具基督徒品格的国王"对上帝负有特殊的责任,要照看他的子民,而履行这种责任需要热忱。国王要热心照顾穷人,确保正义得到伸张。这些是国王的常见论调,在各个世纪都能听到。但这位从拜占庭获得荆棘冠的最虔诚的基督教国王,也被要求热忱打击那些(在中世纪的人看来)迫害过上帝的人。犹太人必须受到惩罚,穆斯林必须被击败或改变信仰。世界必须被净化,必须通过上帝在尘世的代言人——路易本人——被带到上帝面前。

在接下来的几十年里,在华丽的彩色玻璃映衬下,王室加大力度,推动犹太人改宗,以提醒他们被征服的事实。在接下来的几十年里,路易将对北非的穆斯林发动神圣战争,若一次不成功,就再来一次。在接下来的几十年里,当路易站在圣礼拜堂外时,他脑海中浮现的或许是在沙滩广场上放的火,以及他在围攻埃及的达米埃塔时放的火。但他或许也曾想象他从未亲眼见到的火,比如同时期那些随蒙古人征服而点燃的战火,它们出现在远方,但又足够近,令人关注。至少几乎可以肯定的是,路易应该会对在蒙古大汗的首都哈拉和林点燃的火思索良久,特别是在1259年,当他派往蒙古帝国的使者带着双方可能结盟的消息回到巴黎之后。蒙古人会不会像路易(正如他自己想象的)那样,只要首先清除王国中那些他所认为的异端、不信教者、阻碍王权的人,就能成为神圣意志的代理人,最终夺回圣地耶路撒冷?

第十五章

东部草原上的皑皑白雪

蒙哥汗宫廷的朝臣都疑惑,从西方来的客人为什么不穿鞋?他们都是基督徒,常常夸大自己的重要性,这并不奇怪,在整个帝国都很常见。但草原上确实冷得要命,难道这些人不想避免冻伤脚趾吗?大汗的一名匈牙利仆人认出这些人是方济各会的修士,朝臣的好奇心终于得到了答案。原来,这些修士都是路易九世国王的宫廷派来的,他们的任务就是让蒙古人皈依基督教。

这名信仰基督教的匈牙利仆人向大汗和朝臣们解释了托钵修士的守贫誓言,而且因为极端的宗教禁欲主义在亚洲广泛的宗教实践中也很常见,所以大家都放松了下来。大汗的大文书官也是基督徒(他信仰的是景教,这是中亚和东亚的主流基督教派),他马上负起责来,为这些西方来客安排了住宿。随后,大汗请他们喝米酒,向他们追问法兰西的农业生产情况,并告诉他们可以继续留在他的宫廷里,或者前往附近的首都哈拉和林,以便安全度过寒冷的冬季。他们照办了,还穿上了鞋子,不过他们没有完成原定任务。然而,这些托钵修士在1253—1255年穿越了亚洲的大部分地区,带着完整的脚趾回到了家乡,讲述他们的故事。

从西欧历史的传统视角看,方济各会修士的蒙古帝国之旅似乎标志着一个转变,在这一转变中,落后的西方终于追上了成熟的亚洲。这种观点可能包含某种真理的内核。蒙古人是中国边缘的游牧民族,他们走出草原,进入更广阔、更加城市化、农业发达的世界。当欧洲人来到哈拉和林时,蒙古人已经建立了规模空前的大帝国。在蒙古征服造成的诸多影响之中,最重要的就是统一了亚洲的广大地区,这当然是以鲜血和死亡为代价的统一,但蒙古帝国部署了大量士兵以维持道路安全,使跨越亚欧大陆大部分地区的旅行更容易,也更安全。来自欧洲的拉丁基督徒,与蒙古帝国核心和边缘地区的许多人一样,都享受了这种旅行的便利。但正如我们之前看到的,在整个光明时代,人们总是自愿或不自愿地跨越边界,传递物质财富和思想,甚至有时是病原体。在这个意义上,蒙古人征服亚洲大部分地区,只不过是促进并强化了这一地区长期存在的习惯和联系。

此外,人们跨区域接触的加强也体现在许多方面。欧洲人向东流动,东亚人向西、向北、向南流动,中亚人则流向四面八方。人们有时是自由旅行,有时则是迫于战乱和奴役而迁徙,经常为个人的发展或仅仅为了生存而学会多门语言。因此,一名匈牙利人为蒙哥汗效劳,并为他翻译外国话,这并不奇怪。在同一个世纪(13世纪)晚些时候,威尼斯商人马可·波罗似乎前往了蒙古人统治的中国,成为忽必烈汗麾下一名有用的外国人。虽然我们永远无法确认他的旅行记录是否属实,但我们确实知道,许多人为了寻求财富、名声、知识、神圣,为了外交使命,或仅仅是为了逃命,而背井离乡。蒙古人崛起,通过征服和贸易加强了东亚与西欧之间的联系,重塑了个人在前现代世界中移动的可能性。

修士从中国走到君士坦丁堡，再走到罗马和巴格达；商人从威尼斯乘船到中国；外交使臣来回旅行逗留。一旦我们认识到欧洲一直以来都与外界相连，我们就能够从不同的视角看待蒙古人带来的变化。

那些将方济各会修士卢布鲁克的威廉带到蒙哥汗身边和哈拉和林城的欧洲历史事件，将前几章中散落的12世纪和13世纪历史线索编织在一起。我们有了一位怀有最宏大抱负的法兰西国王，一群准备远行的基督教传教士，一个既强大又分裂的伊斯兰世界，还有重新塑造世界版图的蒙古人。

1162年，铁木真出生，他在占据草原地区的众多游牧部族之中长大，未来将成为"成吉思汗"。他崛起并统治一个庞大的跨区域帝国，或许是世界历史上最不可能发生的事之一。他的父亲是部落首领，在他才9岁时被谋杀了。他没能继承父亲的地位，他和家人不得不在蒙古社会的外围过着边缘化的生活，在无情的大草原上面对重重危险。17岁时，铁木真被俘虏并遭奴役，但他逃了出来，逐渐树立起军事领袖的威望。

蒙古人的社会中历来存在复杂的冲突和联盟关系，不过多个世纪以来，他们也处在中国各个朝代的影响之下。事实上，在亚洲的大部分地区，农业国和城市化国家跨越边界相互交流，这种互动不仅体现在国家之间，也体现在以大规模畜牧业为生的移动的游牧群体上。这些接触可能富有成效，促进了贸易和文化交流，但当游牧民族出于各种原因越过边界，开始袭击更多有人定居的土地时，往往会导致激烈的冲突。因此，中国历朝历代都试图让边境上的游牧民族陷入内部冲突，并选择个别群体作为其在草原上的特权代理人。

但是,铁木真通过一系列漫长而复杂的政治和军事行动,将中国金朝以北的民族联合起来,变成我们现在所知的蒙古部落联盟。到1206年,他取得尊号"成吉思汗",意思是"强大的统治者",以标志其新的统治地位。在他的领导下,蒙古人逐渐征服了中国西北部的大片土地(他的后代将征服中国其他地区)。以此为行动基地,他将注意力转移到贸易网络上,这个网络由许多条相互连接的商路组成,向西延伸,我们有时称之为"丝绸之路"。他派遣商人使团来到中亚的大苏丹国花剌子模的边境,准备贸易。但他的官员被当地总督指控为间谍——公平地讲,他们确实有可能是间谍。总督下令将他们全部杀死。成吉思汗的第二批使者也遭到了同样的羞辱,然后被杀。战争随即爆发。

在接下来的几十年里,几乎没有人在对阵战中击败过蒙古人,部分原因是这些草原战士高度机动,在条件于己不利的情况下会尽量避免战斗。此外,尽管蒙古人有残暴无情地惩罚敌人(已被充分证实)的恶名,但从早期开始,成吉思汗就很注重为被征服的民族——特别是那些未抵抗就投降的民族——打开加入其军队和帝国的通道。他创造了新的泛蒙古人的身份认同,以消减各族群之间长期存在的敌意,将被击败的蒙古人族群吸纳进他的帝国。非蒙古人可以通过受雇于大汗,获得职位、权力、巨大的财富。在某种意义上,这与我们看到的法兰克人和拜占庭人的做法没有什么不同。

在征服的过程中,成吉思汗也关注后勤和经济。蒙古军队向花剌子模进军的同时,搭建了一个由道路和小型基地构成的网络。这些基地既是贸易站,也是驿所——喂养用于更换的马匹,可以将消息从一个地区迅速传到另一个地区,甚至跨越相当遥远的距离。在和平时期,这些基地成为将帝国连在一起的网络节点。蒙古人在印有三种语言铭文的金属证照上盖章,以证明证照持有者从事帝国公务。有了证照和新马匹,一个幸运的骑手就可以在几个星期内横穿亚洲的大部分地区。

在12世纪,亚洲中部和西部有各种国家,主要由出自不同传统的突厥、波斯、阿拉伯、库尔德的穆斯林及其他族群统治。其中有一些权力中心,如波斯花剌子模苏丹国的撒马尔罕,以及巴格达(稍小一些)和埃及。这些城市一个接一个沦陷。成吉思汗在征服花剌子模的过程中,率领一支部队穿越沙漠,从而避免了更大规模的军队阻塞进入撒马尔罕的更便利的路线,这次征服让他控制了中亚的大城市和贸易路线。西亚和中东伊斯兰国家的财富正在向他招手。

需要再次强调,蒙古人征服的故事中,并不包含文化或宗教信仰层面的对立,因为西欧所有基督教统治者和神父都希望蒙古人能够改变信仰(并帮助他们实现我们此前多次看到过的神圣历史愿景)。出于实际情况和文化传统,蒙古人在宗教问题上是很务实的,这使人们在帝国领地上的旅途更加顺畅,托钵修士也在大汗帐中受到欢迎。对蒙古人来说,基督徒并不少见,那些看似"奇怪"的新禁欲主义教派成员也并不稀奇。

丝绸之路往往是那些自愿或被迫背井离乡的异教徒的避难所,这种异质性一直在延续。此外,随着蒙古人霸权扩张,新帝国的统治者面临着重大问题,那就是没有足够的蒙古人来管理庞大的帝国。为解决这个问题,草原上的精英纷纷与本地统治家族联姻,嫁娶双方共同利用手中的权力和经济网络,以迅速稳定新近占领的土地。成吉思汗将女儿们嫁给他的新盟友，缔结外交婚姻，不只是把她们当作权力游戏中的棋子，也是让她们凭自身能力来治理各地。但是，无论蒙古人生了多少孩子，缔结了多少婚姻，他们的广袤帝国仍然需要非蒙古人管理者、官僚、士兵乃至将军。这些外国人大多是穆斯林，还有一些是信仰景教的基督徒。成吉思汗和蒙古人崇拜永恒的天空之神——腾格里，但也知道有其他神灵存在，并且认为没有理由根据宗教信仰来迫害或贬低其他民族。

景教，又称聂斯托利派，是"异端信仰"之一，因关于圣母马利亚和耶稣的性质的争议，在5世纪被逐出拜占庭帝国。景教徒认为，马利亚不是上帝的"母亲"，而是将他带到尘世的人。他们还认为，耶稣的人性与神性是分离的，他或许更多是受到了神的启示，而非真神。这个派别遭到拜占庭多个宗教会议的严厉谴责，被迫向东迁徙，离开了帝国。

景教不断东移，最终成为中亚和东亚基督教的主流教派。在中国唐朝首都长安（西安），一块石碑纪念了景教在7世纪流传到中国的事迹，不过几个世纪后，景教就被驱逐出了中国。尽管如此，500年来，整个亚洲或多或少能找到一些景教徒，此时蒙古人也遇到并征服了东正教基督徒和亚美尼亚基督徒。托钵修士对遇到其他基督徒（虽然从他们角度看是异端）感到惊讶，但这确实意味着，来自同一个大陆的基督徒经常能在他们遇到的其他人身上找到共同点，即便他们的教义有所不同。托钵修士的旅行标志着人口流动的加速，但人口流动本身也不是新鲜事。

蒙古人对西欧的王国也并不那么陌生。几千年来，民族和思想的流动，早已为托钵修士来到蒙古大汗宫廷做好了铺垫。当然，中亚地缘政治变革的具体细节确实需要很长时间才能流传到西方,一路上经过人们口耳相传,这些细节逐渐变得混乱不堪。战争的迷雾掩盖了细节,即使在和平时期,当新闻传到远方人的耳朵里时,往往也只包含一些真相的碎片。

过了好一阵子,西欧人才听说,有一支新的军队征服了伊斯兰大城市,击败了穆斯林大军。他们似乎还听说,是基督徒在领导这支蒙古军队。希望在西欧人心中萌芽,他们渴望找到一个新盟友,来对抗萨拉丁建立的以埃及为基地的阿尤布王朝。拉丁基督教作者做出反应——以与圣吉尼福故事的传播方式并无二致的方式——创造了一个名为祭司王约翰的统治者的形象。他既是祭司也是国王,住在遥远的东方,或许是印度,抑或是埃塞俄比亚,拥有一支强大的基督教军队,将征服占据耶路撒冷的穆斯林。祭司王约翰的神话在文学、艺术、战争编年史中扩散,贯穿了中世纪文化。许多人从西方来到东方,又从东方去往西方,试图揭示祭司王约翰的神圣真理,或建立基于现实政治的军事合作关系。当然,向东的运动总是受到欧洲民族中心主义的困扰。正如学者谢拉·洛穆托(Sierra Lomuto)所说,来自欧洲的旅行者从来都不是中立的观察者,他们到达东方时,已经质疑了他们所遭遇的其他民族的基本人性,坚持认为自己的种族才是最优越的。他们期望在东方找到自己的镜像,看不起那些有别于他们的民族。

事实证明,当之后托钵修士们西行返回时,欧洲已经从蒙古人的入侵中缓了过来。这与欧洲人关系不大,主要是因为蒙古内部政治的变动(以及亚洲的广袤)。成吉思汗于 1227 年去世,他的儿子窝阔台被指定为继承人。蒙古人再次挥师向西,这一次却不再是一个团结的民族。新统治者定都哈拉和林,这是位于蒙古人主要迁徙路线上的城市。在接下来的几代人中，成吉思汗的儿子、女儿、孙子和其他各种亲戚、姻亲瓜分了他征服的土地，帝国开始分裂成数个独立的封国（"汗国"）。对哈拉和林的统治者而言，这并非完全是坏事。蒙古人的领土实在太大了，即便统治者极力拓展驿所网络，加强交通，也难以统治，各个地区需要自治。

欧洲人可能并不完全了解蒙古人内部政治的变化，但他们确实知道自己遇到了麻烦。铁木真的孙子拔都汗于1237年率领一支大军进入基辅罗斯的土地，最终推翻了这些从未联合在一起抵御外敌的斯拉夫公国。然后，蒙古人将注意力转向更遥远的西方。1241年，两支蒙古军队分别入侵波兰和匈牙利，取得重大胜利，一直推进到萨格勒布，并考虑攻击维也纳。但是，蒙古人最终没有进攻。窝阔台死了，据说是因为喝了太多葡萄酒，他的死讯很快通过驿路传给了在欧洲的蒙古大军。成吉思汗的后裔掉转头，返回哈拉和林，参与选任下一位大汗。

全欧洲的基督徒得救了，他们感谢上帝；然后派出宗教、商业、外交使团，利用蒙古人修建的道路和贸易站等基础设施，前往东方。方济各会及其精英赞助人都热衷于传教；毕竟，他们是四处游历，忍受肉体的艰难困苦，并以圣方济各为榜样的修道团体，圣方济各本人就曾去埃及向苏丹传教。

1245年，教宗英诺森四世派托钵修士柏朗嘉宾（普兰·迦尔宾的约翰）出使蒙古帝国——既是为了外交，也是为了传教。修士们带上了向蒙古大汗传授基督教基本教义的教宗谕令，他们告诉大汗，他若不改变信仰，不忏悔自己对基督徒（他们受蒙古人蹂躏）犯下的罪行，上帝就一定会让他和蒙古帝国垮台。这番话的后果可想而知。大汗贵由（窝阔台之子）指出，"从太阳升起到落下，日光所及之地都要服从我的命令。若不是上帝的旨意，谁又能做到这一点呢？"贵由反而要求教宗臣服自己，到蒙古来为自己服务。他警告说："若你无视我的命令，我将认你为敌。我会让你明白，若不服从我，上帝知道我会怎么做。"双方虽然在谁更重要这一问题上有分歧，但显然都在使用同一种外交辞令。

不过，从基督徒的角度来看，这趟出使也并非一无所获。柏朗嘉宾修士目睹了贵由汗的正式登基，掌握了蒙古帝国的很多情况。他和同伴们沿途遇到许多基督徒，了解了关于全球基督教的一些情况（例如，在亚洲各地有许多景教徒过着舒适的生活）。他还学到了能够跨越语言鸿沟的交流方式。实际上，他们遇到的语言数量是惊人的，有拉丁语、意大利语、希腊语、阿拉伯语、波斯语、各种各样的突厥方言、蒙古语（当时蒙古语已经从单纯的口头语言发展为书面语言，使用畏兀字母）。在光明时代，人们大多会说不止一种语言，但蒙古人的铁骑横跨亚洲并进入欧洲，加强了已经存在联系的大洲之间的文化、语言、经济纽带，使得寻找潜在的翻译者变得更加容易，也更有必要。

教宗派人出使蒙古几年后，法兰西国王路易九世也派出了自己的使团。当时，他刚刚在埃及遭遇了一次军事惨败，这场灾难再次向我们展示了中亚和地中海世界之间的持续联系。路易焚烧《塔木德》并将耶稣的遗物安置在自己的私人礼拜堂后，就发动战争，宣布将收复耶路撒冷。和以前一样，这些表面上针对穆斯林的虔诚之战，往往导致欧洲犹太人遭受暴力和政府迫害。路易为征讨埃及做准备，他下令禁止放贷收息，将其定义为高利贷，并下令没收犹太人的财产以充实王室金库（我们不清楚这一命令的执行程度怎么样）。理论上，这些措施应当是为了让犹太人皈依基督教，属于使犹太人、穆斯林和草原上的多神教徒大规模皈依基督教的众多幻想之一。实际上，这些措施为14世纪初将犹太人从法国驱逐出去奠定了基础。

1248年圣礼拜堂完工后，建教堂的阶段结束，进入了军事远征阶段。1249年夏天，路易首战埃及就足够幸运，攻占了位于地中海边上的一个主要港口达米埃塔。但这场胜利很快演变为基督徒及其盟友的一场灾难。埃及天气炎热，军中疫病流行。路易率军沿着尼罗河向开罗行进，发现尼罗河每年泛滥的洪水阻碍了军队行动。原本只需花费几周的行程延长到好几个月，而且沿途一直有埃及突袭队的骚扰。与此同时，阿尤布王朝统治者马利克苏丹已经去世，但他的妻子沙贾尔·杜尔（Shajar al-Durr）一直秘不发丧。

这里是亚洲大草原和埃及的交会点。沙贾尔·杜尔是突厥人，幼年成为奴隶，被卖到埃及，最终成为哈里发的妾室。她利用马利克死后未发丧的这段时间，召集那些同她一样被卖到埃及当奴隶的忠诚的突厥士兵。这种召集奴隶（或者曾被奴役，皈依伊斯兰教，之后获得自由者）当兵的做法，在当时一些穆斯林社会中很常见，也颇具风险，可能会让他们形成有凝聚力、独立、往往渴望获得权力的团体。突厥奴隶兵曾在几个世纪前夺取了阿拔斯王朝哈里发的权力，这些马穆鲁克人现在要接管埃及了。沙贾尔·杜尔以苏丹的名义召见自己的儿子图兰沙，伪造了一份文件，宣布图兰沙为苏丹继承人。其他马穆鲁克人支持她的行动。他们已经团结在她麾下，准备好迎战路易九世。

与此同时，路易的军队慢慢推进，来到曼苏拉镇。马穆鲁克统帅"弩手"拜伯尔斯——他最终将征服整个地区——想出了开城迎敌的计策，希望让法国人以为这座城无人防守。果然，法国人顺利地骑马进城，遭到马穆鲁克兵伏击，溃不成军。图兰沙亲自坐镇指挥，当众宣布继任苏丹之位。几个星期后，路易九世及其同袍被俘，被迫交出达米埃塔并支付巨额赎金。路易蒙羞，离开埃及，去往地中海东岸的其他拉丁基督徒定居点。

正是在这次折辱之后，路易努力加固基督教圣地仅存的防御设施，将注意力转向了东方，想知道蒙古人能否成为其潜在的盟友，祭司王约翰究竟会不会来临。不过，虽然传教士带回了关于蒙古民族的丰富细节，但从西欧出发去往埃及或耶路撒冷的军事大远征时代已经结束了。

让我们观察一下从巴黎到开罗再到哈拉和林的人口流动。蒙古军队横跨亚洲，突厥儿童被奴役、被卖到遥远的南方城市的奴隶市场，犹太人准备离开法国前往伊比利亚和北非，圣物随着游行队伍从君士坦丁堡运到西方，一位光着脚的托钵修士向东远行。所有这些都伴随着庞大的日常长途流动——有奢侈品，也有粮食特别是谷物，从腹地一车车装运到市场。但这一切都不是什么新鲜事。在整个光明时代，人口和货物都沿着这些路线移动。蒙古人和马穆鲁克人、国王和教宗，只不过加快了这些长期存在的文化载体的流动速度。

蒙古大举入侵的终结，进一步彰显了各个地区和各种宗教之间的联系。蒙哥的兄弟、伊尔汗国（在波斯地区）统治者旭烈兀于1258年攻破了伊朗境内的诸多堡垒，洗劫了巴格达，在蒙哥死后将注意力转回蒙古帝国内的权力斗争。1260年，当他不在军中时,蒙古军队在"歌利亚之泉"(艾因-贾鲁特)与一支马穆鲁克军队相遇。在那里,蒙古军队差不多是第一次遭遇了失败。这支马穆鲁克军队的统帅就是拜伯尔斯,他之后不久就会成为新的苏丹。他曾目睹父母被蒙古人杀害,自己则被俘虏、奴役,被卖到安纳托利亚的奴隶市场。现在,他的帝国牢牢控制了地中海的东南角,最终赶走了东部的拉丁基督徒,于1291年占领了阿卡城。

大战结束后,蒙古帝国的边境也趋于稳定。蒙古人首领同当地精英家庭联姻,开始皈依伊斯兰教。许多人依靠买卖中国手工作坊的产品来获取财富,因而都积极致力于保护贸易和人口的自由流动。货物和思想流向四面八方,不仅仅有来自西方的传教团体和来自东方的丝绸。例如,12世纪60年代,一位名叫拉班("大师")·扫马的景教教士从今北京附近地区出发,去往耶路撒冷朝圣。自此,他终其余生都在四处旅行,他穿过中亚地区来到巴格达、君士坦丁堡、罗马,又再次回到巴格达。与其他云游的宗教人士一样,他不仅劝人皈依基督教,还扮演外交使臣的角色,努力为波斯的蒙古统治者与西方的国王牵线搭桥,寻求构建有效的军事联盟,以攻打马穆鲁克人。然而,因后勤保障十分困难,且有时各方战略目标相互矛盾,不论他还是做出同样努力的其他人,都没能达成任何有效的联盟。在旅途的终点巴格达,他度过了最后的生命时光,记录了旅途中的所见所闻。他很可能与马可·波罗有过交集,后者是威尼斯商人,在中国为忽必烈汗(成吉思汗的另一孙子)工作了几十年。马可·波罗旅行多年后,在意大利被软禁在敌对的热那亚城,据说当时他把自己的故事告诉了名叫鲁斯蒂凯洛的中世纪传奇故事作家。他的大部分叙述是可信的，但这并不表明他的故事就是真的。毕竟，中国元朝统治者的确从欧亚大陆延请了许多外国人，留在宫廷中为其服务，以避免可能会谋反的中国本土精英获得权力。

无论如何，马可·波罗的旅行故事迅速传播，被翻译成无数种语言，反映了欧洲人对亚洲的兴趣和认识，并成为欧洲人到东方旅行的一个例证。拉班·扫马的使命，沙贾尔·杜尔的奴隶生涯也是如此。人口在流动，但留存至今的证据太少了。在蒙古人统治欧亚大陆的这个充满活力的世纪中，这些不过是旅行洪流中的涓滴而已。

不过，当人口流动时，相伴随的人性，作为许多文化、语言、疾病载体的身体，也在流动。在13世纪的某个时候，一种名为鼠疫杆菌的细菌从动物传播到人身上，经过变异，在草原上飞速传播。这种细菌造成了黑死病，最终将重塑整个中世纪世界的面貌。

第十六章

烛火平静，星辰陨落

在锡耶纳市，鞋匠阿尼奥洛·迪·图拉（Agnolo di Tura）说，"死亡"（黑死病）始于1348年5月。黑死病突然降临，恐怖地蔓延。市民试图隔离被感染者，家庭分崩离析，然而瘟疫并没有停止传播，只要闻到病人的"口臭"，甚至有时看病人一眼，就会被感染。来不及埋葬的死者倒在家里，倒在街道上。甚至没人有功夫敲响教堂的丧钟，来哀悼那些死去的人。城市开始建造万人墓，病死者被扔进去。人们每天都要开挖新的墓坑。

据阿尼奥洛估算，在短短几个月内，锡耶纳就有8万人死亡，只剩下1万人留在城里。贵重物品散落在大街上，没有人去收集它们，也没有人关心。世界完全颠倒了，物质财富不再有价值，或者说在很多情况下，人们不再需要它们。当瘟疫终于开始退散时，阿尼奥洛总结道："现在，没人知道生活如何才能恢复正常。"

我们不能完全相信阿尼奥洛的数字（中世纪编年史家的数据是出了名地不可靠，据现代人估算，死亡人数比他所说人数低89%），但至少，这些数字展现了关于他眼前景象的认知——空前的大规模死亡和被改变的世界，以及不确定的未来。甚至在10年后，当黑死病时不时再次暴发，徘徊不去时（就像多数大流行病一样），人们仍然不知道发生了什么，或者更重要的，这一切究竟意味着什么。

1360年前后，在巴黎写作的托钵修士让·德·维内特（Jean de Venette）也目睹了世界惨遭蹂躏。不过，他在之后的日子里写道，世界好像重新开始繁衍人口，妇女们经常生下双胞胎或三胞胎。随后他又写道："但最令人震惊的是，黑死病之后出生的孩子……通常嘴里只有20或22颗牙齿，而在这之前的正常年月，孩子们有32颗牙齿。"让向读者大声发问：这可能意味着什么？他有些不确定地得出结论：世界已经进入了新时代。

在这里，我们也要谨慎看待让的结论。人类的生理结构并没有真正改变：成年人有32颗牙齿，而儿童只有20颗（向来都是如此）。让之所以得出这样的结论，一部分原因出自当时公认的权威，在整个中世纪欧洲医学界得到广泛学习的古希腊思想家盖伦曾写道，所有人都有32颗牙齿。但更重要的是，作为修士，让想要借此发出警告。他说，上帝以瘟疫的形式向世人降下怒火，又饶过了世人，给予其一次改过自新的机会——但人们正在浪费这次机会。让说，上帝甚至改变了人类的身体构造。这就是一个征兆。

当然，这并不意味着中世纪的人不了解周遭的世界，并不意味着黑死病使他们第一次注意他们的邻居，并不意味着从肮脏的尸堆中诞生了文艺复兴。现实绝对不是这样的。但黑死病确实改变了世界。这场广泛传播的大流行病——我们在21世纪遭遇了类似的事件——产生了普遍的短期和长期影响，跨越了人们在宗教、政治、经济、文化、社会之间划定的有时过于清晰的界线。这种传染病波及三大洲，在一些地区持续流行了五六百年，杀死了数亿人。但是，黑死病之所以能传播得这样广，是因为之前的历史已经做好了铺垫；所有社会都要承受其历史的后果，光明时代也不例外。

最近，在新的跨学科研究方法推动下，黑死病研究取得了革命性进展。这些新研究将黑死病称为"第二次瘟疫大流行"（6—8世纪的查士丁尼瘟疫是"第一次瘟疫大流行"）。借助考古学家如那些挖掘了伦敦东史密斯菲尔德瘟疫墓地的考古学家的贡献，以及向过去追溯疫病细菌古DNA（aDNA）的遗传学家的成果，历史学家更好地认识了这场瘟疫的全球性和致命性。

同大多数大流行病一样，这场瘟疫起源于一个外溢事件，当时，一种相对温和的细菌从动物传播到人类身上。我们很久以前就了解了这个过程的这一部分。不过，历史学家们在写作中，倾向于将黑死病的流行限定在1347—1350年，或许在一定程度上承认黑死病源自丝绸之路，并在之前和之后的几十年间跨越亚洲和北非传播开来。得益于各个领域许多学者的研究成果，特别是科学和药学史专家莫妮卡·H. 格林（Monica H. Green）的著作，我们得以有机会讲述一个关于黑死病的全新故事。

我们现在知道，当让·德·维内特经由人嘴里的牙齿数量获得启示时，一种变异的鼠疫杆菌可能已经肆虐了近150年，从发源地传播了4300多英里，而且袭击欧洲的菌株只是许多变种之一。它将继续在欧洲肆虐，跨过地中海，进入撒哈拉以南的非洲（或许是另一个变种），贯穿亚洲再传播500年——在疫苗研发出来之前，疾病并不会简单地消失。

学者们长期讨论那个时期不同的鼠疫"类型"——腺鼠疫、

肺鼠疫、败血型鼠疫——但鼠疫实际上只有一种，这三种类型与鼠疫杆菌引起的不同症状表现有关。腺鼠疫以淋巴结肿大症状闻名，始于带菌跳蚤或蜱虫的叮咬。如果感染进入血液循环，在没有抗生素的情况下，40%—60%的人将在一周左右死于败血型鼠疫。若鼠疫杆菌经呼吸道吸入，就会发生肺鼠疫。在这种情况下，死亡来得更快，只需几天时间。

过去，我们曾将鼠疫的传播归咎于老鼠——或者更确切地说，是老鼠和船只。故事通常是这样的：鼠疫杆菌搭上了跳蚤或蜱虫的肠道，而后者又搭上了老鼠的背，老鼠又搭上了从黑海返回欧洲（主要是意大利）的商船。跳蚤、老鼠、人都促进了疾病的传播。这个故事某些部分现在仍站得住脚。几乎可以肯定，老鼠就是将蜱虫带给最终宿主的媒介，而一个联系更加紧密的商业世界肯定有利于疾病的传播。不过，鼠疫杆菌从动物传播到人类身上，似乎首先是通过毛茸茸的旱獭——人们猎杀旱獭以获取肉和毛皮——这一情况大约发生在公元1200年后的某个时间点，在今吉尔吉斯斯坦或中国西北部。从那里，鼠疫通过蒙古人的马匹、衣服、一车车的粮食、身体向外传播。

13世纪，鼠疫传入中国，或许也传播到了黑海东岸，很有可能进入了巴格达和更西边的叙利亚。到14世纪，鼠疫继续在中国传播，在短短几年内到达欧洲南部并向北移动，同时穿越北非，甚至穿越了撒哈拉沙漠，到达西边的尼日利亚和东边的埃塞俄比亚。又一次大流行的浪潮在15世纪跟随而至，将黑死病推向更远的南方，疫病进入现代的肯尼亚，同时穿过阿拉伯半岛，并深入欧洲中部。从那时起直到19世纪，黑死病继续在欧洲、非洲、亚洲流行，存在于"瘟疫库"中，隐藏在各种毛茸茸的啮齿动物背上,时不时跳回人类身上,对人口造成破坏。

前现代世界的人对瘟疫并不陌生,但对细菌一无所知,而且对周遭发生的事普遍感到困惑不解。人们想出的对策很有启发性,不仅在于这些对策是多么相似,而且在于人们如何苦思摸索以熬过这场灾难。关于"黑暗时代",有一个更加顽固的迷思认为,这个时代没有科学,为迷信所统治。但这个观点并不可靠,是一种对当时的人或文献的嘲讽、居高临下的误读,忽视了中世纪700多年历史积累的知识。中国、叙利亚、伊比利亚、法兰西的观察者可能没有找到正确的应对办法(实际远非如此!),但我们所掌握的资料显示,中世纪的人对疾病如何传播是有一定认识的,也知道预防措施对社会公益的重要性,为理解这场灾难,他们做出了努力。

14世纪上半叶,叙利亚阿勒颇的一名观察者写道,瘟疫已经从印度河蔓延到尼罗河,无人能够幸免。作者认为其原因一清二楚:瘟疫是神对信徒的奖励(将他们变成殉道者)和对不信者的惩罚。其他伊斯兰观察者,例如西班牙南部的医生伊本·哈蒂马(Ibn Khātima),则从穆斯林医学同僚以及希波克拉底、盖伦等古人那里获得了很多信息。他注意到瘟疫是如何从被感染者身上迅速传播到未感染者身上的,认为新鲜、流通的空气有助于减缓传播,洗手也是一样。但最终,伊本·哈蒂马也不得不得出结论认为,谁会感染、谁能逃脱,只有神才能最终裁定。

欧洲基督教权威人士的应对方式与中国和伊斯兰世界的同行类似。医生和各大学的医学院将疫病的最终原因归于上帝,但也怀疑人体可能吸入的"有毒的空气"。教宗的医生居伊·德·肖利亚克(Guy de Chauliac)在《大外科》(*The Great Surgery*)一书中,像同行一样从历史著作中寻找先例,但一无所获。他也认为有毒的空气是最终原因(肉眼看不见的某种病原体通过空气传播——这是新冠肺炎时代人们所熟知的恐怖),这反过来扰乱了人体的体液流动。人体试图排出这些有毒的液体,将其向外推,导致腋下和腹股沟的淋巴结肿胀。因此,对感染者而言,放血和服泻剂是最好的治疗手段。这里提到的疗法其实几乎没有疗效,但我们感兴趣的点在于,人们是如何解决难题的。他们的前提就是错——当然,他们没有发展出关于细菌的理论——但他们仍然设法有效描述了细菌传播的方式。

众所周知,在整个中世纪世界,数字是难以证实的,但很明显,黑死病是不折不扣的大灾难。鼠疫首次暴发后,中国失去了大约三分之一的人口(约 4000 万)。在欧洲,从 1340 年到 1400 年的短短 60 年,人口损失可能高达 50%—60%。最近一项研究估计,在伊斯兰世界,包括现在的中东和整个北非,鼠疫病亡率与其他地方大致相同——总体上约占人口的 40%,在人口稠密的城市地区,这个数字还要高得多,这并不令人惊讶。

除了数字,我们所掌握的资料也表明,从大流行病中死里逃生的人也一直在经历痛苦。本章开头提到的阿尼奥洛·迪·图拉叹息道,他亲手埋葬了自己的五个儿子,因为死亡无处不在,甚至人们都不再悲伤。15 世纪初的伊本·阿里·马克里兹(Ibn Alī Al-Maqrīzī)如阿尼奥洛一样回忆道,开罗死了很多人,整个城市已经变成"一片被遗弃的荒漠"。中世纪意大利作家乔万尼·薄伽丘在《十日谈》中写道,瘟疫的传播"就像火苗飞快地烧过碰巧放在它可及之处的干燥或油性物质一样迅速"。薄伽丘还说,感知与现实相符,看起来,医生及其药物对瘟疫束手无策。

当然，医生并不是光明时代唯一的治疗者。法兰西国王要求巴黎大学的医学院提供关于瘟疫的处理意见。医学院学者认为，有毒的空气（一种看不见的病原体）是导致疫病的直接原因，为帮助治愈那些被感染的病人，绝对应该咨询医生的意见。不过，他们也告诉国王，祭司的角色更为重要。上帝惩罚罪人，而人之"罪"的外在表现就是身体的疾病。如果上帝的子民行为正当，上帝就会消除这片土地上的疾病。

正如我们一再看到的那样，宗教为中世纪的人提供了解释现实的框架，就如它为现代人提供解释框架一样。在某些方面，对整个地中海世界的一神论者来说，清除世界上的罪孽也许比清除世界上的无形郁气更容易想象。毕竟，他们之前就做过很多次尝试，第四次拉特兰公会议颁布的教规就是能直接想到的例子。此外，他们还有许多可以借助的仪式和制度，以及之前应对瘟疫的传统——例如大格里高利为抵挡第一次瘟疫大流行，在罗马举行列队游行。宗教领袖的行为发挥了示范作用，有大量事例表明，神父、拉比、伊玛目待在各自的社群中，尽可能安慰受疾病折磨的人。他们经常同医生一起工作，推动开展对病人的慈善活动，同时用祈祷、朝圣、牺牲来平息上帝的怒火。人们祈求圣徒保护其忠实追随者，募集慈善捐款，有时还组织斋戒以清除身体的诱惑物。当然，这些活动有的只是适度而为，有的却走向了极端。

面对危机，诉诸极端措施是一种有诱惑的选择，黑死病也不例外。在欧洲，出现了一些被称为"鞭笞者"（Flagellants，源自拉丁文 flagellum，意思是"鞭子或折磨"）的团体，他们的表现名副其实。他们存在的时间相对较短，且大多局限于莱茵兰和低地国家。这些基督徒成群结队，从一个城镇走到另一个城镇，真的鞭打自己，通过毁伤自己的身体来实现某种殉道，请求上帝看到他们自愿承受的痛苦，承认他们的忏悔，消除世界的瘟疫。这些鞭笞者团体通常由俗人组成，但也有教士参与；这些教士聚集在一起四处游荡，向当地行政官员和神父倾泻怒火，认为后两者在领导城镇和村庄方面做得还不够。比利时图尔奈的一名修士写道，鞭笞者团体（由一名多明我会修士领导）的到来吸引了大量围观者，他们观看了鞭笞者的游行和在城镇广场上的集体自笞。随后，鞭笞者主持了一场布道会，将方济各会修士斥为"毒蝎和敌基督"，激起人们对方济各会修士和所有神父的愤怒；他们还说，"除了救世主的流血牺牲"，鞭笞者所作所为比任何行动都更有价值。不出所料，这样的演讲使许多人离开教会，造成了普遍的混乱。

实际上，鞭笞者是在拒斥第四次拉特兰公会议颁布的第 1 条教规，即教会的组织和仪式是通往救赎的唯一途径。因此，这名修士观察者惊骇于鞭笞者的行为，紧接着就表示，法兰西国王和教宗都谴责这种做法。但这里还潜藏着另一个重点。多明我会修士布道主题的一部分是为鞭笞者招募新人。当然，自我鞭笞是一种"更好的"宗教虔诚表达方式，但也是一种寻找替罪羊的办法，似乎显示出中世纪后期反教权主义的普遍性，这在几个世纪前的异端身上就有所体现。传统的救助模式已经失效，人们开始寻找新的办法。在严峻危机的时期，所有的权威体系都会激怒人们，在这里就表现为人们对教会的不满。

受到危机伤害最重的群体，几乎总是传统的边缘群体。先前存在的暴力系统，不管是国家的还是其他的，都会降临到最脆弱的人身上。在整个欧洲，长期患病者和犹太人被挑出来受指责，并遭到可怕的暴力对待。正如我们所看到的,瘟疫是某种"有毒的空气"传播的,这种认知导致大批基督徒将犹太人视为作恶者,声称犹太人在水井或食物中下毒,以报复占人口大多数的基督徒。但别忘了,犹太人也在同他们的基督徒邻居一起受苦和死亡。这些针对犹太人的指控,源自嵌入拉丁基督教结构中的更悠久、更深的反犹太主义。教宗克雷芒六世采取举措,试图保护犹太人免受欧洲各地的法外迫害,但他禁止基督徒伤害犹太人——"即便我们憎恨犹太人背信弃义是正当的"——的谕令却从未得到普遍遵守。他的禁令似乎只是将这些伤害转移到了法庭,在那里,犹太人经常被起诉,被草草审判,被认定有罪,被杀害。

1348年,在加泰罗尼亚的塔雷加镇,黑死病在7月初到来,不久后,该镇的基督教公民就朝着犹太教邻居进军,称他们为"叛徒",屠杀他们。2007年发掘的乱葬坑证实了这一事件,骸骨的状态展现了犹太人遭受的暴力伤害,而且一些被杀者是年仅三四岁的儿童。基督徒称犹太人为"叛徒"的描述也证实了屠杀的动机,因为在这种情况下,犹太人唯一可能"背叛"的人或事物就是耶稣,而这种背叛——所谓持续的罪恶——在中世纪基督教历史中回响,造成了大量乱葬坑,其中掩埋着犹太男人、女人、儿童的枯骨。当有权势者不能制止危机,或选择不制止甚至加剧危机时,最脆弱的人往往就会被遗弃或遭到屠杀。在14世纪中叶,统治精英们常常选择阴谋论,寻找替罪羊,这使成千上万的人失去了生命。

当我们谈论黑死病时,我们的视线往往过于狭窄。我们想到的是一个大陆,几年的时间范围,还有一些统计数据。但如果说我们从最近的 21 世纪大流行病（这仍然是一个开放的问题）中学到了什么的话，那就是狭隘思维的危险性。至少在三大洲，在几百年的时间里，黑死病一次又一次重袭，造成了数亿人的痛苦，而这数亿人中的每个人都有母亲、父亲，也许还有孩子、配偶、朋友。

在伦敦东史密斯菲尔德发掘的瘟疫墓地中，绝大多数死者死时都不超过 35 岁。在大约 750 具被复原的骸骨中，近 33%（约 250 人）的是儿童。疾病夺走了他们所有人的生命。在塔雷加镇被复原的约 60 具骸骨中，有一些是学步的幼儿。不过，在塔雷加的案例中，这些孩子并非被疾病杀死，而是死于人祸。但在每一个案例中，在每一个失去的灵魂周围，都有悲痛。人们在哀悼死者。我们在资料中读到了苦难的语言，这些苦难之语写在牛皮纸上，埋在土里，表达着几乎超出我们理解范围的痛苦。所有的历史文献，从中国到叙利亚再到法国，都在努力思索"为什么？"他们带着困惑看向过去，带着敬畏看向天空，带着仇恨看向彼此，从未意识到真正的原因就在他们自己身上，几乎隐形不见。

我们几乎可以倒转跨越陆地和海洋席卷而来的疾病浪潮，向后追溯。腋下和腹股沟的淋巴结肿大，是虱子或跳蚤叮咬引起的。跳蚤则来自老鼠或其他啮齿动物（它们靠得太近了），这些啮齿动物可能生活在城市人群之中，也可能是人类为获取食物和毛皮而猎杀的本土啮齿动物。或者，在人与人的日常交往中，携带细菌的跳蚤从一个人身上跳到另一个人身上。但无论如何，那些携带含有致病菌的跳蚤的欧洲人和欧洲啮齿动物先是在其他地方被感染的。他（它）们乘坐运送谷物的车辆，同蒙古军队一道来到欧洲。穿越地中海的商人，从意大利港口乘船航向叙利亚、埃及，或进入黑海,也带来了疾病。其他商人则将疾病从埃及和叙利亚带入阿拉伯半岛,越过红海带入撒哈拉以南的非洲。

黑死病,或曰第二次瘟疫大流行,是光明时代的一段历史。这段历史关乎不断扩张的蒙古帝国,这个帝国不仅征服了中国,还征服了中东的大部分地区,甚至一度抵达欧洲的多瑙河畔。这段历史关乎战争和政治,也关乎经济和商人。这些商人远行几千英里,将欧洲和中国连接起来。他们跨越地中海,有时还穿越撒哈拉沙漠,这对他们而言稀松平常。

我们早就知道14世纪中叶之前的穿越撒哈拉沙漠的人口流动,其中最为著名的当数马里帝国的统治者曼萨·穆萨(1312—1337在位)在1324年前往麦加的朝圣之旅。13世纪初,来自努比亚的基督教国王在君士坦丁堡停留了一段时间(他打算接下来去罗马,然后前往伊比利亚西北部的圣地亚哥-德孔波斯特拉),而且似乎至少有一个来自努比亚的使团在14世纪初抵达教廷,向他们的基督徒同胞提供援助,以对抗伊斯兰教。不过,穿越撒哈拉沙漠的贸易路线,以及特别是通过非洲之角从印度洋进入内陆的贸易路线,范围更加广大。同我们现在知道的鼠疫传播方式结合在一起思考,这些路线可以很好地解释一个考古学发现,那就是这一时期非洲东部和中部的某些定居点人口迅速减少,甚至被遗弃。这些定居点中有沿海的前哨站,可能还有规模更大的内陆城市,例如大津巴布韦(虽然还有很多研究要做)。此外,这一时期的一些埃塞俄比亚文献和稍晚的苏丹文本(尽管数量不多)在很大程度上暗示了瘟疫造成的影响,提到了大规模的疾病,以及埃塞俄比亚在15世纪前后对被认为能抵抗瘟疫的圣徒(如圣罗克)的新崇拜活动。

此外，这也是一段关于文化的历史，关乎各个社群如何开始解体，又如何团结起来去理解这场灾难。最后，黑死病的历史缓缓展开，跨越数百年时间和数千英里空间，印在数亿人的苦难上。

第一波瘟疫大流行消退后，我们确实可以认同让·德·维内特的观点，即瘟疫改变了世界。让认为人类的身体发生了改变，他或许错了，但他认为人类必须适应新的现实，这一点没有错。换句话说，黑死病可能不是世界末日，但它的确是一次天启（从字面意义上讲），揭示了隐藏的真相。黑死病揭示出，人类一直在进出欧洲，来回跨越地中海，并进出亚洲。黑死病揭示出，人类的精神和物质世界同时触及大西洋和太平洋。黑死病之后的世界开始转移它的视线，聚焦于不同以往的光点。

一个关于黑死病起源的奇怪理论认为，黑死病是由一颗星星引起的。楠日的纪尧姆（Guillaume de Nangis）写道，1348 年 8 月，"人们在巴黎上空的西方看到一颗又大又亮的星星……当夜幕降临，在我们的注视和惊叹中，这颗大星发射出许多独立的光束，在向东射出光线后，它彻底消失了"。纪尧姆得出结论认为，这颗大星预示着巨大的死亡。的确，黑死病导致它的受害者和叙述者看向邻人的嘴，但从未阻止他们注视更宏大的东西，注视上帝在尘世间的行动，注视天堂——用 14 世纪几名诗人的话说，注视星辰。

第十七章

八角穹顶上的星星

这是 1292 年，佛罗伦萨的人们，就是"某些好市民、商人、手工匠人"，被激怒了。乔万尼·维拉尼（他是羊毛商人、银行家，据说也是腐败的政府承包商，大约死于 1348 年）在 14 世纪撰写的《新编年史》中写道，这个城市变得"事事令人如意"，市民"肥胖而富有"。但是，平静的生活滋生出骄傲，而骄傲带来了嫉妒，市民们开始相互争斗。佛罗伦萨势力最大的几个家族是最糟糕的。维拉尼说，在城市和乡村，这些权贵任意夺占，杀死任何阻碍他们的人，使那些仅仅达到小康水平的"中上阶层"只有一个选择：夺权。

于是他们付诸行动。维拉尼所称的"二等波波洛"（Second Popolo，第二等级人民）颁布了《正义法规》（Ordinances of Justice），该法规提高了城市行会中非精英成员的地位，限制了顶层精英家族的权力，不允许他们担任最高职位，并惩罚贵族的罪行。随后，"波波洛"手握大权，环视四周，认为他们的教堂对一个如此富有和宏伟的城市来说实在是太小了。到了 1296 年，市政委员会拨款重新设计和修建教堂，并聘请一名雕塑家主持这项工程。1300 年，重建工程启动，建筑商正在修建新的外立面，并向市政委员会提交了一项据说"十分宏大"的方案。

但才过了几年,施工就停滞了。又一场内战爆发,法兰西国王和罗马教宗也卷入其中,许多政府官员被杀或被迫流亡。在逃离佛罗伦萨的人当中,中世纪诗人和政治家但丁·阿利吉耶里再也没有回来。

直到14世纪30年代,大教堂工程才得以恢复。那时,但丁已在流亡之地拉韦纳去世。此后又过了一个世纪(1436年),佛罗伦萨市民才得以庆祝他们的大教堂正式落成。这是一座雄伟的建筑,八角形的穹顶高耸入云,确实是所谓意大利文艺复兴时期的伟大奇迹之一。但是,同意大利文艺复兴时期的一切事物一样,佛罗伦萨大教堂的故事,无论从字面上还是象征意义上,都直接扎根于中世纪。这不仅限于建筑本身,还包括建造它的过程和推动建造它的政府体系:民主制。

当我们走向光明时代的终点时,让我们快速回顾一下它的起点。

在中世纪早期,西欧城市化的范围确实有所缩小,但城市从未完全消失。在整个中世纪,人们比邻而居,在多样化的经济体中工作,内陆地区通过本地化的市场经济体提供食品和其他农产品。伊比利亚和意大利的城市中,有的城市起源可以追溯到数个世纪前,有的则相对较新,如威尼斯;这些城市在整个西欧中世纪早期的历史中一直存在。当然,随着时间推移到公元1000年前后,大部分经济活动向地中海东部以及更普遍的沿海地区移动,城市也向这些地区聚集,这些地区生长季更长,气候更温和。伊斯兰世界的不断扩张推动了城市发展,甚至推动了大批新城市建设（如8世纪阿拔斯王朝的巴格达），也刺激了这种城市东移的趋势。即使在遥远的北方，维京人也建造了港口城市，这些城市以地中海的标准来看虽然规模不大，却可以分辨。

不过，在拜占庭帝国以外，欧洲的大城市居住地确实需要相当大的政治、经济、农业发展，以维持数个世纪的增长。畜牧业和耕作技术的转变，相对适宜的气候，使得粮食和人口增长过剩，激发了本地经济体的活动。当这些本地经济体在中世纪欧洲部分地区发展起来之后，统治者们发现，放弃对这些共同体的一些直接监管是有利的，可以换得更多人口和多样化的定居点所带来的经济效益。从11世纪和12世纪开始，城市再次成为西欧景观的核心特征之一，成为宗教生活和教育的中心（大学和大教堂所在地），以及政治权力的首都。有了城市，我们就有了公民、公民文化、公民政府。我们就有了中世纪的民主。

在这些城市中，公民身份（citizenship）既是法律概念，也是往往带有性别特征的排他范畴，被赋予了某些权利和特权，但有时也可以非正式地扩展到生活在特定地域边界内的任何人。因此，公民属于多种形式的、相互重叠的共同体。中世纪城市的一个居民可能是城市的公民，某个堂区的成员，某个志愿慈善组织和（或）专业机构的成员，特定政治区（例如某个选区）的居民，自我认同于邻里，并加入这些体系里不定数量的子共同体中。有时，这些组织是多种功能的集合体——某个特定行业的行会也可能从事慈善活动，或者，一个半宗教性质的兄弟会也可能属于某个堂区的等级体系。这些相互重叠的、有部分平等主义色彩的共同体，挑战了关于中世纪社会等级僵化、体系简单的观念。当时的人们就像现代人一样，过着复杂的生活，并经常在不同的共同体之间流动。

行会是中世纪城市生活最难抹除的特征之一。最有名的行会类型是手工艺或贸易行会（商人行会、织工行会、杂货商行会等）。在这些行会中，从事相关职业的人联合起来培训新成员，同时制定标准，控制价格，最大限度地减少竞争，并参与各种各样的调解、监管、庆祝活动。堂区可能会围绕特定的节日、公共仪式或慈善活动组织宗教行会。世俗行会可能围绕着邻里关系、社会阶层、慈善活动，或者只是为了聚在一起喝酒行乐而形成。总而言之，行会的功能可能相互重叠，而且通常没有严格的经济、宗教或社会功能区分。

当市民组建城市公社时，他们发展了成文法传统，建立了独特的投票制度。在政府方面，市民可以选举市长、法官或其他官员。一个街区的居民可以选举一个市议员或其他指定的代表。大型委员会的成员可以投票选举出小型委员会的成员。这些制度都不是普遍民主制——城市只授予男性公民投票权，行会只授予工匠师傅投票权，街区有时会设置基于财富和房产的要求。不过，这些选择标准也曾出现于古代共和政体——雅典、罗马，这些共和政体往往被吹捧为现代选举制度的伟大模范。选举制度几乎总是通过排斥一部分人来构建选民群体，过去和现在都一样。选举统治者的权利总是被那些已经拥有权力的人小心地护在手里。不过，投票是中世纪城市生活的一个正常组成部分。

意大利的城市只是一组例子，不过十分重要。意大利的城邦共和国有大有小，分布于沿海地带，受到帝国、教宗、王室不同程度的照管，它们派船跨越地中海。这些城邦欢迎异国的商人，成为人员（并非全部是自愿的，奴隶贸易是其中一些城邦的主要收入来源)、货物、思想向欧洲其他地区传播的途径。关键是要理解，这些城邦并不是中世纪欧洲历史结构中的异常现象，反而是正常现象。当我们听到"中世纪"这个词时，浮现在脑海中的，除了威尔士的城堡、德国的大教堂、冰岛的农场，同样有意大利的城邦。这不仅是因为这些城邦同更广泛的中世纪世界之间的联系，还因为城邦的生活方式和政府系统，以及它们参与创造的物质文化，对一个伦敦人、巴黎人，甚至一个在田间辛苦劳作的农民来说，都不会显得陌生。

投票是中世纪城市生活的一个突出部分，有时是为了管理整个政治体，有时是为了组建地方体制。中世纪的投票制度往往是秘密的，设计巧妙，表面上是为了防止产生投票集团或派别，但往往只是为了确保拥有权力的人保留其权力。虽然这因时因地而异，但一方面，更多的农村地区当然一般都依赖贵族的保护，并受制于贵族在经济和社会方面的一时兴致；另一方面，城市通过集体的力量，可以为自身利益服务，也可以让各个派别相互竞争。例如，中世纪英格兰城市巴斯和韦尔斯有一个市政委员会，汇集了许多行业的精英，当成员之间出现分歧时，他们可以通过内部仲裁解决，避免走上其他类型的司法程序。像伦敦或巴黎这样的首都城市也有上述功能，但必须同王室谈判，来界定城市与王权的关系。在伦敦，城市的中层精英倾向于站在国王一边，反对拥有土地的乡绅，这种立场使他们在13世纪通过王室特许状赢得了相当的独立性和政治权力。

在11世纪和12世纪，贵族们试图控制这些城市，压制城市中寻求自治的行动。城市居民感到愤怒，要求从世袭统治者——无论是本地领主，还是整个地区的大领主——那里获得更多独立性。有时候，双方可以和平友好地达成这方面的妥协，从地区和长途贸易中获得更多利润的机会促使国王、公爵、伯爵放松对城市的控制，以换取税收和过路费收入的分成。一个"公社"——由公民组成的正式的市政团体，决定如何治理他们的城市——可能会在双方达成协议之后和平组建。但随着时间的推移，越来越多的城市寻求独立，城市领袖不得不想方设法将自己的城市同神圣罗马帝国、罗马教廷等更大的权威联系在一起。即便公社起义时代早已成为历史，而民主的政府体系在接下来的几个世纪里已经根深蒂固，城市政治还是很容易演变成各派系的武装斗争。在这些情况下，从世袭制转向民主制，或者至少是转向选举产生的寡头制，似乎需要借助暴力。

佛罗伦萨成为主要政治力量的时间较晚，是在地区贵族、教宗、皇帝之间的混乱冲突中逐步走向独立的。神圣罗马帝国皇帝亨利五世（1111—1125年在位）任命一名来自德国的忠诚伯爵接管托斯卡纳，托斯卡纳人起兵反抗，在战斗中杀死了伯爵，建立了以佛罗伦萨为中心的独立公社，由少数精英贵族家族领导。名义上讲，佛罗伦萨仍然是帝国的一部分，但不受任何世袭贵族管辖，同皇帝的关系也不稳定。虽然地处内陆，但佛罗伦萨位于宽阔的阿尔诺河之畔，可以参与国际贸易和国际政治，在12世纪逐渐繁荣起来。在皇帝"红胡子"腓特烈一世的征伐下，佛罗伦萨曾短暂失去独立，但到1200年，佛罗伦萨公社再次宣布对城市拥有控制权。

然而，神圣罗马帝国仍然投下了长长的阴影。这种跨国治理最终导致了城市之间和城市内部各派系的斗争。13世纪末，但丁·阿利吉耶里的家族在佛罗伦萨崛起,但丁是家族中第一个获得重要公民地位的人。但不幸的是,在同一时刻,佛罗伦萨的主要家族分裂成两个激烈争斗的派系,两派松散地沿着教宗和皇帝的阵线展开,一派支持教宗,一派支持帝国(不过,公平地说,这种分裂也有可能是领袖家族争夺城市统治权的借口)。然而,双方的战斗越来越激烈,保持中立的佛罗伦萨人——似乎包括但丁——试图将最坏的恶棍驱逐出去。起初曾经与但丁结盟的那一派掌握了权力,开始建造大教堂。但到了 1302 年,另一派卷土重来,夺回城市控制权,谋杀和流放了敌人,包括但丁。如果说民主是中世纪的事物,那么复杂的派系政治、引诱、暗杀、失败也是如此。

在 14 世纪初期的流放岁月里,但丁开始写作《神曲》,这是一部鸿篇巨制,分为三篇,用托斯卡纳语(意大利语的方言)写成,聚焦于诗人游览地狱、炼狱、天堂的幻象。第一篇第一章开篇是诗人于黑暗中独自在林间游荡。这是流放中的但丁的写照。但他抬眼看到了日出,然后爬上山头,寻找光明。这部诗作是光明时代几个世纪发展的一座顶峰,是这个时代本身的文本。

在许多方面,这种对光明的追求——以及最后的成功——是典型的中世纪叙事,有赖于多个世纪的跨地区互动、亚里士多德学说传入西欧及其对基督教神学的影响,以及中世纪对天文学、数学、医学的认知。不过,《神曲》并不是一部缺乏活力的神学冥想之作。但丁还在这部作品中展现出丰富的历史感,包括从未被人遗忘的古典历史。罗马诗人维吉尔引导但丁穿越地狱和炼狱,其他神话和现实中的古典人物也遍布文本之中。同样,在他笔下免下地狱的"有德行的异教徒"中,有萨拉丁、伊本·西拿、伊本·路西德等人坐在这些古典人物旁边。根据但丁的世界观，他不允许非基督徒升入天堂，但他为他们找到了一个远离永恒折磨的地方。

但丁的《地狱篇》或许是在现代人头脑中停留最久，也最为刺激和恐怖的篇章。但其中幻象的意义并不单是道德说教，也是尖锐的政治讽刺。但丁对自己的流放感到愤怒，他把政治对手和当代宗教人士等数十人送进地狱，最终——通过文本中诗化的自己——理解了上帝与世界的关系、正义的施行，以及政治的运行方式。地狱的最深处是留给叛徒的。在第九层中，但丁看到了意大利派系政治中最坏的人——一名大主教背叛了自己的同谋，将他和他的儿子们关在一起慢慢饿死；一名修士在宴会上屠杀了他的客人；然后是撒旦本人，他的三张嘴永远在啮咬犹大、布鲁图、卡西乌斯。但在那最黑暗的时刻，但丁努力挤了过去，爬过撒旦的身体，穿过地球中心，从地球的另一面走出，迎接他的是天空中闪耀的群星。随着《地狱篇》结束，在经历了混乱和派系斗争，看见了罪人和酷刑之后，但丁寻到了此世和彼世那光明而统一的幻象。

《神曲》全篇都在追寻"永恒之光"（luce etterna）。地狱，就是没有永恒之光的地方。但丁穿越地狱后，由此理解了光的源泉是上帝之爱，由一片星空照亮。在《地狱篇》的开头，但丁处于完全的黑暗之中，但最后他和维吉尔真的爬出了地狱，"在群星之下再一次走出去"。事实上，但丁《神曲》的三篇都以"群星"作结，这是神圣希望的象征。在《炼狱篇》的结尾，但丁经过净化、重生，准备好去天堂，"治愈了冬日的伤痕，完美而纯洁，准备好迎接群星"。最后，在《天堂篇》的结尾，但丁回到人间，他看过了永恒之光,"本能和理智得到平衡……因那推动太阳及群星运转的爱"。这是一个将所有创造物连接在一起的统一体,包括此生和来世。在最后,还有希望。希望永恒常在。

当我们在光明时代的末尾回到拉韦纳时,再三提及星空,自有其意义。在这座古老的城市,置身于闪闪发光的马赛克壁画中,流亡的但丁有足够的机会凝视这些描绘上帝和永恒的闪亮图景。《地狱篇》只是他的起点,他和他的向导一起登上《炼狱篇》,最后到达《天堂篇》。这最后一篇就是他对天堂的设想,这里充满了鸟儿、花朵及自然之美,当然还有光明。也许就是在拉韦纳,在我们开始这本书的地方,在加拉·普拉西狄亚闪闪发光的星空下面,但丁找到了灵感。当然,我们永远不会知道但丁是否真的去探访了她的陵墓,并抬头看了看蓝金色的天空。但我们知道,在《天堂篇》的某一处,他从叙述中跳出,直接发表了一通讲话。他劝说道:"读者,请你和我一起抬起眼睛,望向至高的天轮……就从那里开始,怀着期待观察主的技艺。"他又说道:"现在,请读者不要离开长椅,而是思考一番……在你感到疲倦之前,你会收获很多快乐。"

让我们把但丁留在拉韦纳,留在他最后的安息之地。不过,在此之前,让我们想象他还活着,正努力搜索词句来描绘天堂的幻象。我们可以想象,他身处加拉·普拉西狄亚空旷的陵墓中,坐在长椅上,仰望着由青金石制成的蓝天和由染金的玻璃制成的星星,这些星星由近千年前的工匠挂在那里。让我们想象一下,但丁拿起他的笔,虽绝望于被流放的处境,却又在天堂的幻象启发下,写下一道穿越千年的光,以此结束他的永恒之旅。这道光正从镶满星星的天幕闪烁而下,照到他的身上。

尾　声

黑暗时代

　　1550 年，卡斯提尔王国的巴利亚多利德市，一大群人聚集在大教堂，听一场关于什么是人类的辩论。确切地说，即将辩论的主题是所谓"新世界"的原住民是什么（what）——用词并非"谁"（who）——以及进而西班牙君主和殖民地地主对他们有什么权利。站在殖民地地主一方的，是有名的人文主义者胡安·希内斯·德·塞普尔韦达（Juan Ginés de Sepulvéda），他是受亚里士多德启发的新希腊学派的忠实追随者，坚持打破中世纪黑暗、恢复古典时代之光的目标。另一方是一名多明我会修士——他所在的修会诞生于宗教裁判所和十字军运动的熔炉中——名字叫巴托洛梅·德拉斯·卡萨斯（Bartolomé de las Casas），他曾是新世界的地主，后来皈依天主教会，沉浸在当时可得的最完善的"中世纪"教会训练中。

　　塞普尔韦达认为，西班牙在美洲拥有近乎无限的权力，因为按照亚里士多德的说法，原住民是未开化的"蛮族"，他们的理性能力低下，体现在其邪恶的异教信仰中，这证明西班牙人对他们的征服、镇压和最终令他们改变信仰是合理的。德拉斯·卡萨斯却认为这种做法是残酷、不正当、非法的。他援引"共同生活"

理念，认为美洲的原住民虽确实信仰多神教，但在基督徒眼中，他们与欧洲的穆斯林和犹太人没有任何不同，因此与其他任何人一样享有和平生活的权利。他继续论证道，事实上，试图用武力改变原住民的信仰不仅会诅咒他们的灵魂，也会诅咒西班牙人的灵魂。使他们皈依基督教（德拉斯·卡萨斯确实支持这样做）只能通过和平传教来实现。

这场辩论在一个由神学家和国王代表组成的委员会面前举行，严格意义上来讲并没有得出任何定论。短期来看，德拉斯·卡萨斯似乎赢了。西班牙王室扩大了对地主的直接监督，为原住民的福利负责，限制了许多虐待行为。但从长远来看，塞普尔韦达应该是最终胜利者。修士们为原住民辩护的作用被慢慢销蚀，地主以牺牲当地人利益为代价扩大自己的权力。或许更重要的是，随着16世纪发展，亚里士多德对"野蛮"的定义盛行于整个欧洲——天主教徒和新教徒用它在宗教战争中相互攻击，为他们的国家对美洲原住民的暴力，以及对彼此的暴力而辩解。

这场辩论的核心实质上是中世纪与现代之争，也是宗教与世俗主义之争。塞普尔韦达是现代世俗主义者，他利用亚里士多德学说和自然法为中央集权国家和"进步"辩解，为殖民运动、暴力、压迫辩解。主张和平、宽容的则是中世纪宗教人士德拉斯·卡萨斯。不过当时他并不知道自己是在为一个失落的世界，一个如今已黯然失色的光明时代而辩争。

1550年巴利亚多利德辩论的结果，或许比其他任何时刻都更能体现现代性的胜利。中世纪欧洲世界的复杂性，其所有的可能性、所有的恐怖和希望，在那个教堂里，在神学家面前，在神圣罗马帝国皇帝的代表面前，在他们为一个仅仅60年前还超出其想象的世界辩论时，自行崩塌了。

如果说光明时代可能在16世纪中叶终结，那么其衰落可以追溯到更早的时代。当然，历史时期从来不会简单地"开始"或"结束"，但随着变化不断累积，开始对我们的分析产生重大影响时，在某个时刻，人们就会清楚地发现现实世界与之前有了质的不同。在14世纪70年代，至少有一位人物——诗人彼特拉克——确信自己刚刚走出黑暗时代。他给这个时代造成了晦暗之云，我们至今仍在努力从中摆脱。

彼特拉克用托斯卡纳语（但丁的语言）写下了令人惊叹的诗歌，这些诗歌赞颂世俗之美，又蕴含宗教寓意。他还用拉丁语写阴沉的散文，他用西塞罗的语言，想象自己在复述西塞罗的话，对批评者大发牢骚，称赞自己是"新时代"——一个产生文化和知识的新时代——的创始人。他认为自己开启了"文艺复兴"，如果你也认同的话。

但并非所有人都认同他的观点。在对法国批评者的"道歉信"（实际上是抨击信）中，他哀叹在他之前的艺术和思想的智识环境，认为其笼罩在"黑暗和浓重的阴霾"中，那是"黑暗时代"。他认为古典时代是"纯粹光明"的时代，并在另一封信中写道，古代"是更加幸运的时代，（那样的时代）很可能会再次降临，而处于中间的我们的时代，则聚集了卑鄙和无耻"。彼特拉克认为自己处于这个中间时代或中世纪时代的末期，他也希望如此。

虽然我们（正当地）把塑造"黑暗时代"这一概念的大部分责任归咎于彼特拉克，但往后追溯到14世纪末时，我们会发现，这个概念已经存在。彼特拉克之前几个世纪的思想家对时间的结构和组织深感兴趣。他们认为，神圣的经文已经列出了时间行进的一般模式，世界将不可避免地走向无序和混乱，直到最后的终结——先是好时代，然后是坏时代，最后又是好时代。但彼特拉克发起的运动却在另一个层面。随着宣传运动的展开，我们现在所知的"文艺复兴"时期显得特别成功。彼特拉克及其同时代的人认为，古代知识已经失落了1000年，现在得到恢复、重生，经过翻译流传到14世纪和15世纪的意大利。这个论点既有文化意义，也有政治意味。例如，彼特拉克希望佛罗伦萨人能够像他理想中的罗马人一样，忠于佛罗伦萨，愿意为自己的共和国献出生命。讽刺的是，他之所以能够发起这样的运动，只是因为长达几个世纪的接触、评论、复制古典文本和知识的传统。同样，有赖于此前一段时间方言文学传统的发展，他才能创作自己的诗歌，就像但丁一样。在14世纪末和15世纪的意大利，确实出现了以改编古典规范为核心的艺术创新运动，但这种运动恰恰建立在业已存在的智识和艺术生活（即便彼特拉克声称要摒弃它）的基础之上。尽管彼特拉克声称自己是这种运动的创造者，但实际上他并不是。

而且，彼特拉克和那些追随他的"人文主义者"认为自己的使命至关重要，并非因为他们生活在一个艺术与美的黄金时代，而是因为现实是如此可怕。战争和疾病在意大利横行肆虐，还有派别纷争和内乱，暴政愈发严酷，腐败明目张胆，甚至更糟糕。到1506年，一名佛罗伦萨将官敦促马基雅维里重拾他的计划，写一部佛罗伦萨共和国的历史。这名将官写道："如果没有一部关于这个时代的好历史，后代人将永远不会相信这个时代有多么糟糕，他们也永远不会原谅我们这么快就失去了这么多东西。"

但正如我们不能将文艺复兴的人文主义与中世纪的智识生活割裂开一样，我们也不能将文艺复兴的恐怖与中世纪的习俗割裂开。文艺复兴时期的著名艺术作品，无论是表现市民生活、表达虔诚，还是表现个人，都需要从一个越来越不平等的世界中获得大量的财富支持，以全新的方式从数世纪之久的惯习中获利。例如，晚近的学者认为，达·芬奇《蒙娜丽莎》的模特是一个奴隶贩子的妻子。我们可以观看蒙娜丽莎，欣赏她的微笑和达·芬奇的才华，却不能因此忽视，她那个阶级的财富至少有一部分来自大规模人口贩运推动的经济繁荣。正如我们在整个历史中看到的，在中世纪每个社会阶层里，至少有一些人是不自由的。不自由的状态可能也的确意味着不同的事，带有各种各样的权利、义务、保护措施，以及通往（或不通往）自由的途径。不过，虽然动产奴隶制——人口买卖——在城市化的地中海地区比在其他地方更为普遍，因为这里的市场更容易进入，但人口买卖对中世纪的人来说并不新鲜，对古人和现代人而言也一样。中世纪后期，连接黑海港口的通道为地中海和欧洲带来了一批又一批新的被奴役者——这是基督徒和穆斯林、意大利人和埃及人共同的贸易文化。中世纪的人也形成了关于种族差异和"他者"的基本概念，这些概念支撑着造成如此多苦难的跨大西洋奴隶贸易。杰拉尔丁·亨（Geraldine Heng）、多萝西·金（Dorothy Kim）、谢拉·洛穆托、科德·惠特克（Cord Whitaker）等学者曾论证，现代白人至上主义的根源并非来自对种族纯洁的欧洲（这个"欧洲"从未存在过）的幻想，而是来自基督教徒与犹太人、穆斯林、蒙古人相遇时打下的智识基础。

今天的黑暗时代

本书通篇努力展示一个充满光明的中世纪世界。阳光透过彩色玻璃。火焰吞噬被判定为异端之书或犹太人的圣书。军队高举金光闪闪、镶着宝石的圣骨匣走向战场。大火吞没了一座座城市。芳香的食物、精美的书本、古典知识、音乐、美术遍及中世纪更大的世界，激发和照亮了人们的感官和思想。被奴役之人不得不离开家园，同这些精美的物品一道被出售。他们所走过的道路，或许也是三位信仰不同宗教的学者为努力研究亚里士多德学说而走过的同一条道路。非洲人在不列颠生活，犹太人与基督徒为邻，苏丹同托钵修士举行神学辩论。同样，他们也经常对彼此暴力相向。我们在书中展现的"光明时代"并不简单，也不纯净，而是杂乱无章、包含人性的。我们认为，这就是最接近事实的中世纪图景。

与此同时，"黑暗时代"和一个孤立、野蛮、原始的中世纪欧洲的叙事继续弥漫于大众文化。这个迷思从来都不是事实，但其存续和发展，在数个世纪中造成了很大的负面影响。它的存在给了我们一个地方，来放置我们所不熟悉的自我，还有我们在照镜子时不愿意承认的事。

彼特拉克及其同时代的人或许为"落后黑暗的中世纪"观念奠定了地基，但17世纪和18世纪的启蒙运动才筑就了我们仍然居留其中的观念之屋。在那个时候，实行君主制的欧洲大国的公民试图寻根溯源，以解释他们是如何到达他们所处的位置的。他们的出发点在于，他们所处的世界比以前的世界"更美好"。据他们说，欧洲已经从黑暗中爬出来，走入了光明。这些熟悉的术语——黑暗和光明——体现出他们对过去的价值判断，这种判断有选择地给白种人赋予了特权。毕竟，欧洲这些国家是由富有的白人男子统治，并为其他富有的白人男子谋福利的。因此，在追寻自己的历史时，他们忽略了自己并不认可的故事——那些行为、思想或外表与自己相异之人的故事，即便这些故事是欧洲和地中海历史的核心，也是如此。本书通篇试图讲述的就是这样的故事，这段历史必须包括那些讲阿拉伯语、突厥语、希伯来语之人的视角，必须容纳由女性或有色人种撰写和演绎的故事。

欧洲这些现代早期史记载都是以各个民族国家的传说开始，但18世纪和19世纪的思想家看向4世纪的日耳曼人，视其为纯种的白人祖先，认为他们拥有独特的文化遗产，需要珍视。这种思维方式与对过去的"科学"研究、科学种族主义、国际奴隶贸易、殖民主义相结合，改变了人们对过去的看法。这些思想家不再将欧洲视为一个个单独的民族国家——也不再将欧洲视为单纯的"欧洲"，因为需要将北美洲囊括在内——而是用"西方"一词来统括其（据说是）共同的遗产，以解释白人为什么应该统治世界。于是，西方文明的历史变成了所谓不间断的谱系的叙事，从希腊到罗马，到日耳曼民族，到文艺复兴，到宗教改革，再到当代白人的世界。这个历史的中段，是一个被迷信（指天主教，北欧的新教历史学家如是说）污染的反常时期。

这一切意味着，在1900年前后，欧洲各国领导人普遍试图通过回溯中世纪来支撑其政治叙事。统治的合法性需要深厚的根基。例如，德皇威廉二世在1898年同他的妻子前往耶路撒冷，还装扮成所谓的十字军战士。他甚至强迫耶路撒冷的统治者拆除一段城墙，以便在13世纪腓特烈二世皇帝进入耶路撒冷的同一地点入城。在第一次世界大战期间，一些英国出版物声称，1917年艾伦比攻占耶路撒冷，"完成了"理查一世国王第三次十字军运动的未竟事业。几乎任何一个欧洲国家都可以讲述类似的故事，都在努力从中世纪历史中找寻理由，以为其当代的殖民野心和政治主张做辩解。

当然，美国也是其中的一部分。美国利用建构出来的"盎格鲁-撒克逊"遗产与想象中的基于阶级和种族的优雅骑士精神，在内战前后为白人至上主义辩护。三K党成员自称为"骑士"，而从托马斯·杰斐逊时代开始，"盎格鲁-撒克逊"这个词就被奉为一个种族类别，用来使美国白人"变得高贵"。马修·X.弗农（Matthew X. Vernon）和其他一些学者已经表明，美国黑人一直在同这种观念做斗争，他们正确地主张中世纪的世界也属于他们。

然而，这种祖传的中世纪主义是一个基础，使"西方"国家得以在18世纪和19世纪建构有用的历史，服务于其帝国主义的需要。我们永远不能忘记，这是一段有强烈种族主义色彩的有用历史，往往与民族主义的侵略行为和全社会的偏见发展相关。而且，社会上没有哪个领域不受其影响。20世纪的学者经常投入这项工作中，心甘情愿地构建国家叙事，参与并支持这些殖民主义的设想。

今天，我们继承了上述这一切的遗产，生活在我们自己的黑暗时代。白人至上主义者继续追溯欧洲中世纪历史，以此讲述关于白人的故事，讲述一种已经失去的（但存在于想象中的）男性气概的意识，讲述流血冲突的必要性。我们在欧洲各处都能看到这一点：他们在反移民集会上扮演十字军战士；他们在弗吉尼亚州的集会上挥舞着喷有"上帝旨意"（Deus Vult）字样的盾牌；他们在挪威发布冗长的文章，将自己与想象中的新圣殿骑士团联系在一起；他们援引穆斯林和基督徒的战斗事例，为新西兰的屠杀辩护。他们引用流行的、政治的、学术的"黑暗时代"叙事，同时又利用新技术跨越大洋相互联络。他们想回到想象中的中世纪。在有白人至上主义者的地方，你就会发现中世纪主义，而且几乎总是会发现相伴的谋杀。

反对"黑暗时代"的斗争跨越了几个世纪。现在这场斗争仍有至关重要的意义，这并不仅仅因为人们对中世纪持有错误的印象（所有历史时期的真相都会承受后世迷思的重压）。相反，这场斗争之所以重要，是因为将所有这些对中世纪历史的盗用联系在一起的，恰恰是其核心的空虚。换句话说，"黑暗时代"的黑暗意味着空虚，这是一个一无所有的、几乎无边无际的空间，可以把我们现代的先入之见，无论积极的还是消极的，全都装进去。"黑暗时代"既可以是落后的，也可以是进步的，既令人憎恶，也值得效仿，这取决于观者的视角。它可以成为人们所希求的任何东西，成为那些思想和行动的"理由"与"解释"，因为人们认为这些思想和行动可以追溯到这样久远的时代。

在我们写这本书的时候，世界正经历一场大动荡，大流行病、剧烈的气候变化、广泛的政治混乱肆虐全球。我们主要是在居家隔离期间创作这本书的，我们一再看到，中世纪世界如何嵌入我们当前的世界——"瘟疫""十字军""天启"成为描述当代事件的常用术语。有时我们忍不住要感叹一个"黑暗时代"的到来，称呼我们的超现代经济体系为"封建"，通过与黑死病相比来评判2020年应对新冠病毒的措施。我们退回"黑暗时代"的舒适圈，以远离那些存在于我们自身的世界却令人无法直视的事物，以在过去和现在之间,在恐怖和希望之间,至少加上一些年代的他异性。

但这是我们不能接受的。将现在简单化地比照过去,不仅是对过去那个时代,也是对我们当前这个时代的暴力。我们假装"这个"同"那个"一样,就是在为自己开脱,让自己不去试图真正理解我们所哀叹或崇拜的事物究竟"怎么样"和"为什么"。历史类比为必然复杂的现象提供了简单的解释,而作为历史学家,我们的工作总是提醒人们,提供简单化的叙事就像推销一样。历史学家们总是说:"事实比那个更复杂。"的确,事实总是比那些解释更复杂。

我们希望《光明时代》能够通过阐明所谓中世纪的历史来起身应对挑战。这本书开始于加拉·普拉西狄亚在拉韦纳的陵墓中仰望的一片星空,以及一个并未衰亡的古代罗马。这本书结束于但丁,他在自己的文字之旅的终点,或许也被加拉·普拉西狄亚在约 1000 年前凝视的同一片天幕所启发。当他们凝视着头顶上闪闪发光的镶嵌画时,两人都或许以自己的方式,欢欣鼓舞于但丁所说的"推动太阳及群星运转的爱"。在这跨越近千年的时光中,我们看到人们是如何开启和反抗自身时代的压迫制度,如何创造美与造成恐怖,如何跨越和划出边界的——他们如何以完整而复杂的人性,参与自己所处的时代。他们爱,他们恨,他们吃和睡,哭和笑,保护和杀害。他们的生活多姿多彩。我们希望,《光明时代》能让大家看到所有的美丽和恐怖。光照是走出黑暗的办法——马赛克可以在烛光下闪闪发亮,血泊可以在街道上反光。历史向我们展示了世界的诸可能性,那些没有走过的路,以及那些曾经走过的路。我们希望讲述一段更加明亮但或许不总是令人愉快的中世纪历史，能够更清晰地展示种种现实和可能性，也能为我们自己的现代世界揭示出更多道路。

愿《光明时代》有助于照亮我们前进的道路。

致　谢

我们为这本书欠下了太多人情，无法一一列出。首先要感谢我们的经纪人威廉·卡拉汉，以及我们在哈珀的出色编辑萨拉·豪根。两人都付出了艰辛的努力，使我们这本书的成品比最初想象中的要好很多。在这方面，感谢罗兰·贝当古、塞西莉亚·加波施金、莫妮卡·H. 格林、科林·霍、鲁斯·卡拉斯、妮可·洛佩兹-詹森、丹尼尔·梅莱诺、詹姆斯·T. 帕尔默、S. J. 皮尔斯、玛丽·兰巴兰-欧尔姆、安迪·罗米格、杰伊·鲁本斯坦、蕾切尔·沙因、安德莉亚·斯德克、托尼娅·特里贾诺、布雷特·惠伦。他们各自阅读了个别章节，在起草过程中提供了反馈和建议。当然，错误和遗漏都归我们自己。

我们还要感谢过去和现在在弗吉尼亚理工大学、明尼苏达大学、多米尼加大学的优秀同事。或许更重要的是，要感谢我们的老师和学生。《光明时代》的灵感主要来自我们的课堂时光，来自我们对课上和课后讨论的热爱。我们的老师毫无保留地回答我们提出的问题，鼓励我们的研究兴趣，现在我们有机会将这些传承下去，在下课后停留一小段时间，因为还有学生想再问一个问题。我们希望这本书能回答其中一些问题，并激发出更多的问题。

最后，我们要向家人表达最深沉、最温暖的谢意，在我们的精神跨越千年及更长时间的过程中，他们始终给予我们坚定的支持和耐心。这本书试图照亮过去，也希望在我们努力奔向更美好的未来时，展示世界的可能性。这本书是献给他们的。

延伸阅读

人们常常认为，人文学科研究是一种孤独的求索——学者们大多是孤独的，坐在发霉的书旁，沉浸于深邃的思想。由于《光明时代》主要是在新冠疫情期间创作的，我们独自坐在发霉的书旁，电脑屏幕的昏暗光线照在我们身上，所以，当谈到实际写作过程时，这种印象足够真切。尽管如此，这本书很大一部分内容得益于令人振奋的对整个中世纪历史的研究成果。自欧洲进入中世纪以来，就存在历史记载，即便"中世纪"作为严谨的学术概念只在14世纪末才开始出现，直到19世纪才被现代学术界所广泛使用。不过就在过去的几年中，我们对历史的认识发生了一些重大变化，因为学者们试图提出新的（和更好的）问题，这些问题更加忠实于我们共同研究的人、地区、事件本身。

通常，我们在某一个章节中提到的著作，也会对其他几个章节有所启发，但为简洁起见，只列举一次。此外，理解欧洲中世纪需要接触许多国家、许多种语言的学术传统，但我们决定在这里只列出英文著作，只推荐那些相对而言更容易获得的著作。

我们关于延伸阅读的建议，是为了让你能够涉足一片广阔的著作之海。这片海域的洋流使人感到安慰和恐惧、温暖和寒冷，但它的神秘性一直深深吸引着我们。我们列举在这里的，只是欧洲中世纪探索之旅的开始。

导 论

本书所涉及的每一个话题都像一个兔子洞，一个超链接，一个通往数十年乃至数百年研究和对话的入口。欧洲中世纪历史跨度巨大，甚至超过了人们通常认为的 1000 年。关于这一时期的概念，包括"黑暗时代"这一说法的形成的一般概述，可以参考 Wallace K. Ferguson, *The Renaissance in Historical Thought: Five Centuries of Interpretation* (Houghton Mifflin, 1948); Patrick Geary, *The Myth of Nations: The Medieval Origins of Europe* (Princeton University Press, 2003); John Arnold, *What Is Medieval History?* (Polity, 2008)。其中重要的一点在于，要意识到权力制约着我们对历史阶段的划分以及我们对自身来源的思考，对此，参见 Michel-Rolph Trouillot, *Silencing the Past: Power and the Production of History* (Beacon Press, 1995)。关于中世纪时期椰子的旅程，参见 Kathleen Kennedy, "Gripping It by the Husk: The Medieval English Coconut," *The Medieval Globe* 3:1 (2017), article 2。最近，得益于更多公众参与，优秀的研究成果更加广泛地可得，诸如 InTheMedievalMiddle.com 等博客网站脱颖而出；Sierra Lomuto's "White Nationalism and the Ethics of Medieval Studies" (December 5, 2016) 是此类研究的重要范例，为接下来几年的讨论设定了基调。

第一章

Judith Herrin, *Ravenna: Capital of Empire, Crucible of Europe* (Princeton University Press, 2020) 是解读这个至关重要的城市的

历史的最新著作，我们的故事从此城开始。此外还有许多其他著作，例如 Deborah Mauskopf Deliyannis, *Ravenna in Late Antiquity* (Cambridge University Press, 2010)。毋庸置疑，加拉·普拉西狄亚本人吸引了大量学术关注，为全面了解她那令人惊叹的生平，有很多著作可以阅读，或许可以从这里开始：Hagith Sivan, *Galla Placidia: The Last Roman Empress* (Oxford University Press, 2011); Joyce E. Salisbury, *Rome's Christian Empress: Galla Placidia Rules at the Twilight of the Empire* (Johns Hopkins University Press, 2015)；对罗马帝国晚期女性状况的概观，参见 Julia Hillner, "A Woman's Place: Imperial Women in Late Antique Rome," *Antiquité Tardive: Revue internationale d'histoire et d'archéologie* 25 (2017), pages 75–94。关于拉韦纳陵墓之壮丽，参见 Gillian Mackie, *Early Christian Chapels in the West: Decoration, Function and Patronage* (University of Toronto Press, 2003)；下面这篇文章专门描写了陵墓中蓝色天幕的细节，其作为万花筒的构想：Ellen Swift and Anne Alwis, "The Role of Late Antique Art in Early Christian Worship: A Reconsideration of the Iconography of the 'Starry Sky' in the 'Mausoleum' of Galla Placidia," *Papers of the British School at Rome* 78 (2010), pages 193–217。如果你们想深入研究原始资料，我们衷心赞成，可以从这里开始：*Jordanes, The Gothic History*, translated by C. Mierow (Oxford University Press, 1915)。

第二章

这本书对狄奥多里克夺回罗马的企图做了扎实的讨论：Jonathan J. Arnold, *Theoderic and the Roman Imperial Restoration*

(Cambridge University Press, 2014)。Averil Cameron, *Procopius and the Sixth Century* (Routledge, 1996) 为了解历史学家和他所服务的君主的世界提供了很好的入门途径。对这一主题更专门的研究，可参见学术论文 Henning Börm, "Procopius, His Predecessors, and the Genesis of the Anecdota: Antimonarchic Discourse in Late Antique Historiography," in *Antimonarchic Discourse in Antiquity*, edited by Henning Börm (Franz Steiner Verlag, 2015), pages 305–46。对狄奥多拉在 6 世纪的拜占庭帝国所发挥的关键作用做必要的重新评估，参见 David Potter's *Theodora: Actress, Empress, Saint* (Oxford University Press, 2015)；若想了解更多关于中世纪战车比赛（表面上看，这项运动几乎使帝国崩溃）的连续传统，我们推荐 Fik Meijer, *Chariot Racing in the Roman Empire* (Johns Hopkins University Press, 2010)。圣索菲亚大教堂耸立在这一切之上，关于这座建筑物本身，推荐 Bissera V. Pentcheva, *Hagia Sophia: Sound, Space, and Spirit in Byzantium* (Pennsylvania State University Press, 2017)。关于圣索菲亚大教堂的建筑世界，推荐 Robert Ousterhout, *Eastern Medieval Architecture: The Building Traditions of Byzantium and Neighboring Lands* (Oxford University Press, 2019)。另外要再次强调，我们一直鼓励你们自己阅读一些原始资料。普罗柯比本人总是很有趣，请看 Loeb Classical Library 系列中所译的他的作品集。普罗柯比的 *Secret History*, translated by Peter Sarris (Penguin, 2007)，也很容易找到。

第三章

7 世纪在阿拉伯半岛发生的改变世界的一系列事件，不出所料地激发了一类文献，其规模不亚于整个人类历史上的任何话题。首先，关于这一系列事件的中心人物，我们推荐 Kecia Ali, *The Lives of Muhammad* (Harvard University Press, 2014)。同样重要的是由穆罕默德开启的宗教、文化、政治运动，及其在他死后数年的发展变化，参见 Fred M. Donner, *Muhammad and the Believers: At the Origins of Islam* (Harvard University Press, 2012)。有许多著作详细介绍了穆罕默德的信徒如何迅速走出阿拉伯半岛，跨越地中海世界和其他地区，遭遇（并击败）拜占庭和波斯，但读者须小心伪装成历史的现代论战文。概论性著作如 Hugh Kennedy, *The Great Arab Conquests: How the Spread of Islam Changed the World We Live In* (Da Capo, 2008) 很好地概述了这段历史时期，而穆斯林扩张的全貌则在更专门的学术著作中得到展现，例如 Michael Flecker, "A Ninth-Century Arab or Indian Shipwreck in Indonesian Waters," *International Journal of Nautical Archaeology* 29 (2000), pages 199–217。同拜占庭帝国和牧首索弗罗尼奥斯相遇的具体细节，的确很吸引人，详见 Jacob Lassner, *Medieval Jerusalem: Forging an Islamic City in Spaces Sacred to Christians and Jews* (University of Michigan Press, 2017)；或者见论文集 *Byzantium and Islam*, edited by Helen C. Evans and Brandie Ratliff (Yale University Press, 2012)；更多细节参见论文如 Daniel Sahas, "The Face to Face Encounter Between Patriarch Sophronius of Jerusalem and the Caliph ʿUmar Ibn Al-Khaṭṭāb: Friends or Foes?" in *The Encounter of Eastern Christianity with Early Islam*, edited by Emmanouela Grypeou and Mark N. Swanson (Brill, 2006), pages 33–44。

第四章

本章中有两条缠绕在一起的主线,一是意大利和中世纪早期罗马城的延续,二是当时精英女性与教会领袖(和历史学家)之间的关系。关于意大利,参见 Chris Wickham, *Early Medieval Italy: Central Power and Local Society 400–1000* (University of Michigan Press, 1989); Christina La Rocca, *Italy in the Early Middle Ages, 476–1000* (Oxford University Press, 2002)。在那个半岛和那个城市,诞生了以大格里高利为中心的新教宗制。他的传记有很多,最近一部是 George E. Demacopoulos, *Gregory the Great: Ascetic, Pastor, and First Man of Rome* (University of Notre Dame Press, 2015)。但正如我们在本章中努力展示的那样,如果想进一步了解欧洲中世纪早期,就要明白男性只是故事的一部分、画面的一半。关于女性在社会中的中心地位,推荐阅读 Jennifer C. Edwards, *Superior Women: Medieval Female Authority in Poitiers' Abbey of Sainte-Croix* (Oxford University Press, 2019); E. T. Dailey, *Queens, Consorts, Concubines: Gregory of Tours and Women of the Merovingian Elite* (Brill, 2015); 更专门的著作有 Ross Balzaretti, "Theodelinda, 'Most Glorious Queen': Gender and Power in Lombard Italy," *Medieval History Journal* 2 (1999), pages 183–207; Walter J. Wilkins, "Submitting the Neck of Your Mind: Gregory the Great and Women of Power," *Catholic Historical Review* 77 (1991), pages 583–94。如果想看原始资料,图尔的格里高利、大格里高利的作品一般都能在网上找到像样的译本。此外,还有 Gregory of Tours, *A History of the Franks*, translated by Lewis Thorpe (Penguin, 1976)。

第五章

大多数人在提到中世纪早期的英格兰时，都会想到《贝奥武甫》这部史诗，这是当然的，但我们希望本章能够说明，在这个地区、这一时期，还有更多东西值得关注。不过，你还是应当读读《贝奥武甫》。我们既有 Seamus Heaney (W. W. Norton, 2001) 这个译本，也有更新的 Maria Dahvana Headley (FSG, 2020) 译本，我们在探讨这段历史时使用的就是后面这个译本。鲁斯韦尔十字碑虽然只是一座纪念碑，却是相当壮观的，其研究著作可以先阅读 Eamonn Ó Carragáin, *Ritual and Rood: Liturgical Images and the Old English Poems of the Dream of the Rood Tradition* (University of Toronto Press, 2005)，不过我们的讨论很大一部分要归功于这篇颇具洞见的研究：Catherine E. Karkov, "Weaving Words on the Ruthwell Cross," in *Textiles, Text, Intertext: Essays in Honour of Gale R. Owen-Crocker*, edited by Maren Clegg Hyer, Jill Frederick, et al. (Boydell & Brewer, 2016), pages 183–98。此外，关于中世纪欧洲艺术的概貌，参见 Herbert L. Kessler, *Seeing Medieval Art* (University of Toronto Press, 2004)，这本书很出色。女性在本章（以及几乎所有章节）的故事中扮演了重要角色，理当如此。关于女王和王后，参见 Theresa Earenfight, *Queenship in Medieval Europe* (Palgrave, 2013)；关于信教的女性，参见 Sarah Foot, *Veiled Women: The Disappearance of Nuns from Anglo-Saxon England*, 2 vols. (Routledge, 2000)；关于惠特比修道院的杰出领袖，参见 Patrick J. Wormald, "Hilda, Saint and Scholar," in *The Times of Bede: Studies in Early English Christian Society and Its Historian*, edited by Patrick Wormald and Stephen Baxter (Wiley,

2006), pages 267–76。比德的大部分著作都可以在网上找到，但他最重要的著作当数 *Ecclesiastical History of the English People*, translated by Leo Sherley-Price (Penguin, 1990)。最后同样重要的是，中世纪早期的英格兰作为一个汇集地，虽地处边缘却与其他许多地方相互联系，这在过去几年间是大热的研究主题。关于文化在更大的世界中的演进与适应，参见 Susan Oosthuizen, *The Emergence of the English* (ARC Humanities Press, 2019); 还有 Dr. Caitlin Green 在 www.caitlingreen.org 的论文集。关于这个议题进一步的研究著作，我们推荐 Mary Rambaran-Olm and Erik Wade, *Race in Early Medieval England* (Cambridge Elements, 2021); 此外还可以关注地区研究，例如 S. E. Groves et al., "Mobility Histories of 7th–9th Century AD People Buried at Early Medieval Bamburgh, Northumberland, England," *American Journal of Physical Anthropology* 150 (2013), pages 462–76。

第六章

查理大帝的大象阿布·阿巴斯的故事仍然令人愉快，它的故事最近被详细挖掘出来了，见 Paul M. Cobb, "Coronidis Loco: On the Meaning of Elephants, from Baghdad to Aachen," in *Interfaith Relationships and Perceptions of the Other in the Medieval Mediterranean: Essays in Memory of Olivia Remie Constable*, edited by Robin Vose et al. (Palgrave, 2021); 更多关于它来到亚琛的意识形态内涵，见 Paul Edward Dutton, *Charlemagne's Mustache and Other Cultural Clusters of a Dark Age* (Palgrave, 2004)。如果你想往后退一步，观察这整个时期的概貌，最佳起

点是 Marios Costambeys, Matthew Innes, and Simon MacLean, *The Carolingian World* (Cambridge University Press, 2011), 还有 Paul Edward Dutton, *Carolingian Civilization: A Reader* (University of Toronto Press, 2004) 中收集和翻译的原始资料, 以及 *Royal Frankish Annals in Carolingian Chronicles*, translated by Bernhard Walter Scholz (University of Michigan Press, 1970) 全文。想了解更多查理大帝的生平, 有一本权威的必读书, Janet L. Nelson, *King and Emperor: A New Life of Charlemagne* (University of California Press, 2019); 此外, 你还可以了解这位皇帝的更多身后事和传说, 见 Matthew Gabriele, *An Empire of Memory: The Legend of Charlemagne, the Franks, and Jerusalem Before the First Crusade* (Oxford University Press, 2011)。了解杜达的最佳途径就是读读她的著作, 见 Dhuoda, *Handbook for William: A Carolingian Woman's Counsel for Her Son*, translated by Carol Neel (Catholic University of America Press, 1999)。Valerie L. Garver, *Women and Aristocratic Culture in the Carolingian World* (Cornell University Press, 2012) 和 Andrew J. Romig, *Be a Perfect Man: Christian Masculinity and the Carolingian Aristocracy* (University of Pennsylvania Press, 2017) 这两本精彩的书有助于我们理解贵族制和那个时代的全貌。

第七章

近几年来出现了很多关于北欧人及其历史遗产的著作。其中, Neil Price, *Children of Ash and Elm: A History of the Vikings* (Basic Books, 2020) 比较突出, 还有 Anders Winroth, *The Age of the Vikings* (Princeton University Press, 2014), 后者年代稍早一

些，但仍是一部佳作。同样至关重要的是，应当记住，维京人的世界里不只有男人。关于维京女性，可以读读新书 Jóhanna Katrín Friðriksdóttir, *Valkyrie: The Women of the Viking World* (Bloomsbury, 2020)。如果想要了解维京人航行至亚洲的范围，可以看看 Peter Frankopan, *The Silk Roads: A New History of the World* (Knopf, 2016)，还有 Marianne Vedeler, *Silk for the Vikings* (Oxbow Books, 2014)。维京人远行的主要原因之一是寻找奴隶。他们的社会是一个奴隶社会，我们永远不该忘记，也不该将其浪漫化。若想要深入了解这一方面，参见 Ruth Karras, *Slavery and Society in Medieval Scandinavia* (Yale University Press, 1988)，还有更新、更概括的著作 Alice Rio, *Slavery After Rome, 500–1100* (Oxford University Press, 2017)。这一时期的许多原始资料保存了下来，但可惜的是，它们往往成书于所描述的事件发生之后很久。其中许多文本已作为企鹅经典出版，你们可以选择 *The Vinland Sagas*, translated by Keneva Kunz (Penguin, 2008) 或 Snorri Sturluson, *King Harald's Saga*, translated by Magnus Magnusson and Hermann Pálsson (Penguin, 1976)。为了平衡阅读，可以选择 Ibn Fadlan, *Ibn Fadlan and the Land of Darkness: Arab Travellers in the Far North*, translated by Paul Lunde and Caroline Stone (Penguin, 2012)。

第八章

在欧洲，公元 1000 年前后，即"千禧年恐怖"和"封建革命"的时刻，近来往往被学术界所忽视，人们的注意力（至少在英语世界）集中在之前的加洛林王朝和之后的十字军运动。但这一时期仍然有很多值得探索的东西。本章讨论了相互交织的宗教变革和政治变革。如果你们想了解更多关于贵族制的历史，可以从这两本书开始：Dominique Barthélemy, *The Serf, the Knight, and the Historian*, translated by Graham Robert Edwards (Cornell University Press, 2009); Constance Brittain Bouchard, *Strong of Body, Brave & Noble: Chivalry and Society in Medieval France* (Cornell University Press, 1998)。更多关于宗教变革和政治变革之间关联的深入分析，Katherine Allen Smith, *War and the Making of Medieval Monastic Culture* (Boydell & Brewer, 2013) 是出色的作品，还有这本简短的 Geoffrey Koziol, *The Peace of God* (Arc Humanities Press, 2018) 也不错，是一本易读的导论。更多关于中世纪的圣徒崇拜，必读 Peter Brown, *The Cult of the Saints: Its Rise and Function in Latin Christianity* (University of Chicago Press, 2014)。城堡建造在这一时期也很重要，我们受益于 Charles Coulson, *Castles in Medieval Society: Fortresses in England, France, and Ireland in the Central Middle Ages* (Oxford University Press, 2003)。对欧洲中世纪早期末世期待的意义做重新评估，论文集 *Apocalypse and Reform from Late Antiquity to the Middle Ages*, edited by Matthew Gabriele and James T. Palmer (Routledge, 2018) 还不错。不过要读一读原始文献，尽管 1000 年前后被视为"黑暗时代"典型的至暗时期，但留下了很多文献。我们把目光集中于 Odo of Cluny, *Life of Saint Gerald of Aurillac*, translated by Gerard Sitwell, in *Soldiers of Christ: Saints and Saints' Lives from Late Antiquity and the Early Middle Ages*, edited by Thomas F. X. Noble and Thomas Head (Pennsylvania State University Press, 1995), 293–362; Bernard of Angers, *The Book of Sainte Foy's Miracles*, in

The Book of Sainte Foy, translated by Pamela Sheingorn (University of Pennsylvania Press, 1995)。

第九章

十字军运动或许鼓动了比中世纪欧洲史的其他任何事件更多的历史写作。大多数原始资料都有译本。这本书摘录的拉丁文献片段收录在容易获得的 Edward Peters, *The First Crusade: "The Chronicle of Fulcher of Chartres" and Other Source Materials* (University of Pennsylvania Press, 1998);翻印最多的拉丁文献全本当数 Robert the Monk, *History of the First Crusade*, translated by Carol Sweetenham (Ashgate, 2005)。希波的奥古斯丁的著作写于更早时期,但对理解十字军事件十分重要,尤其是他的巨著 *City of God*, translated by Henry Bettenson (Penguin, 2004)。值得庆幸的是,拉丁语和欧洲方言之外的其他语言资料也逐渐被译出,可供我们使用。从拜占庭的视角看,最合适的文献来自 Anna Comnena, *The Alexiad*, translated by E. R. A. Sewter (Penguin, 2009);从叙利亚阿拉伯人的视角,有 Usama ibn Munqidh, *The Book of Contemplation: Islam and the Crusades*, translated by Paul M. Cobb (Penguin, 2008)。至于现代学术界,讲英语的人可选择的范围太广了。绝对要从这本简短却有洞见的小书入手:Susanna A. Throop, *The Crusades: An Epitome* (Kismet Press, 2018), 还有这本重要的著作 Paul M. Cobb, *The Race for Paradise: An Islamic History of the Crusades* (Oxford University Press, 2016)。关于十字军运动的滥觞,Jay Rubenstein, *Armies of Heaven: The First Crusade and the Quest for the Apocalypse* (Basic Books, 2011) 引

人注意。一些学者爬梳了基督教"神圣战争"的细微机理，例如 Elizabeth Lapina, *Warfare and the Miraculous in the Chronicles of the First Crusade* (Pennsylvania State University Press, 2015); Beth C. Spacey, *The Miraculous and the Writing of Crusade Narrative* (Boydell & Brewer, 2020); Katherine Allen Smith, *The Bible and Crusade Narrative in the Twelfth Century* (Boydell & Brewer, 2020)。

第十章

若想了解更多关于克吕尼的彼得的南下之旅，以及将《古兰经》翻译成拉丁文的历史，参见关键著作 Thomas E. Burman, *Reading the Qur'an in Latin Christendom, 1140–1560* (University of Pennsylvania Press, 2009); Dominique Iogna-Prat, *Order and Exclusion: Cluny and Christendom Face Heresy, Judaism, and Islam (1000–1150)*, translated by Graham Robert Edwards (Cornell University Press, 2003)。更多关于伊比利亚多宗教共存的概述，参见 María Rosa Menocal, *The Ornament of the World: How Muslims, Jews and Christians Created a Culture of Tolerance in Medieval Spain* (Back Bay Books, 2003); Jerrilynn D. Dodds, María Rosa Menocal, and Abigail Krasner Balbale, *The Arts of Intimacy: Christians, Jews, and Muslims in the Making of Castilian Culture* (Yale University Press, 2009); 以及最新的 Brian A. Catlos, *Kingdoms of Faith: A New History of Islamic Spain* (Basic Books, 2018)。此外，Hussein Fancy, *The Mercenary Mediterranean: Sovereignty, Religion, and Violence in the Medieval Crown of Aragon* (University of Chicago Press, 2018) 以更窄的视角研究这些主题，但对现代宗教观如何投射到中世纪历史，提出了一些重要观点。关于这一主题的争论，不仅限于欧洲中世纪，一部重要的著作是 Tomoko Masuzawa, *The Invention of World Religions; or How European Universalism Was Preserved in the Language of Pluralism* (University of Chicago Press, 2005)。对整个争论的关键之处的审视，见 Alejandro García-Sanjuán, "Rejecting al-Andalus, Exalting the Reconquista: Historical Memory in Contemporary Spain," *Journal of Medieval Iberian Studies* 10 (2018), pages 127–45; S. J. Pearce, "The Myth of the Myth of the Andalusian Paradise: The Extreme Right and the American Revision of the History and Historiography of Medieval Spain," in *Far-Right Revisionism and the End of History: Alt/ Histories*, edited by Louie Dean Valencia-García (Routledge, 2020), pages 29–68。最后，有一部包含了中世纪伊比利亚三大宗教传统的出色的原始资料集 *Medieval Iberia: Readings from Christian, Muslim, and Jewish Sources*, edited by Olivia Remie Constable (University of Pennsylvania Press, 2011)。

第十一章

伟大的摩西·迈蒙尼德的一生激发了许多人为他作传，包括相对新的 Sarah Stroumsa, *Maimonides in His World: Portrait of a Mediterranean Thinker* (Princeton University Press, 2009); Joel L. Kraemer, *Maimonides: The Life and World of One of Civilization's Greatest Minds* (Doubleday, 2010)。本章另一核心人物苏丹萨拉丁，也是如此。Jonathan Phillips, *The Life and Legend of the Sultan*

Saladin (Yale University Press, 2019) 是近年来出版的一部相当不错的传记；我们还推荐关于他在埃及时期的著作 Ya'acov Lev, *Saladin in Egypt* (Brill, 1998)。那个时代更大的社会和政治力量冲击了迈蒙尼德的人生，推动他从伊比利亚来到北非，最后定居埃及，这本身就引人入胜。关于这方面的更多研究，参考 Amira K. Bennison, *The Almoravid and Almohad Empires* (Edinburgh University Press, 2016)，还有关于这一时代的宗教改信问题的专门研究，参见 Maribel Fierro, "Again on Forced Conversion in the Almohad Period," *Forced Conversion in Christianity, Judaism, and Islam*, edited by Mercedes García-Arenal and Yonatan Glazer-Eytan (Brill, 2019), pages 111–32。另外，这一时期北非和南亚的关系（主要是贸易）也很有趣，参见 Shelomo Dov Goitein and Mordechai Friedman, *India Traders of the Middle Ages* (Brill, 2007)。当然，你们也应该自己阅读迈蒙尼德的著作，*Guide for the Perplexed*, translated by Chaim Rabin (Hackett, 1952)。

第十二章

我们无法传达阅读法兰西的玛丽作品的快乐和喜悦，所以你们应该自己去读读她的 *Lais*, translated by Keith Busby (Penguin, 1999)。希尔德加德的异象也十分奇妙，参见 Hildegard of Bingen, *Selected Writings*, translated by Mark Atherton (Penguin, 2001)。此外，可以想见，有很多很多关于她们作品的出色分析，例如 Geoff Rector, "Marie de France, the Psalms, and the Construction of Romance Authorship," in *Thinking Medieval Romance*, edited by Katherine C. Little and Nicola McDonald (Oxford University Press,

2018), pages 114–33；还有各种论文收录于 *A Companion to Marie de France*, edited by Logan E. Whalen (Brill, 2011)；以及 Sharon Kinoshita and Peggy McCracken, *Marie de France: A Critical Companion* (D. S. Brewer, 2014)。关于希尔德加德，参见 Sabina Flanagan, *Hildegard of Bingen: A Visionary Life* (Routledge, 1998)；*A Companion to Hildegard of Bingen*, edited by Beverly Mayne Kienzle, Debra L. Stoudt, and George Ferzoco (Brill, 2013)。在本章所写的三位女性中，阿基坦的埃莉诺或许最有名，但说来奇怪，我们对她的了解或许最少，而且受众多平庸的传记之害最深。关于她的生平，我们推荐 *Eleanor of Aquitaine: Lord and Lady*, edited by Bonnie Wheeler and John C. Parsons (Palgrave, 2003); Ralph V. Turner, *Eleanor of Aquitaine: Queen of France, Queen of England* (Yale University Press, 2011)。关于亚瑟王传奇，我们受益于 Martin Aurell, "Henry II and Arthurian Legend," in *Henry II : New Interpretations*, edited by Christopher Harper-Brill and Nicholas Vincent (Boydell & Brewer, 2007), pages 362–94。最后，推荐一本修正哈斯金斯理论的佳作 John Cotts, *Europe's Long Twelfth Century: Order, Anxiety, and Adaptation* (Palgrave, 2012)；还有对"文艺复兴"的总体思考，Joan Kelly-Gadol, "Did Women Have a Renaissance?" in *Women, History, and Theory: The Essays of Joan Kelly* (University of Chicago Press, 1984), pages 175–201。

第十三章

本章聚焦作为一种制度的教宗制的崛起，围绕着英诺森三世的生涯展开。关于中世纪教宗制的介绍，没有比这部更好的了：

Brett Edward Whalen, *The Medieval Papacy* (Palgrave, 2014)。关于英诺森本人，参见 John C. Moore, *Pope Innocent III (1160/61–1216): To Root Up and to Plant* (University of Notre Dame Press, 2009)。正如书中所述，十字军运动是这一时期教宗世界的主题。关于几次去往东方对付穆斯林和拜占庭人的远征，参见 Jessalynn Bird, *Papacy, Crusade, and Christian-Muslim Relations* (Amsterdam University Press, 2018); David M. Perry, *Sacred Plunder: Venice and the Aftermath of the Fourth Crusade* (Pennsylvania State University Press, 2015)。但随后，欧洲转而向内，沉溺于异端问题。R. I. Moore 的研究是必读的，他界定了这一研究领域。他最近一部著作是 *The War on Heresy* (Belknap Press, 2014)。此外，还可以参考关于中世纪异端的概述，例如 Christine Caldwell Ames, *Medieval Heresies: Christianity, Judaism, and Islam* (Cambridge University Press, 2015); Jennifer Kolpacoff Deane, *A History of Medieval Heresy and Inquisition* (Rowman & Littlefield, 2011)。有很多关于阿尔比派的专门研究，但其中很多陷于阴谋论和新时代的无稽之谈。Mark Gregory Pegg, *A Most Holy War: The Albigensian Crusade and the Battle for Christendom* (Oxford University Press, 2009) 有助于拨开迷雾。过于奇妙以至于令人难以置信的圣灰狗吉尼福的故事，在这里第一次得到深入探讨：Jean-Claude Schmitt, *The Holy Greyhound: Guinefort, Healer of Children Since the Thirteenth Century*, translated by Martin Thom (Cambridge University Press, 2009)。

第十四章

13 世纪巴黎的学术发展值得用一本书的篇幅来细讲，可参见 Cecilia Gaposchkin 即将出版的著作。关于巴黎市内和周边的辉煌建筑，可以看看叙热自己关于光线和教堂关系的理论，见 Suger of Saint-Denis, *On the Abbey Church of St-Denis and Its Art Treasures*, translated by Erwin Panofsky (Princeton University Press, 1979)。关于圣礼拜堂及其与法兰西国王路易九世的关系，参见 Meredith Cohen, *The Sainte-Chapelle and the Construction of Sacral Monarchy: Royal Architecture in Thirteenth-Century Paris* (Cambridge University Press, 2014); Alyce A. Jordan, *Visualizing Kingship in the Windows of the Sainte-Chapelle* (Brepols, 2002)。关于西岱岛上两座教堂的竞争，参见 Rebecca A. Baltzer, "Notre-Dame and the Challenge of the Sainte-Chapelle in Thirteenth-Century Paris," in *Chant, Liturgy, and the Inheritance of Rome: Essays in Honour of Joseph Dyer*, edited by Daniel J. DiCenso and Rebecca Maloy (Boydell & Brewer, 2017), pages 489–524。不过，漂亮的彩色玻璃并不是巴黎唯一的光辉，正如本章所述，巴黎还有大火。关于这一时期对少数族群尤其是欧洲犹太人的迫害，见 David Nirenberg, *Communities of Violence: Persecution of Minorities in the Middle Ages* (Princeton University Press, 2015)。具体关于法国的犹太人，参见 William Chester Jordan, *The French Monarchy and the Jews: From Philip Augustus to the Last Capetians* (University of Pennsylvania Press, 1989); 还可以在 *The Trial of the Talmud: Paris, 1240*, translated by John Friedman and Jean Connell Hoff (Pontifical Institute of Mediaeval Studies, 2012) 中阅读文献资料。关于迫害者和宗教裁判所的形成，参见 James B. Given, *Inquisition and Medieval Society: Power, Discipline, and Resistance* in Languedoc (Cornell University Press, 2001)。关于中世纪大学的诞生，以及开放思维和打压异见的学术文化，可以从这本开始：Ian P. Wei, *Intellectual Culture in Medieval Paris: Theologians and the University, c. 1100–1330* (Cambridge University Press, 2012)。

第十五章

欧洲和亚洲之间跨越大草原的人口流动，可能是"光明时代"中最为重要的活动之一。关于持续多个世纪的交流的讨论往往聚焦于宗教间的接触，首先在于现代的中东地区。对此，有一部杰出的著作，Christopher MacEvitt, *The Crusades and the Christian World of the East: Rough Tolerance* (University of Pennsylvania Press, 2009)。当这种交流深入亚洲，特别是在 13 世纪和 14 世纪，托钵修士参与了进来。Christopher Dawson, *Mission to Asia* (University of Toronto Press, 1980) 仍有价值；你们还可以读读其中一位修士的日志：William of Rubruck, *The Mission of Friar William of Rubruck: His Journey to the Court of the Great Khan Möngke, 1253–1255*, translated by Peter Jackson (Hackett, 2009)。但晚近的研究引入了种族问题，使我们重新思考讲述这一时期历史的方式，参见 Shirin Azizeh Khanmohamadi, *In the Light of Another's Word: European Ethnography in the Middle Ages* (University of Pennsylvania Press, 2013); Sierra Lomuto, "Race and Vulnerability: Mongols in Thirteenth-Century Ethnographic Travel Writing," in *Rethinking Medieval Margins and Marginality*, edited by Anne E. Zimo et al. (Routledge, 2020), pages 27–42。正如我们在本章中试图展示的那样，至关重要的是，必须将丝绸之路沿线的蒙古人和

其他族群视为历史的主体，而非仅仅是客体。对此，参见 Richard Foltz, *Religions of the Silk Road* (St. Martin's Press, 1999); Jack Weatherford, *The Secret History of the Mongol Queens: How the Daughters of Genghis Khan Rescued His Empire* (Broadway, 2011); 还有更专门的文章，提示我们蒙古帝国建立的各种广泛的联系，例如 Hosung Shim, "The Postal Roads of the Great Khans in Central Asia under the Mongol-Yuan Empire," *Journal of Song-Yuan Studies* 44 (2014), pages 405–69。

第十六章

有很多体量巨大、精心编排的资料集，有助于我们深化对欧洲和整个地中海地区黑死病的理解。其中两本是 *The Black Death*, edited by Rosemary Horrox (Manchester University Press, 1994); John Aberth, *The Black Death: The Great Mortality of 1348–1350: A Brief History with Documents* (Bedford St. Martins, 2005)。David Herlihy, *The Black Death and the Transformation of the West* (Harvard University Press, 1997) 试图深入思考这场瘟疫带来的变革。不过，应当谨慎对待他的结论，有新的研究表明，他的一些假设需要重新考虑。更新的著作 Bruce M. S. Campbell, *The Great Transition: Climate, Disease and Society in the Late Medieval World* (Cambridge University Press, 2016) 做出类似的尝试，想要探讨瘟疫和中世纪晚期欧洲气候重大变化带来的整体变革。不过，如果你们想了解黑死病本身，绝对要从 Monica H. Green 的研究开始，她最近的文章 "The Four Black Deaths," *American Historical Review* 125 (2020), pages 1601–31 改变了我们对有关黑死病的

一切的看法。此外，论文集 Pandemic Disease in the Medieval World: Rethinking the Black Death, edited by Monica H. Green (Arc Humanities Press, 2015) 迈出了第一步，向我们展示了第二次瘟疫大流行的影响真的波及全球。这部论文集中的一篇文章 Robert Hymes, "Epilogue: A Hypothesis on the East Asian Beginnings of the Yersinia pestis Polytomy," pages 285–308 在探究瘟疫起源并通过多学科的方法来研究这一课题方面，尤为重要。Gérard Chouin, "Reflections on Plague in African History (14th–19th c.)," Afriques 9 (2018) 也表明了为何需要将非洲纳入讨论之中。最后，当谈到疾病时，我们也不能忘记，中世纪的人也是人，他们的身体承受着苦痛。为了解这一时期欧洲人如何看待自身，参见 Jack Hartnell, Medieval Bodies: Life and Death in the Middle Ages (W. W. Norton, 2019)。

第十七章

每个人都应该读读但丁。最容易获得的译本是 Dante Aligheri, The Divine Comedy, translated by Mark Musa (Penguin, 2014)。除了写作，但丁在佛罗伦萨和拉韦纳的生活都十分丰富和特别，这生动地展现于 John Took, Dante (Princeton University Press, 2020)。关于但丁的评论太多了，你们可以用一生的时间来阅读，但用英语写作并聚焦拉韦纳主题的，可以考虑看看 Rachel Jacoff, "Sacrifice and Empire: Thematic Analogies in San Vitale and the Paradiso," in Renaissance Studies in Honour of Craig Hugh Smyth (Giunti Barbéra, 1985), volume 1, pages 317–32；或更宽泛的，关于马赛克镶嵌画和拜占庭艺术，特别是关于拜占庭皇帝查士丁尼

马赛克像的初步讨论见 E. D. Karampetsos, *Dante and Byzantium* (Somerset Hall Press, 2009)。关于但丁的故乡佛罗伦萨，也是艺术和所谓"意大利文艺复兴"的诸多研究的焦点，参见 John Najemy, *A History of Florence* (Wiley-Blackwell, 2008)；或者更专门的作品，例如 Franklin K. B. Toker, "Florence Cathedral: The Design Stage," *Art Bulletin* 60 (1978), pages 214–31。当然，在中世纪晚期的意大利半岛，还有其他重要的城市，它们之间的对抗导致的动荡也是可以理解的、无穷无尽而令人着迷的课题。例如，关于威尼斯，参见 Deborah Howard, *Venice and the East* (Yale University Press, 2000)；或者，如果想了解概貌，可以从这本书 Trevor Dean and Daniel Philip Waley, *The Italian City Republics* (Routledge, 2013) 开始；关于这些城市的经济和社会生活，见 Sheilagh Ogilvie, *Institutions and European Trade: Merchant Guilds 1000–1800* (Cambridge University Press, 2011)。但正如我们在本章中所强调的，应当始终将城市视为中世纪全景的一部分，Miri Rubin, *Cities of Strangers: Making Lives in Medieval Europe* (Cambridge University Press, 2020) 的思考对我们理解这一概念再好不过了。

尾 声

关于修士德拉斯·卡萨斯和人文主义者塞普尔韦达之间的精彩辩论——或许标志着光明时代的终结——有很多值得花时间阅读的著作，包括 Anthony Pagden, *The Fall of Natural Man: The American Indian and the Origins of Comparative Ethnology* (Cambridge University Press, 1982), 以及 Lewis Hanke, *All Mankind Is One: A Study of the Disputation Between Bartolomé de Las*

Casas and Juan Ginés de Sepúlveda in 1550 on the Intellectual and Religious Capacity of the American Indians (Northern Illinois University Press, 1994)，还有更新的、卓越的 Rolena Adorno, *Polemics of Possession in Colonial Spanish American Narrative* (Yale University Press, 2007)。不过，这场争论并没有标示出一个"中间"时代。对此，我们当然在相当程度上要归功于彼特拉克，以及有见地的旧论文 Theodore E. Mommsen, "Petrarch's Conception of the 'Dark Ages,'" *Speculum* 17 (1942), pages 226–42，这篇文章仍有助益。19世纪历史学家的著作也很重要，特别是 Jacob Burckhardt, *The Civilization of the Renaissance in Italy*, translated by S. G. C. Middlemore (Penguin, 1990)。布克哈特在不经意间展示了"中世纪"这个概念是如何塑造我们对这一时期的看法的，因此依然值得参考。研究这些概念与研究这个时代本身同样重要，尤其在21世纪。幸运的是，这方面的宏大的研究成果让我们惊叹。关于这一主题的概述，参见 David Matthews, *Medievalism: A Critical History* (Boydell & Brewer, 2015); Andrew B. R. Elliott, *Medievalism, Politics, and Mass Media: Appropriating the Middle Ages in the Twenty-First Century* (D. S. Brewer, 2017); *Medievalisms in the Postcolonial World: The Idea of "the Middle Ages" Outside Europe*, edited by Kathleen Davis and Nadia Altschul (Johns Hopkins University Press, 2010)。最后，中世纪的种族问题，还有种族观念的遗产，以及这一遗产如何被挪用和利用，终于在学术界得到了应有的更广泛的关注。参见 Geraldine Heng, *The Invention of Race in the European Middle Ages* (Cambridge University Press, 2018); Cord J. Whitaker, *Black Metaphors: How*

Modern Racism Emerged from Medieval Race-Thinking (University of Pennsylvania Press, 2019)。归根结底,光明时代的人性和恐怖属于每一个人。如美国黑人所分析的那样研究中世纪历史,Matthew X. Vernon, *The Black Middle Ages: Race and the Construction of the Middle Ages* (Palgrave, 2018) 向我们展示了其他可能的世界——这个目标,非常贴近我们这本《光明时代》的主旨。

出版后记

对"黑暗的中世纪"这一认知,学界已经有不少反思批判,而本书则努力展现中世纪"光明"的一面。两位作者采取了话题讨论的开放式写法,从拉韦纳的礼拜堂的星空、查理大帝收到的巴格达大象、法兰西的玛丽的骑士故事、思想家迈蒙尼德的旅程、黑死病的传播等生动的实例出发,探讨了中世纪时期的文化、思想、社会状况,捕捉了这一时期的人性闪光。

那么,"光明时代"的光明体现在何处?作者认为,中世纪延续了罗马文明,欧洲并未堕入黑暗。中世纪也并不停滞封闭,而是不同族群和地域交流、流动的时代。欧洲人与犹太人、阿拉伯人、维京人乃至突厥人、蒙古人之间,都有复杂的交流碰撞。而常常被忽视的女性,在中世纪也有不可低估的影响力。

最后,作者颇有洞见地指出,以西方白人(男性)为中心的中世纪叙事,实际上是为现代西方的霸权地位做辩护。这种狭隘的历史叙事应该被突破。中世纪的历史应包括阿拉伯人、突厥人、犹太人等族群的故事以及女性的传奇,应该是一段流动的、有人性之光的历史。

图书在版编目（CIP）数据

光明时代：中世纪新史 /（美）马修·加布里埃莱，（美）戴维·M. 佩里著；文俊译 . -- 北京：九州出版社，2024. 11. -- ISBN 978-7-5225-3243-1

Ⅰ . K13

中国国家版本馆 CIP 数据核字第 202463VW70 号

THE BRIGHT AGES
Copyright © 2021 by Matthew Gabriele and David Perry
This edition arranged with InkWell Management, LLC.
through Andrew Nurnberg Associates International Limited

著作权合同登记号：图字 01-2024-5150
地图审图号：GS（2024）1617 号

光明时代：中世纪新史

作　　者	［美］马修·加布里埃莱　［美］戴维·M. 佩里　著 文　俊　译
责任编辑	王　佶
出版发行	九州出版社
地　　址	北京市西城区阜外大街甲 35 号（100037）
发行电话	（010）68992190/3/5/6
网　　址	www.jiuzhoupress.com
印　　刷	北京盛通印刷股份有限公司
开　　本	880 毫米 × 1194 毫米　　32 开
印　　张	9
字　　数	201 千字
版　　次	2024 年 11 月第 1 版
印　　次	2024 年 11 月第 1 次印刷
书　　号	ISBN 978-7-5225-3243-1
定　　价	76.00 元

★ 版权所有　侵权必究 ★